第6版修订说明

　　为配合全国导游考试,国家旅游局人事劳动教育司曾于1994年组织编写了"全国导游人员资格考试系列教材"。这套教材问世后,对帮助广大考生学习导游专业知识、规范全国导游员考试起到了积极的推动作用,并因其权威性、实用性深受全国各地读者的好评。近年来,随着我国旅游业的发展,书中的很多内容已经不适应新形势的需要,为此,我们曾组织专家对这套教材进行过多次修订,以保证其权威性、先进性。

　　本套教材作为全国诸多导游考试教材中历史最久、使用面最广、内容最权威的"全国导游人员资格考试系列教材",在很大程度上承担着规范导游员行为,培养导游员队伍的重任。我们力求通过实用、准确的内容和严谨、科学的编写态度来更好地实现这一目的,切实促进我国导游员培训考试工作的健康发展。

　　本次修订的《汉语言文学知识》成书于1994年,原书主编刘兰英,编者赵桂藩、韩荔华、程国富,审稿彭庆生、张炼强;1999年版修订者刘兰英(主编)、赵桂藩;2005年第3版修订者刘兰英(主编)、赵桂藩;2008年第4版、2010年第5版、2014年第6版修订者均为刘兰英。

　　在本套教材的编写以及多次修订过程中,得到了来自一线的培训教师、广大考生以及旅行社从业者和各地旅游行政管理部门的人员的帮助。他们很多有益的意见和建议,帮助我们丰富并完善了本套教材的内容。在此,谨向关心和支持导游考试教材建设的单位和个人表示衷心的感谢。

　　教材的修改完善是一个不能终结的过程。虽然我们力求完善,但修订后的教材仍难免存在不足,诚恳希望广大读者指正,以便今后再作修订。

旅游教育出版社

2014年4月

目 录

第1章 现代汉语 （1）
第一节 现代汉语的形成 （1）
第二节 现代汉语的方言 （2）
第三节 现代汉语的规范化 （3）
　　一、语音规范 （3）
　　二、词汇规范 （4）
　　三、语法规范 （5）
第四节 现代汉语的地位和特点 （5）
　　一、汉语在世界语言中的地位 （5）
　　二、现代汉语的特点 （10）

第2章 普通话语音知识 （12）
第一节 语音的基本概念 （12）
　　一、音节、音素 （12）
　　二、元音、辅音 （12）
　　三、普通话的声、韵、调 （13）
第二节 汉语拼音方案 （14）
　　一、记音符号 （14）
　　二、《汉语拼音方案》的产生 （15）
　　[附录一] 汉语拼音方案 （16）
第三节 普通话声母和声母辨正 （18）
　　一、声母的发音部位和发音方法 （18）
　　二、声母辨正 （20）
第四节 普通话韵母与韵母辨正 （22）
　　一、韵母的分类及发音 （22）
　　二、韵母辨正 （24）
第五节 普通话音变 （26）

一、变调 ………………………………………………… (26)
　　二、轻声 ………………………………………………… (27)
　　三、儿化 ………………………………………………… (29)
第3章　字、词、句的运用 ………………………………… (31)
　第一节　汉字的形体演变 ……………………………………… (31)
　　一、汉字概说 …………………………………………… (31)
　　二、汉字的形体演变 …………………………………… (32)
　第二节　汉字的整理和规范 …………………………………… (39)
　　一、汉字的整理 ………………………………………… (39)
　　二、正确使用汉字 ……………………………………… (41)
　　[附录二]简化字总表 …………………………………… (46)
　　[附录三]新旧字形对照表 ……………………………… (63)
　第三节　现代汉语词汇 ………………………………………… (64)
　　一、词的意义 …………………………………………… (64)
　　二、熟语 ………………………………………………… (70)
　第四节　词语的运用 …………………………………………… (78)
　　一、辨析词语的意义 …………………………………… (78)
　　二、区分词语的色彩 …………………………………… (80)
　　三、注意词语的音调 …………………………………… (82)
　　四、注意词语的规范 …………………………………… (85)
　第五节　句子的组织与句式的选择 …………………………… (88)
　　一、正确地组织句子 …………………………………… (88)
　　二、恰当地选择句式 …………………………………… (91)
第4章　汉语表达 …………………………………………… (93)
　第一节　口头语言表达 ………………………………………… (94)
　　一、口语表达的一般特点 ……………………………… (94)
　　二、日常社交语言艺术 ………………………………… (99)
　　三、导引语言艺术 ……………………………………… (107)
　第二节　书面语言表达 ………………………………………… (113)
　　一、书面语言表达的一般特点 ………………………… (113)
　　二、记叙文写作 ………………………………………… (114)
　　三、论说文写作 ………………………………………… (117)
　　四、应用文写作 ………………………………………… (120)

全国导游人员资格考试系列教材

汉语言文学知识

国家旅游局人事劳动教育司 ◎ 编

[第6版]

北京·旅游教育出版社

第5章 对　联 ……………………………………………………………（138）
第一节　对联基本知识 ……………………………………………（138）
  一、对联的起源与发展 ……………………………………………（138）
  二、对联的分类 ……………………………………………………（143）
  三、对联的特点 ……………………………………………………（146）
  四、对联的格式 ……………………………………………………（150）
第二节　名胜古迹名联选 …………………………………………（153）
  北京故宫养心殿西门联 ………………………………… 佚　名（153）
  北京颐和园南湖岛涵虚堂联 …………………………… 佚　名（153）
  北京北海濠濮间临水轩联 ……………………………… 佚　名（154）
  北京陶然亭联 ………………………………………… 清·翁方纲（154）
  北京潭柘寺弥勒殿联 …………………………………… 佚　名（155）
  天津旧鼓楼联 …………………………………………… 佚　名（155）
  长城山海关联 …………………………………………… 佚　名（155）
  山海关孟姜女庙联 ……………………………………… 佚　名（156）
  承德避暑山庄万壑松风联 ……………………………… 清·纪　昀（156）
  登封嵩山嵩阳宫联 …………………………………… 清·吴慈鹤（157）
  泰山南天门联 …………………………………………… 佚　名（158）
  济南大明湖小沧浪园联 ……………………………… 清·刘凤诰（158）
  山西应县木塔联 ………………………………………… 佚　名（158）
  上海豫园卷雨楼联 ……………………………………… 佚　名（159）
  南京莫愁湖郁金堂联 ………………………………… 清·唐理淮（159）
  苏州寒山寺联 ………………………………………… 清·邹福保（160）
  杭州岳王庙岳飞墓联 ………………………………… 清·松江女史（161）
  扬州二十四桥联 ……………………………………… 清·江峰青（161）
  浙江天台山方广寺联 ………………………………… 近代·释兴慈（161）
  安徽合肥包公祠联 ……………………………………… 佚　名（162）
  安徽采石矶大风亭联 …………………………………… 佚　名（162）
  南昌滕王阁联 ………………………………………… 清·刘坤一（163）
  武汉黄鹤楼联 ………………………………………… 清·萨迎阿（163）
  湖南岳阳楼联 ………………………………………… 清·何绍基（163）
  桂林独秀峰南天门联 ………………………………… 清·廖鸿熙（164）
  广州越秀山镇海楼联 ………………………………… 清·彭玉麟（165）
  西安骊山华清池联 …………………………………… 清·杨　颐（165）

成都杜甫草堂联	清·顾复初(166)
成都武侯祠联	清·赵　藩(167)
苏州沧浪亭联	清·齐彦槐(167)
杭州西湖平湖秋月联	佚　名(168)
杭州西湖湖心亭联	明·郑　烨(168)
长沙岳麓山爱晚亭联	佚　名(169)
昆明滇池大观楼联	清·孙　髯(169)

第6章　古代山水名胜诗词文选 (171)

第一节　山水名胜诗词选 (171)

送梁六自洞庭山	唐·张　说(171)
晚泊浔阳望庐山	唐·孟浩然(172)
望洞庭湖赠张丞相	唐·孟浩然(172)
桃花溪	唐·张　旭(173)
次北固山下	唐·王　湾(174)
黄鹤楼	唐·崔　颢(174)
汉江临泛	唐·王　维(175)
送元二使安西	唐·王　维(176)
峨眉山月歌	唐·李　白(176)
黄鹤楼送孟浩然之广陵	唐·李　白(177)
渡荆门送别	唐·李　白(177)
登金陵凤凰台	唐·李　白(178)
独坐敬亭山	唐·李　白(178)
望庐山五老峰	唐·李　白(179)
望九华山赠青阳韦仲堪	唐·李　白(179)
游泰山六首之三	唐·李　白(180)
望岳	唐·杜　甫(180)
登岳阳楼	唐·杜　甫(181)
夔州歌十绝句(其一)	唐·杜　甫(182)
送桂州严大夫	唐·韩　愈(182)
枫桥夜泊	唐·张　继(183)
江行望庐山	唐·钱　起(184)
游终南	唐·孟　郊(184)
望洞庭	唐·刘禹锡(185)
石头城	唐·刘禹锡(185)

钱塘湖春行	唐·白居易	(186)
春题湖上	唐·白居易	(186)
泊秦淮	唐·杜 牧	(187)
过华清宫	唐·杜 牧	(188)
山行	唐·杜 牧	(188)
乐游原	唐·李商隐	(189)
长安秋望	唐·赵 嘏	(189)
台城	五代前蜀·韦 庄	(190)
鲁山山行(五律)	宋·梅尧臣	(190)
宿甘露寺	宋·曾公亮	(191)
题齐安壁	宋·王安石	(191)
饮湖上初晴后雨	宋·苏 轼	(192)
题西林壁	宋·苏 轼	(192)
三峡歌(其一)	宋·陆 游	(193)
十七日观潮	宋·陈师道	(193)
晓出净慈寺送林子方	宋·杨万里	(194)
题临安邸	宋·林 升	(194)
水月洞和韵	宋·蓟北处士	(195)
卢沟	元·陈 孚	(195)
岳鄂王墓	元·赵孟頫	(196)
过采石驿	元·萨都剌	(196)
出都	元·马祖常	(197)
峡川	元·张 昱	(197)
禹门	明·薛 瑄	(198)
游岳麓寺	明·李东阳	(198)
滇海曲	明·杨 慎	(199)
盘山绝顶	明·戚继光	(199)
长白山	清·吴兆骞	(200)
西山	清·刘大櫆	(200)
兴安	清·袁 枚	(201)
黄果树庙壁旧诗	无名氏	(201)
忆江南	唐·白居易	(202)
巫山一段云(古庙依青嶂)	五代前蜀·李 珣	(202)
酒泉子(咏潮)	宋·潘 阆	(203)

朝中措(平山堂) ……………………………… 宋·欧阳修(203)
诉衷情(长安怀古) …………………………… 宋·康与之(204)
南乡子(登京口北固亭有怀) ………………… 宋·辛弃疾(204)
闻鹊喜(吴山观涛) …………………………… 宋·周 密(205)
满江红(金陵怀古) …………………………… 元·萨都剌(206)

第二节 山水诗文名句佳段选 ……………………………… (206)
  一、山水诗词曲名句 ……………………………………… (206)
  (一)一至五画 …………………………………………… (206)
  一千里色中秋月,十万军声半夜潮 …………………… (206)
  一夫当关,万夫莫开 …………………………………… (207)
  二十四桥明月夜,玉人何处教吹箫 …………………… (207)
  人人尽说江南好,游人只合江南老 …………………… (207)
  人世几回伤往事,山形依旧枕寒流 …………………… (207)
  九月天山风似刀,城南猎马缩寒毛 …………………… (207)
  九曲黄河万里沙,浪淘风簸自天涯 …………………… (207)
  九江春水阔,三峡暮云深 ……………………………… (207)
  三万里河东入海,五千仞岳上摩天 …………………… (207)
  三山半落青天外,二水中分白鹭洲 …………………… (207)
  三尺不消平地雪,四时常吼半空雷 …………………… (207)
  三春白雪归青冢,万里黄河绕黑山 …………………… (207)
  大江寒见底,匡山青倚天 ……………………………… (207)
  大漠孤烟直,长河落日圆 ……………………………… (208)
  上有天堂,下有苏杭 …………………………………… (208)
  山围花柳春风地,水浸楼台夜月天 …………………… (208)
  山重水复疑无路,柳暗花明又一村 …………………… (208)
  山随平野尽,江入大荒流 ……………………………… (208)
  千里澄江似练,翠峰如簇 ……………………………… (208)
  千峰环野立,一水抱城流 ……………………………… (208)
  小楼一夜听春雨,深巷明朝卖杏花 …………………… (208)
  飞流直下三千尺,疑是银河落九天 …………………… (208)
  无边落木萧萧下,不尽长江滚滚来 …………………… (208)
  天下三分明月夜,二分无赖是扬州 …………………… (208)
  天气常如二三月,花枝不断四时春 …………………… (208)
  五岳归来不看山,黄山归来不看岳 …………………… (208)

日抱扶桑跃,天横碣石来 …………………………………………………………（208）
日暮北风吹雨去,数峰清瘦出云来 ……………………………………………（209）
长江万里白如练,淮山数点青如淀,
江帆几片疾如箭,山泉千尺飞如电 ……………………………………………（209）
风翻白浪花千片,雁点青天字一行 ……………………………………………（209）
水吞三楚白,山接九疑青 ………………………………………………………（209）
白日地中出,黄河天外来 ………………………………………………………（209）
(二)六至十画 ……………………………………………………………………（209）
西岳峥嵘何壮哉,黄河如丝天际来 ……………………………………………（209）
亘地黄河出,开天此一门 ………………………………………………………（209）
曲径通幽处,禅房花木深 ………………………………………………………（209）
江山相形不相让,形胜争夸天下壮 ……………………………………………（209）
江作青罗带,山如碧玉簪 ………………………………………………………（209）
江南佳丽地,金陵帝王州 ………………………………………………………（209）
池塘生春草,园柳变鸣禽 ………………………………………………………（209）
花开红树乱莺啼,草长平湖白鹭飞 ……………………………………………（209）
两岸青山相对出,孤帆一片日边来 ……………………………………………（209）
吴楚东南坼,乾坤日夜浮 ………………………………………………………（210）
君不见黄河之水天上来,奔流到海不复回 ……………………………………（210）
画栋朝飞南浦云,珠帘暮卷西山雨 ……………………………………………（210）
岭树重遮千里目,江流曲似九回肠 ……………………………………………（210）
明月出天山,苍茫云海间,长风几万里,吹度玉门关 …………………………（210）
采菊东篱下,悠然见南山 ………………………………………………………（210）
春江潮水连海平,海上明月共潮生 ……………………………………………（210）
春来南国花如绣,雨过西湖水似油 ……………………………………………（210）
春潮带雨晚来急,野渡无人舟自横 ……………………………………………（210）
星垂平野阔,月涌大江流 ………………………………………………………（210）
咸阳桥上雨如悬,万点空蒙隔钓船 ……………………………………………（210）
秋风吹渭水,落叶满长安 ………………………………………………………（210）
洞庭秋月生湖心,层波万顷如熔金 ……………………………………………（210）
桂林山水甲天下,阳朔山水甲桂林 ……………………………………………（210）
桂林天小青山大,山山都立青天外 ……………………………………………（211）
高江急峡雷霆斗,翠木苍藤日月昏 ……………………………………………（211）
海日生残夜,江春入旧年 ………………………………………………………（211）

(三)十一画以上 …………………………………………………… (211)
　黄河九曲天边落,华岳三峰马上来 …………………………… (211)
　黄河西来决昆仑,咆哮万里触龙门 …………………………… (211)
　黄河落天走东海,万里写入胸怀间 …………………………… (211)
　楼观沧海日,门对浙江潮 ……………………………………… (211)
　楚山横地出,汉水接天回 ……………………………………… (211)
　登高壮观天地间,大江茫茫去不还 …………………………… (211)
　蜀道之难,难于上青天 ………………………………………… (211)
　溪云初起日沉阁,山雨欲来风满楼 …………………………… (211)
　蝉噪林逾静,鸟鸣山更幽 ……………………………………… (211)
　露从今夜白,月是故乡明 ……………………………………… (212)
二、山水文佳段节选 ……………………………………………… (212)
　北魏·郦道元《水经注》选段 …………………………………… (212)
　唐·柳宗元《钴鉧潭西小丘记》选段 …………………………… (212)
　宋·苏轼《前赤壁赋》选段 ……………………………………… (212)
　宋·王质《游东林山水记》选段 ………………………………… (213)
　宋·范成大《游峨眉山记》选段 ………………………………… (213)
　宋·陆游《入蜀记》选段 ………………………………………… (213)
　宋·邓牧《雪窦游志》选段 ……………………………………… (214)
　宋·周密《观潮》选段 …………………………………………… (214)
　元·李洞《观开先瀑布记》选段 ………………………………… (214)
　明·杨慎《游点苍山记》选段 …………………………………… (214)
　明·王思任《剡溪》选段 ………………………………………… (215)
　明·薛瑄《游龙门记》选段 ……………………………………… (215)
　明·袁宗道《云水洞》选段 ……………………………………… (215)
　明·袁宏道《虎丘记》选段 ……………………………………… (215)
　明·袁宏道《晚游六桥待月记》选段 …………………………… (216)
　明·徐宏祖《游黄山日记》选段 ………………………………… (216)
　明·刘侗等《帝京景物略·水尽头》选段 ……………………… (216)
　清·袁枚《峡江寺飞泉亭记》选段 ……………………………… (216)
　清·王昶《游珍珠泉记》选段 …………………………………… (217)
　清·姚鼐《登泰山记》选段 ……………………………………… (217)
　清·恽敬《游庐山后记》选段 …………………………………… (217)
　清·钱邦芑《游南岳记》选段 …………………………………… (218)

第1章 现代汉语

汉语是汉民族的语言。中国除了汉族外,还有55个少数民族,这些少数民族绝大多数有自己的语言,但各兄弟民族之间为了交际的便利,迫切需要一种共同使用的语言,汉语也就成为我国各民族之间的交际语言,成为中国的通行语言,因此被称为中国的国语,在世界上也叫中国语或华语。现代汉语是指现代通行的汉语。它的口语既有共同语——普通话,又有不同的方言;它的书面语是现代白话文。

第一节 现代汉语的形成

汉语源远流长,有着悠久的历史。早在3000多年以前,就有记载汉语的文字——甲骨文,这是一种相当成熟的古文字。至于没有文字记载的口语的形成自然就更早。汉语经历了许多世纪的发展,面貌发生了很大的变化,历来有古代汉语、近代汉语、现代汉语的说法,但根据什么分期,如何分期,研究者意见多有分歧。王力《汉语史稿》中以汉语语法演变为主要依据,参照词汇与语音的变化,提出了一个初步的意见,把汉语的发展分为四个时期。

(1)上古汉语:公元3世纪以前(五胡乱华以前)。
　　(3、4世纪为过渡阶段)
(2)中古汉语:公元4世纪到12世纪(南宋前半)。
　　(12、13世纪为过渡阶段)
(3)近代汉语:公元13世纪到19世纪(鸦片战争)。
　　(1840年鸦片战争到1919年五四运动为过渡阶段)
(4)现代汉语:1919年五四运动到现在。

(以上见王力《汉语史稿》1957年版第35页)

文言文是记载古汉语的书面形式。它是在先秦口语的基础上形成的。当时,它和口语基本上是一致的;到了汉代,开始脱节;到隋唐之际,这种脱节已经十分严重,因此出现了最早的白话文作品,如唐代的变文、宋元的话本等,都接近于当时的口语;到了明清,白话小说大量出现,如《水浒》、《儒林外史》、《红楼梦》等,特别是《红楼梦》,基本上是用北京的口语写成的。在当时,这些白话文学作品虽然已广为流传,但文言文仍然占据统治地位。

到晚清,一些主张革新的先驱者如梁启超等掀起了一个白话文运动,提出"我手写我口"的口号,但这种改良很快就失败了。到"五四"新文化运动时开展了一场声势浩大的白话文运动。从此,白话文逐渐取代了文言文,逐步确立了现代汉语书面语——白话文的合法地位。

汉语的口语在古代就存在着方言的分歧,但一直有着共同语的存在。在先秦时期,《论语》中就提出了所谓的"雅言",这可能是当时在较大范围内通用的共同语。汉代扬雄的《方言》中,也曾提到有"通语"的存在,就是说秦汉时期有公共通用的语言。宋元时期,随着政治、经济、文化的发展,以北方话为基础的汉民族共同语逐渐形成。明清时期,以首都北京的语音为标准音的"官话"就是当时的民族共同语的口语,辛亥革命后,称做"国语"或"普通话"。当时开展的"国语运动"与1918年公布的注音字母,促进了以北京语音为标准音的普通话口语的发展。新中国成立以后,国家确立了汉民族共同语的规范标准,并大力推广普通话,又对各地的方言作了普遍的调查和研究,大大地加速了现代汉语口语的健康发展。

第二节 现代汉语的方言

汉语的方言是汉民族历史发展的产物。远至先秦,汉语在存在民族共同语的同时,就一直存在着方言。方言在一定的地区内流行,为当地人们的交际服务。汉语方言和普通话之间虽然有着明显的差异,但在语音方面有明显的对应规律,基本词汇与语法结构大体相同,并且共用一套汉字符号系统的书面语,因而并不是和普通话并立的独立语言,而只是汉民族共同语的地域分支语言。根据方言的特点,联系方言发展的历史,一般把现代汉语的方言分为八大类,当然,大类之中还可以分小类。现把八大方言的分布情况介绍如下。

(1)北方方言,以北京话为代表,这是汉语最大的一个方言,也是汉民族共同语的基础方言。分布的地域最广,使用的人口最多,约占汉民族的70%以上。又可分四个次方言:

①华北方言:通行于北京、天津、河北、河南、山东等省市,东北三省及内蒙古一部分地区。

②西北方言:通行于山西、陕西、甘肃等省,以及青海省、宁夏、内蒙古、新疆的

部分地区。

③西南方言:通行于四川、重庆、云南、贵州四省(市)以及湖北省大部分、湖南省西北部、广西西北部地区。

④江淮方言:通行于安徽、江苏两省的长江以北、淮河以南地区(其中徐州、蚌埠一带属华北方言区),长江南岸镇江以上、九江以下的沿江地带。

(2)吴方言,以上海话为代表,通行于江苏省长江以南、镇江以东地区(镇江不在内),浙江省大部分地区。使用人口约占汉民族的8.4%。

(3)粤方言,以广州话为代表,通行于广东省大部分地区、广西东南部地区。使用人口约占汉民族的5%。我国香港、澳门地区及美洲华侨大多也说粤语。

(4)闽南方言,以厦门话为代表,通行于福建省南部、广东省东部、海南省一部分以及台湾省大部分地区。使用人口约占汉民族的3%。南洋华侨中也有不少人说闽南方言。

(5)闽北方言,以福州话为代表,通行于福建省北部和台湾省部分地区。使用人口约占汉民族的1.2%。南洋华侨中也有一部分人说闽北话。

(6)客家方言,以广东梅县话为代表,通行于广东省的东北部、福建省的西北部、江西省的南部,此外,四川省、湖南省、台湾省的部分地区也通行客家方言。使用人口约占汉民族的4%。

(7)湘方言,以长沙话为代表,通行于湖南省大部分地区(西北角除外)。使用人口约占汉民族的5%。

(8)赣方言,以南昌话为代表,通行于江西省大部分地区(东南沿长江地带与南部地区除外)和湖北省东南一带,使用人口约占汉民族的2.4%。

第三节 现代汉语的规范化

在社会发展的历史进程中,汉民族的共同语虽然已经形成,但还没有达到完全的统一和规范。什么是统一的、规范的汉民族共同语?普通话的确切含义是什么?1955年10月,中国科学院召开了现代汉语规范问题学术会议,经过反复讨论,规定现阶段汉民族共同语就是:以北京语音为标准音、以北方话为基础方言、以典范的现代白话文著作为语法规范的普通话。

一、语音规范

普通话是以北京语音为标准音的。普通话的语音必须以一个具体的方言点为标准,否则,各地语音之间都有差别,比如,北京与天津相距很近,但语音上,尤其是声调上相差甚远。

以北京语音为标准音,这是历史发展形成的。北京在近三四百年以来一直是中国的政治、经济、文化中心,元、明、清三代都建都北京,明清的所谓"官话"就是以北京话为标准音的,"五四"运动以后的"国语运动"也是以北京音系为标准音的。北京音系在历史上已经得到了一定程度的推广。新中国成立以后,北京作为首都,它的语言影响更大,广播、电影、话剧等都采用北京语音,北京语音作为标准音的地位,是确定无疑的。此外,北京音系相对汉语其他方言来说,更能体现语音由繁趋简的发展规律,发音比较明朗、高扬、舒缓,富于音乐美,所以,北京语音已传遍全国各地,为各地人士所接受。

以北京语音为标准音,是以北京音系为标准,不是说北京话的每一个语音成分都是标准音。北京话中的有些土音是不能进入普通话的,如北京话把"太好了"说成"忒(tuī)好了"是必须排除的不规范读音。北京话里的轻声、儿化很多,普通话也应该进行取舍规范。北京话里的异读字,要按交际的需要进行必要的定音和统一。

二、词汇规范

以北方方言作为普通话词汇规范的基础。北方方言分布的地域最广,使用的人口最多,用北方方言写成的大量文学作品,在历史上有着广泛的、深刻的影响,因此,以北方方言作为普通话词汇的基础是符合汉民族共同语发展的规律的。

北方方言地域辽阔,各地词汇都有一些地域差异,在词汇规范过程中必须有所取舍,一些地方色彩很浓、过于土俗的词语,应该舍弃。如"跑"一词,北京土话有"挠"(nāo)、颠儿(diānr)、撒丫子(sāyāzi)三种说法,四川人叫"馄饨"为"抄手",东北人叫"疏忽"为"拉(lǎ)忽",普通话词汇中都不应采用。另外,普通话又积极慎重地从其他方言中吸收富有特色的词语来丰富自身的词汇,如"尴尬"、"垃圾"、"蹩脚"等吴方言词汇,"搞"、"名堂"等湘方言词汇,都被普通话吸收了。

为了丰富普通话的词汇,还应积极吸收古汉语中那些适应现代生活、富于表现力的词汇,如"莅临"、"教诲"、"觊觎"、"邂逅"等。对于外来语的词汇,也应积极慎重地吸收,如"干部"、"狮子"、"卡拉OK"等就是外来词。此外,词汇是语言中变化最快的部分。词汇的组成部分可分为基本词汇和一般词汇。在语言的发展当中,基本词汇较稳定,一般词汇则很敏感地反映社会的发展和人们生活的变化,几乎处在经常变动的状态中。随着社会的变化,普通话的部分词汇也在不断地更新,旧词的消亡、新词的产生在不断地进行。我们既要反对生造词语,又要积极地吸收新词。

三、语法规范

普通话以典范的现代白话文著作作为语法规范,也就是以现代著名的典范的白话文作品中的一般用例作为语法规范。典范的现代白话文是摒弃了不规范的方言成分,又比普通话的口语更为精密完善的书面语,是经过提炼加工的语言。如我们党和政府的重要文件、中央报刊的社论,以及一些著名作家的优秀作品。当然,作为规范是采取其中的一般用例,对于一些个别的受方言和古汉语及外来语影响的不规范的句子,以及一些特殊的用例应该舍弃。

普通话的语法也要吸收古汉语语法、方言语法、外来语语法中有用的格式,来丰富语法表达,如"说说看"、"想想看"等格式取自吴方言,"以勤俭为荣"、"为祖国而学习"等格式取自古汉语,"我们应该而且必须学好普通话"等格式取自外来语。这些格式都是符合普通话语法规范的。

以上,阐明了普通话的语音、词汇、语法的规范标准。最后,必须指出的是,对语言进行规范,必须有动态的语言观。语言是随着社会的变化而不断变化的,语言的规范要以语言的发展规律为依据,遵循"约定俗成"的原则,剔除那些不合语言发展规律的在少数人中使用的东西,克服语言内部的分歧和混乱,而不是限制语言的发展。

第四节 现代汉语的地位和特点

一、汉语在世界语言中的地位

从世界语言的发展与现状来看,汉语无疑具有其独特的地位和影响,下面分几个方面来谈。

(一)汉语是有着悠久历史与极强生命力的语言

汉语源远流长,历史悠久,在漫长的岁月中,汉语作为中华民族的交际工具,保存了灿烂的古代文化。在汉字产生前,汉语文化以口耳相传的形式得以流传和保存。汉字产生后,它记载了浩如烟海的古代文化,形成了汗牛充栋的汉文化典籍。从保存古代文化典籍的数量与历史的悠久来看,汉语无疑处于世界语言的领先地位。

在语言发展的长河中,各种语言在不断地融合、分离,一些语言产生了,一些语言融合了,一些语言消失了。世界上有一些古老的语言,如古埃及语、古希腊语、古罗马语、古拉丁语等都已消亡,只以书面形式保存在一些文献里和宗教著述里,不再是一种人们使用的活的语言。而汉语一直发展至今,成为一种既古老又年轻的语言。汉语在发展中不但没有被其他语言同化，而且还融合了女真、契丹等古老的语言，可见汉语有极强的生命力。

（二）汉语是世界上使用人口最多、分布地域较广的语言

世界上有几千种语言，按使用人口排名，则汉语居世界第一位，其次才是英语，再次是俄语、西班牙语。而且，使用汉语的人数远远超过英语，占世界人口的五分之一，即世界每五个人中就有一个人使用汉语。

使用汉语的地域除了中国以外，还有新加坡、泰国、马来西亚、越南、柬埔寨、印度尼西亚、美国、加拿大等国的一些地区。使用汉语的地域较广，但不是最广的，世界语言从使用地域排名，依次是英语、法语、西班牙语。

（三）汉语对周边国家语言产生过重大的影响

自秦汉以来，中国同世界许多国家的交往日益频繁，汉语与世界语言的交流也日益增多。这一方面使汉语从其他语言中吸收了不少词语，另一方面，其他语言也在与汉语的交往中吸收了不少汉语的词语，尤其是日本、朝鲜、越南等周边国家在长期接受中国文化的同时，语言也深受汉语的影响。

日本在古代吸收中国文化发展日本文化时，大量引进汉字、汉词并努力使之日本化，为了用汉字把日语充分地记述出来，日本人从表意文字的汉字造出了表音文字的平假名和片假名，其中片假名是根据汉字的偏旁创造的，如"イ"是"依"的左半部，"ウ"是"宇"的上半部；平假名是汉字的草体，如"な"是"奈"的草体，"ら"是"良"的草体。现在，日语中一般采用汉字和平假名混合使用的方法，片假名用来书写外来语及欧美等国的人名、地名和专门用语。日语中使用汉字很多，明治维新之前，汉字占了一半，现在也占三分之一以上。根据日本文部省1981年公布的材料，日语的常用汉字有1945个。

在朝鲜，古代的历史典籍及文学作品大都是用汉字写成的。后来，朝鲜改革了文字，制定了自己的拼音文字，但在很长的时间内，仍然夹杂着许多汉字。从汉语中来的借词也很多。

越南在18世纪以前，其书面语中使用的字大都是汉字。越南把汉字称做"字儒"，意即儒家的文字。越南的书面语中还使用一种"字喃"，即南国的文字，这是按汉字的造字法自造的一种文字。

（四）汉语是联合国六种工作语言之一

1973年12月18日，联合国大会第二十八届会议将汉语列为联合国大会和安理会的工作语言之一。联合国工作语言最初为五种：英语、法语、俄语、汉语、西班牙语，后来，因为阿拉伯世界拥有的石油财富使阿拉伯语成为第六种工作语言。这六种语言组成公认的"国际语言俱乐部"。德语、日语有相当高的国际地位，但由于德国、日本是第二次世界大战的战败国，未能加入"国际语言俱乐部"。

(五)目前汉语在全世界广泛传播

中国改革开放以来,与世界各国在政治、经济、文化等方面交往日益密切。中国国际地位提高,使汉语在世界上产生重大影响,全世界掀起了学习汉语的热潮。现在,世界学汉语的热潮不断上升,我国正采取多种措施,支持世界各国学汉语,向全世界大力推广汉语。

1987年,中国成立了国际对外汉语领导小组办公室,并于2006年改为中国国家汉语国际推广领导小组办公室(简称国家汉办),是由国务院11个部门领导组成的日常办事机构,设置在教育部内。国家汉办致力于为世界各国提供汉语言文化的教学资源和服务,最大限度地满足海外汉语学习者的需求,为携手发展多元文化,共同建设和谐世界做贡献。

下面分几方面介绍推广汉语的情况:

1. 孔子学院

孔子学院(Confucius Institute),是中国国家对外汉语教学领导小组办公室在世界各地设立的推广汉语和传播中国文化与国学的教育和文化交流机构。最重要的一项工作就是给世界各地的汉语学习者提供规范、权威的现代汉语教材;提供最正规、最主要的汉语教学渠道。

2002年,中国开始酝酿在海外设立语言推广机构。从2004年开始,在借鉴德国歌德学院、法国法语联盟、西班牙塞万提斯学院等机构推广本民族语言经验的基础上,我国开始在海外设立以教授汉语和传播中国文化为宗旨的非营利性公益机构,以中国儒家文化代表人物孔子的名字将其命名为"孔子学院"。全球首家孔子学院是2004年11月21日在韩国首尔成立的。各国孔子学院的建立,正是孔子"四海之内皆兄弟""和而不同"以及"君子以文会友,以友辅仁"思想的现实实践。

孔子学院,即孔子学堂(Confucius Institute),它并非一般意义上的大学,而是推广汉语和传播中国文化与国学的教育和文化交流机构,是一个非盈利性的社会公益机构,一般都是下设在国外的大学和研究院之类的教育机构里,每所孔子学院,均由中国国家汉办以15万美元支持启动,中外双方每年再以一比一的比例配套支持。

孔子学院总部(Confucius Institute Headquarters)设在北京,2007年4月9日挂牌。境外的孔子学院都是其分支机构,主要采用中外合作的形式开办。孔子学院总部就是由国家汉办承办的。它推动中国文化与世界各国文化的交流与融合,以建设一个持久和平、共同繁荣的和谐世界为宗旨。负责管理和指导全球孔子学院,具体职责是制订孔子学院建设规划和设置;评估孔子学院办学活动,对孔子学院运行进行质量管理;为各地孔子学院提供教学资源支持与服务;选派中方院长和教学人员培训孔子学院管理人员和教师;每年组织召开孔子学院大会。

中国国家领导人非常重视孔子学院的建设发展,许多孔子学院的授权挂牌仪式都有国家相关领导人参加,习近平同志当副主席时亲自参与挂牌仪式的就有3个孔子学院。胡锦涛同志等一些中国国家领导人出国访问,都去孔子学院了解情况。

2012年第七届全球孔子学院大会12月16日到18日在北京国家会议中心举行。国务委员、孔子学院总部理事会主席刘延东出席并致辞,并为全球孔子学院先进个人和先进单位颁奖。在这次以"促进孔子学院融入大学和社区"为主题的会议上,108个国家的大学校长和孔子学院代表2000多人出席大会。此次论坛包括"孔子学院与各国大学体制"、"孔子学院与中国大学发展"、"孔子学院与国民教育体系"、"孔子学院与社区文化"5个分议题。

目前已在108个国家建立了400所孔子学院和500多个孔子课堂。2012年,各国孔子学院和课堂注册学员总数共计65.5万人。举办各类文化活动1.6万多场,参加人数948万人。参加各类汉语考试学生数达到50万人次。

2. 汉语水平考试

现在中国国家汉办对汉语非母语的人,举办了多种汉语水平考试,每年定期在中国和海外举行。

汉语水平考试叫HSK(取自汉语拼音Hanyu Shuiping Kaosh),是为调测试母语非汉语者(包括外国人、华侨和中国国内少数民族人员)的汉语水平而设立的国家级标准化考试。1984年,原北京语言学院(现北京语言大学)成立了"汉语水平考试设计小组",开始研制汉语水平考试。此项研究首先从初、中等考试开始,历时五年多,1989年10月,开始了高等汉语水平考试的研制。至此,HSK构成了一个水平由低到高的较为完整的系统。1990年,HSK正式在国内推广,1991年推向海外。国家教委成立了国家汉语水平考试委员会。为使汉语水平考试更好地服务于汉语学习者,2009年中国国家汉办组织中外汉语教学、语言学、心理学和教育测量学等领域的专家,在充分调查、了解海外实际汉语教学情况的基础上,吸收原有汉语水平考试的优点,借鉴近年来国际语言测试研究最新成果,推出新汉语水平考试(HSK)。新HSK是一项国际汉语能力标准化考试,重点考查汉语非第一语言的考生在生活、学习和工作中运用汉语进行交际的能力。新HSK包括六个级别的纸笔考试和三个级别的口语考试。新HSK遵循"考教结合"的原则,考试设计与目前国际汉语教学现状、使用教材紧密结合,目的是"以考促教"、"以考促学"。2010年开始了新HSK考试,得到了更广泛的欢迎,其成绩可以满足多方面的需求。

为了满足世界范围内汉语水平各种评估的需要,国家汉办分出几种汉语水平考试。如:

汉语水平口语考试HSKK主要考查考生的汉语口头表达能力,包括HSKK(初级)HSKK(中级)和HSKK(高级),考试采用录音形式。

中小学生汉语考试是国家汉办为鼓励汉语非第一语言的中小学生学习汉语,培养、提高他们的汉语能力,自2004年以来,开发了新中小学生汉语考试(YCT)。新YCT是一项国际汉语能力标准化考试,考查汉语非第一语言的中小学生在日常生活和学习中运用汉语的能力。新YCT分笔试和口试两部分,笔试和口试是相互独立的。笔试包括一级、二级、三级、四级;口试包括初级和中级。为鼓励学生参加汉语水平考试,国家汉办又举办了优秀学生的奖学金和夏(冬)令营活动。

商务汉语考试是为测试第一语言非汉语者从事商务活动所应具有的汉语水平而设立的国家级标准化考试,由国家汉办委托北京大学研制开发,英文名称为Business Chinese Test,简称BCT。商务汉语考试考查应试者在与商务有关的广泛的职业场合、日常生活、社会交往中运用汉语进行交际的能力。实用性、交际性是考试的主要特色。考试由BCT(听·读)和BCT(说·写)两种相对独立的考试组成。可以单独参加其中一种考试,也可以同时参加两种考试。BCT考试对应试者的年龄、学历或学习汉语的时间没有任何限制。国家汉办全权领导商务汉语考试,并颁发《商务汉语考试证书》。

为最大限度方便国内外汉语学习者测评需要,2010年起,国家汉办孔子学院总部在继续做好笔试汉语考试服务的同时,在国内和美国、加拿大等地试行汉语网络考试。汉语网络考试界面友好、便捷环保、贴近教学,受到试点地区师生的普遍好评。

3. "汉语桥"国际汉语比赛

"汉语桥"中文比赛是国家汉办主办的大型国际汉语比赛项目,是世界人文交流领域的知名品牌活动,共分为"汉语桥"世界大学生中文比赛、"汉语桥"世界中学生中文比赛和"汉语桥"在华留学生汉语大赛三项比赛。每年一届。

"汉语桥"世界大学生中文比赛每年暑期举办一次,以国外的在校大学生、研究生为主要参赛对象。初赛在参赛者所在国举行,每个赛区的优胜者应邀来华参加决赛,复赛和决赛在中国举行。比赛主要内容是:汉语语言能力、中国国情知识、中国文化技能等。比赛主要形式是:测试、演讲、竞答、表演等。"汉语桥"中文比赛项目采取汉办与地方政府合作的方式,并结合电视呈现,取得较好效果。"汉语桥"世界大学生中文比赛已成为各国大学生学习汉语、了解中国的重要平台,在中国与世界各国青年中间架起了一座沟通心灵的桥梁。2009年以"激情奥运、快乐汉语"为主题的第七届"汉语桥"比赛由湖南卫视承办。湖南卫视派出几路人马组成摄制小组对美国、泰国、南非、德国、法国、澳大利亚、日本、韩国、加拿大这九个赛区进行了全程跟踪拍摄。这是从2002年"汉语桥"活动开始以来首次有电视台到国外跟踪拍摄过程。汉语桥的开幕式主持者从2009年起开始加入外国人,2012年启用中外混搭的组合方式,由汪涵、鲁豫、大山担纲主持,加拿大的大山2012年首次主持"汉语桥"的开幕式,和汪涵的默契搭档,给观众带来不一样的精彩,碰撞出新火花。汉语桥的几次比赛列表如下：

届数	比赛时间	决赛地点	比赛主题
第一届	2002年8月10日	山东	心灵之桥
第二届	2003年12月10日	北京	新世纪的中国
第三届	2004年4月07日	北京	文化灿烂的中国
第四届	2005年7月13日	北京	山川秀丽的中国
第五届	2006年7月18日	北京	多民族的中国
第六届	2007年8月03日	吉林	迎奥运的中国
第七届	2008年7月01日	湖南	激情奥运　快东汉语
第八届	2009年7月09日	湖南	快东汉语　成就希望
第九届	2010年7月15日	湖南	魅力汉语　精彩世博
第十届	2011年7月17日	湖南	友谊桥梁　心灵交响
第十一届	2012年7月08日	湖南	我的中国梦

二、现代汉语的特点

现代汉语，是属于汉藏语系的语言，又是一种孤立语类型的语言，跟世界其他语言相比，现代汉语有许多显著的特点。下面分语音、词汇、语法三方面来谈。

（一）语音方面

现代汉语是音乐性很强的语言之一，因为汉语中乐音较多，音节界限分明，加上有曲折变化的声调，听起来富于音乐美。

1. 元音占优势

汉语的音节结构中以元音为主，一个音节必须有元音，但不一定有辅音。一个音节可以由一个单元音构成，如"义务"（yìwù），是个双音节词，每一个音节分别由一个元音组成。一个音节也可以由两个元音或三个元音组成，如"爱"（ài）、"欧"（ōu）、"腰"（yāo）、"微"（wēi）。音节中可以有辅音，一般在音节的开头和结尾。但没有两个辅音连在一起的，在英语的"grasp"（抓住）中元音前后都有两个相连的辅音，汉语"声"（shēng）中元音前面的"sh"和后面的"ng"都是双字母，只代表汉语中的一个音素，是单辅音，不是复辅音。

2. 有声调变化

声调是汉语音节中不可缺少的部分，是汉语语音代表性的特征之一。声母、韵母相同的音节，可以因声调不同而形成不同的音节，以区别意义。声调是每一音节高低升降的变化,从而形成特有的音乐美。

(二)词汇方面

汉语中语素一般是一个音节,由语素构成单音节、双音节、多音节的词,其中双音节词占优势,词形较短,比较匀称。而构成新词的方式比较灵活。

1. 双音节词占绝大多数

现代汉语的词明显有双音节化的趋势,过去单音节的词渐渐为双音节的词所代替,如:衣—衣服,石—石头,习—练习。另一些多音节的词又简缩成双音节的词,如:落花生—花生,照相机—相机,外国语—外语,外交部长—外长,彩色电视机—彩电。现在,许多创造的新词也是以双音节为主,如"关爱"、"反思"等。

2. 构词以词根的复合为主

汉语中有多种构词方式,但以复合构词为主,往往是一个词根和另一个词根结合在一起构成一个词,如:东 西—东西,爱 人—爱人。这与以加词头、词尾产生新词为主的印欧语系不一样。

(三)语法方面

汉语语法不依靠形态变化。表示语法关系的手段主要是词序和虚词。词类与句子成分之间没有单一的对应关系,词的分类也不能以形态为标志。词的构成以复合为主,构词造句的组合关系比较一致。还有比较丰富的量词。下面主要谈两点。

1. 词序与虚词是表示语法关系的主要手段

词在句子中的先后次序是汉语表示语法关系的主要手段,如:"北京队打败了上海队"与"上海队打败了北京队"中两个名词"北京队"和"上海队"的位置发生变化,语法关系因而完全变化,意思也全变了。再如:"我送他的是书","他送我的是书","我的书是送他","他的书是送我","书是我送他的","书是他送我的","是我送他的书","是他送我的书","送我书的是他","送他书的是我",仅"我"、"送"、"他"、"的"、"是"、"书"六个词,词序变更就产生如此多的不同的语法关系和意义也不一样的句子。虚词也是汉语表示语法关系的重要手段,如:"我们青年人","我们的青年人","我们和青年人",用不用虚词,用不同的虚词,语法关系与意义都发生改变。

2. 量词十分丰富

汉语的名词不能与数词直接组合,也就是说在表述事物的数量时,在数词与名词之间一定要有量词,而且不同的名词使用不同的量词。如"一只羊"、"一头猪"、"一尾鱼"、"一匹马"、"一条狗"等。英语中除了度量衡之外,一般不需要量词。

第2章 普通话语音知识

作为人类交际工具的语言是有声的,语音是语言的物质外壳。有声语言(口头语言)是人类交流思想的重要工具。我们用口头语言表达是离不开语音的,即使用书面语言表达,也要注意语言的音韵美。因此,汉语导游员必须掌握普通话语音知识,说好普通话。

第一节 语音的基本概念

一、音节、音素

(1)音节:是语音结构的基本单位,也是一次发出的、自然感到最小的语音片段。通常一个汉字就是一个音节。

(2)音素:是最小的语音单位,由音素构成音节。汉语中音节最少由一个音素构成,最多由四个音素构成。例如:

武艺多么高强啊!(wǔyì duōme gāoqiáng a)

这句话有七个汉字,有七个音节。其中"武"(wǔ)、"艺"(yì)、"啊"(a)这三个音节由一个音素构成,"么"(me)这个音节由两个音素构成,"多"(duō)、"高"(gāo)这两个音节由三个音素构成,"强"(qiáng)这个音节由四个音素构成。

二、元音、辅音

音素按性质不同可以分为元音和辅音。

(1)元音:发音时气流不受任何阻碍,声带震动,声音清晰响亮。如汉语音的 a、o、e 等。

(2)辅音:发音时气流通过口腔或鼻腔,一定受到某部分的阻碍,发音时多不震动声带,声音一般不响亮。辅音中声带震动的叫浊辅音,声带不震动的叫清辅音。汉语中的辅音大多是清辅音。

三、普通话的声、韵、调

按照汉语传统的分析方法,我们将普通话的每个音节都可以分成声母、韵母和声调三个部分。

(1)声母:指音节开头的辅音。如"汉"(hàn)这个音节里,辅音 h 就是它的声母。有些音节不是以辅音开头的,就是没有声母,也可以说它们的声母是"零",因此习惯上称为"零声母"。如"恶"(è)、"安"(ān),开头都没有辅音,就是零声母音节。

声母与辅音不是一回事。声母由辅音充当,但并非汉语中所有的辅音都是声母。如辅音 ng,就作韵尾。

(2)韵母:指音节中声母后面的部分。如"汉"(hàn)这个音节中的"an"就是它的韵母,零声母音节整个由韵母构成,如"澳"(ào)。

韵母以元音为主,韵母的元音可以是一个(如 a、en),也可以是两个(如 ai、ou、ueng),还可以是三个(如 uei、iao)。韵母只有一个元音的,这个元音就是韵母的主要成分,叫做韵腹。如"旅"(lǚ),ü 就是它的韵腹;"鹅"(é),e 就是它的韵腹。韵母有两个或三个元音的,其中口腔开度较大、声音较响亮的那个元音是韵腹,韵腹前面的是韵头,后面的是韵尾。如"家"(jiā)音节中,a 是韵腹,i 是韵头;"料"(liào)音节中,a 是韵腹,i 是韵头,o 是韵尾。韵母中的辅音都是韵尾。如"生"(shēng)、"金"(jīn)中的 ng、n 是韵母部分的辅音韵尾。

(3)声调:指音节的高低升降、曲直长短的变化。如"音"(yīn),读起来自始至终比较高,没有升降变化,这种高而平的形式就是音节"音"的声调。由于汉语的一个音节基本上就是一个汉字,所以声调也可以叫字调。声调是汉语音节结构中不可缺少的成分,同声母、韵母一样,也有区别意义的作用。

声调,就其概念而言,包含"调值"、"调类"两个方面。所谓调值,是指声调的高低升降变化,也就是声调的实际读法;调类,就是声调的分类,是按照声调的实际读法(即调值)归纳出来的,调值相同的归为一个调类。普通话里有四个基本调值,就有四个调类,即阴平、阳平、上声、去声(这四个调类也习称第一声、第二声、第三声、第四声)。描写汉语的调值,一般采用五度制声调表示法。按照这种方法,普通话四种调类的调值可以画成下列图形:

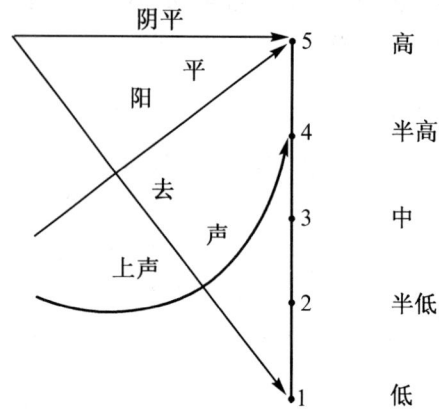

由此,普通话四个调类的调值分别为:
(1)阴平 也称第一声 高平调 55
(2)阳平 也称第二声 中升调 35
(3)上声 也称第三声 降升调 214
(4)去声 也称第四声 全降调 51

汉语拼音方案以"‾ ´ ˇ `"四个符号表示汉语普通话的四个声调,并规定声调符号标在主要元音(韵腹)上面。

汉语普通话中,有时出现一种又轻又短的声调,叫做轻声。汉语拼音方案规定,轻声不标调。如"木头"(mùtou)、"帽子"(màozi)、"我们"(wǒmen)中的"头"、"子"、"们"。

第二节 汉语拼音方案

一、记音符号

(一)国际音标

国际音标是世界通用的记音符号,由国际语音学会制定,从1888年公布以来,经过多次修订。共有100多个符号,贯彻"一个音素一个符号,一个符号一个音素"的原则,可以用来精确地记录世界各种语言。

在我国记录汉语普通话可以用汉语拼音方案,但记录方言和少数民族语言时还需要用国际音标。

(二)汉语拼音方案

汉语拼音方案是记录汉语普通话的记音符号系统,由国际通用的26个拉丁字母构成。它可以用来给汉字注音,帮助中小学语文教学,进行对外汉语教学,又可以作为电脑输入汉字的手段。还可作为推广普通话的工具,可以用来音译中国人名、地名、科学术语及编制索引等。我国少数民族创制和改革文字也可以借鉴汉语拼音方案。

二、《汉语拼音方案》的产生

(一)汉语拼音方案产生前汉字的注音

汉字不是拼音文字,从古到今都是方块字,一个字代表一个音节。可是汉字本身很难表示语音,所以需要注音。人们想出各种办法来给汉字注音,以便使人念出正确的字音来。这里介绍以下两种。

1. 反切

古人用汉字给汉字注音,开始采用的注音方法有"譬况"、"读如"、"读若"等打比方的注音方法,还采用过直音法,但这些都不够准确。大约在东汉后期,出现了反切这种注音法。所谓反切是指用两个汉字注出另一个汉字的读音,这也是中国古代对汉字字音结构的分析。例如,"都,当孤切"。其中,"都"是被切字。"当",是反切上字,取其声母;"孤",是反切下字,取其韵母与声调。

2. 注音字母

在清末的维新运动时期,一些有识之士要开发民智,普及教育,便开展了官话字母运动。当时,王照仿效日本的片假名,采用汉字的一部分偏旁作为字母,创造了50个字母,称为"官话字母"。这种用汉字简单笔画来作汉字拼音字母的做法尽管不容易行得通,但对后来的注音字母影响很大。

1912年,民国成立之后,当时的教育部设立了一个"读音统一会",任务即是定一套标准字音,同时还要按照国音(标准音)的音素制定一套字母。到1913年,"读音统一会"正式开会,制定了一套"注音字母",共有39个字母,其中声母24个,韵母15个;声调为阴平声、上声、去声、入声,采用四角点声法。

这套注音字母,每个都有一定的念法,显然比反切方便,这样就便于统一读音,帮助推行当时提出的"国音"(标准音)和"国语"(普通话)。

在注音字母制定时,大部分依照北京音,但有些地方兼顾南方音(吴方言),因而出现了一些缺点。后来经过修改(修改工作到1932年才完成),才符合北京音。修改后的注音字母共有37个。在五四运动以后、《汉语拼音方案》公布以前的30多年间,出版的字典和各类书籍都是用注音字母注音。

(二)汉语拼音方案

迄今为止,汉语最先进、最科学的一种注音方式。

注音字母采用汉字形式,也就是民族形式,这固然有它的长处,但毕竟不如采用国际通行的拉丁字母形式方便。新中国成立以后,中国文字改革委员会普遍征求和广泛收集各方面对拼音方案的意见,然后进行分析和研究,于1956年2月拟定出《汉语拼音方案(草案)》。这个方案(草案)经过全国政协和全国各界人士广泛讨论,又经过国务院成立的汉语拼音方案审订委员会反复审订和多次修订,再由中国文字改革委员会提交政协全国委员会常委扩大会议讨论,报请国务院全体会议通过,最后在1958年2月由第一届全国人民代表大会第五次会议批准作为正式方案推行。汉语拼音方案是在过去各种拼音方法的基础上发展起来的,可以说是我国人民创制各种拼音法的经验总结。同过去设计的各种注音法和拼音方案相比,《汉语拼音方案》要完善得多。

【附录一】

汉语拼音方案

(1957年11月1日国务院全体会议第60次会议通过)
(1958年2月11日第一届全国人民代表大会第五次会议批准)

一、字母表

字母名称	A a	B b	C c	D d	E e	F f	G g
	ㄚ	ㄅㄝ	ㄘㄝ	ㄉㄝ	ㄜ	ㄝㄈ	ㄍㄝ
	H h	I i	J j	K k	L l	M m	N n
	ㄏㄚ	ㄧ	ㄐㄧㄝ	ㄎㄝ	ㄝㄌ	ㄝㄇ	ㄋㄝ
	O o	P p	Q q	R r	S s	T t	U u
	ㄛ	ㄆㄝ	ㄑㄧㄡ	ㄚㄦ	ㄝㄙ	ㄊㄝ	ㄨ
	V v	W w	X x	Y y	Z z		
	ㄞㄝ	ㄨㄚ	ㄒㄧ	ㄧㄚ	ㄗㄝ		

V只用来拼写外来语、少数民族语言和方言。
字母的手写体依照拉丁字母的一般书写习惯。

二、声母表

b	p	m	f	d	t	n	l
ㄅ玻	ㄆ坡	ㄇ摸	ㄈ佛	ㄉ得	ㄊ特	ㄋ讷	ㄌ勒
g	k	h		j	q	x	
ㄍ哥	ㄎ科	ㄏ喝		ㄐ基	ㄑ欺	ㄒ希	

| zh | ch | sh | r | z | c | s |
| 业知 | 彳蚩 | ㄕ诗 | 日日 | ㄗ资 | ㄘ雌 | ㄙ思 |

在给汉字注音的时候,为了使拼式简短,zh ch sh 可以省作 ẑ ĉ ŝ。

三、韵母表

	i 丨 衣	u ㄨ 乌	ü ㄩ 迂
a ㄚ 啊	ia 丨ㄚ 呀	ua ㄨㄚ 蛙	
o ㄛ 喔		uo ㄨㄛ 窝	
e ㄜ 鹅	ie 丨ㄝ 耶		üe ㄩㄝ 约
ai ㄞ 哀		uai ㄨㄞ 歪	
ei ㄟ 欸		uei ㄨㄟ 威	
ao ㄠ 熬	iao 丨ㄠ 腰		
ou ㄡ 欧	iou 丨ㄡ 忧		
an ㄢ 安	ian 丨ㄢ 烟	uan ㄨㄢ 弯	üan ㄩㄢ 冤
en ㄣ 恩	in 丨ㄣ 因	uen ㄨㄣ 温	ün ㄩㄣ 晕
ang ㄤ 昂	iang 丨ㄤ 央	uang ㄨㄤ 汪	
eng ㄥ 亨的韵母	ing 丨ㄥ 英	ueng ㄨㄥ 翁	
ong (ㄨㄥ)轰的韵母	iong ㄩㄥ 雍		

(1)"知、蚩、诗、日、资、雌、思"七个音节的韵母用 i,即:知、蚩、诗、日、资、雌、思等字拼作 zhi,chi,shi,ri,zi,ci,si。

(2)韵母儿写成 er,用做韵尾的时候写成 r。例如"儿童"拼作 ertong,"花儿"拼作 huar。

(3)韵母ㄝ单用的时候写成 ê。

(4)i 行的韵母,前面没有声母的时候,写成 yi(衣),ya(呀),ye(耶),yao(腰),you(忧),yan(烟),yin(因),yang(央),ying(英),yong(雍)。

u 行的韵母,前面没有声母的时候,写成 wu(乌),wa(蛙),wo(窝),wai(歪),wei(威),

wan(弯),wen(温),wang(汪),weng(翁)。

ü行的韵母,前面没有声母的时候,写成yu(迂),yue(约),yuan(冤),yun(晕);ü上两点省略。

ü行的韵母跟声母j,q,x拼的时候,写成ju(居),qu(区),xu(虚),ü上两点也省略;但是跟声母n,l拼的时候,仍然写成nü(女),lü(吕)。

(5)iou,uei,uen前面加声母的时候,写成iu,ui,un,例如niu(牛),gui(归),lun(论)。

(6)在给汉字注音的时候,为了使拼式简短,ng可以省作ŋ。

四、声调符号

阴平	阳平	上声	去声
ˉ	ˊ	ˇ	ˋ

声调符号标在音节的主要母音上,轻声不标。例如:

妈 mā　　麻 má　　马 mǎ　　骂 mà　　吗 ma
（阴平）　（阳平）　（上声）　（去声）　（轻声）

五、隔音符号

a,o,e开头的音节连接在其他音节后面的时候,如果音节的界限发生混淆,用隔音符号(')隔开,例如:pi'ao(皮袄)。

第三节　普通话声母和声母辨正

一、声母的发音部位和发音方法

普通话辅音声母共有21个,即b、p、m、f、d、t、n、l、g、k、h、j、q、x、zh、ch、sh、r、z、c、s。不同的声母是由不同的发音部位和发音方法决定的。

(一)声母的发音部位类别

发音部位,是指辅音发音时气流受到阻碍的位置。根据发音部位,普通话声母可以分成七类。

(1)双唇音:双唇阻塞而形成的音。有b、p、m三个。

(2)唇齿音:下唇接近上齿而形成的音。只有f一个。

(3)舌尖前音:舌尖接近上齿背而形成的音。有z、c、s三个。

(4)舌尖中音:舌尖顶住上齿龈而形成的音。有d、t、n、l四个。

(5)舌尖后音:舌尖上翘接近硬腭前部而形成的音。有zh、ch、sh、r四个。

(6)舌面音:舌面前部顶住或接近硬腭前部而形成的音。有j、q、x三个。

(7)舌根音:舌面后部顶住或接近软腭而形成的音。有g、k、h三个。

(二)声母的发音方法类别

发音方法,包括辅音发音时构成阻碍和克服阻碍的方法、气流强弱情况以及声带是否颤动等几个方面。

(1)根据形成阻碍和克服阻碍的方法,声母可以分为:

①塞音:发音时,发音部位的某两个部分完全闭合,气流积聚于受阻部分;阻塞部分突然打开,气流迸裂而出爆发成音。有b、p、d、t、g、k六个。

②擦音:发音时,发音部位的某两个部分靠近,形成缝隙,气流从缝隙中挤出,摩擦成音。有f、s、sh、r、x、h六个。

③塞擦音:发音时,发音部位的某两个部分先闭合阻住气流,然后逐步放开而成一条窄缝,让气流从中挤出,先塞后擦成音。有z、c、zh、ch、j、q六个。

④鼻音:发音时,口腔里形成阻碍的两个部分闭合,软腭下垂,鼻腔通路打开,气流从鼻腔流出,发出鼻音。有m、n两个。

⑤边音:发音时,舌尖和上腭形成阻碍而舌边松弛、自然,气流沿舌的两边流出,形成边音。只有l一个。

(2)根据克服阻碍时气流强弱的不同,声母中的塞音、塞擦音可以分为:

①送气音:发音时,呼出的气流较强。有p、t、k、c、ch、q六个。

②不送气音:发音时,呼出的气流较弱。有b、d、g、z、zh、j六个。

(3)根据发音时声带是否颤动,声母可以分为:

①清音:发音时,声带不颤动,透出的气流不带音。有b、p、f、d、t、g、k、h、j、q、x、zh、ch、sh、z、c、s十七个。

②浊音:发音时,声带颤动,透出的气流带音。有m、n、l、r四个。

普通话的声母可以按上述的不同类别制成下面的综合表。

发音方法 \ 发音部位	塞音		塞擦音		擦音		鼻音	边音
	清音		清音		清音	浊音	浊音	浊音
	不送气	送气	不送气	送气				
双唇音	b	p					m	
唇齿音					f			
舌尖前音			z	c	s			
舌尖中音	d	t					n	l
舌尖后音			zh	ch	sh	r		
舌面音			j	q	x			
舌根音	g	k			h			

按照此表,普通话的21个声母,综合发音部位和发音方法两个方面可以称为:
    b   双唇、不送气、清、塞音(是双唇音、不送气音、清音、塞音的简单说法,下

同)

 p 双唇、送气、清、塞音
 m 双唇、浊、鼻音
 f 唇齿、清、擦音
 z 舌尖前、不送气、清、塞擦音
 c 舌尖前、送气、清、塞擦音
 s 舌尖前、清、擦音
 d 舌尖中、不送气、清、塞音
 t 舌尖中、送气、清、塞音
 n 舌尖中、浊、鼻音
 l 舌尖中、浊、边音
 zh 舌尖后、不送气、清、塞擦音
 ch 舌尖后、送气、清、塞擦音
 sh 舌尖后、清、擦音
 r 舌尖后、浊、擦音
 j 舌面、不送气、清、塞擦音
 q 舌面、送气、清、塞擦音
 x 舌面、清、擦音
 g 舌根、不送气、清、塞音
 k 舌根、送气、清、塞音
 h 舌根、清、擦音

除以上21个辅音字母外,普通话里还有一些音节没有辅音声母,也就是习惯所称的"零声母"。零声母字在发音时,实际上带有某些不太明显的辅音成分,因其不能区别意义,所以不必强调。

二、声母辨正

普通话的21个辅音声母中,有一些是部分方言里没有或方言区人不易发准的,现做一些分辨说明。

(一)z、c、s 和 zh、ch、sh

z、c、s 这一组(下称 z 组)声母和 zh、ch、sh 这一组(下称 zh 组)声母的主要区别在于:发 z 组时舌头前伸到下齿背,舌尖略后的部分对着上齿背;发 zh 组时舌的前端上翘,对着硬腭。

这两组声母的字,有些方言混成一套,也即是将 zh 组念成 z 组或与 z 组近似的音,如上海话、苏州话、成都话、广州话、武汉话等。还有些方言把 zh 组字的一部分念成 z 组，如天津话、西安话、银川话等。辨别 z 组和 zh 组，其一是根据汉字声旁进行类推；其二是借助声韵配合规律来分辨，如 zh 组声母能与 ua、uai、uang 三个韵母相拼，而 z,组则不可以；其三是记住重、难点代表字属 z 组还是属 zh 组。

（二）n 和 l

n 和 l 的发音部位相同，都是舌尖对着上齿龈，但发音方法不同。主要区别是：n 除舌尖上举外，舌的两边也上举，和上齿龈形成阻碍，气流不能从口腔通过，转道鼻腔而出，形成鼻音；l 则只有舌尖上举，和上齿龈形成阻碍，舌的两边上举程度很小，气流从舌两边流出，形成边音。

普通话中 n、l 声母的字，在一些方言中相混，有的是全部相混，如重庆话、南京话；有的是部分相混，如宁夏的一些方言中，韵母是 i、ü 或以 i、ü 起头时不混，此外全部相混。

要区分开哪些字念 n 声母，哪些字念 l 声母，可采取一些办法。其一是借助汉字声旁进行类推，如"宁"是 n 声母，用"宁"作声旁的字往往都是 n 声母，像"咛、拧、狞、柠"等，用"乃"作声旁的也往往念 n 声母，如"奶、氖、艿"等；声旁是"仑"的字，声母往往是 l，如"论、伦、沦、抡、轮"等，声旁是"卢"的字，往往也是 l 声母，像"泸、颅、鸬、舻"等。其二是采用"记少剩多法"，n 声母的字比 l 声母的字少得多，记住了 n 声母的字，剩下的自然就是 l 声母的字了。

（三）f 和 h

f 和 h 都是清擦音，区别只在阻碍部位的不同。f 是上齿和下唇的阻碍，h 是舌面后部跟软腭形成的阻碍。f 和 h 的区分在普通话里是很清楚的，但在有些方言里，如湘方言、粤方言、客家方言等都有相混的现象。有的把部分 f 声母字读成 h 声母字，有的把部分 h 声母字读成 f 声母字，也有的 f、h 随便读。结果是"开花"与"开发"混同，"公费"和"工会"不分。这些地区的人学习普通话时，除了要学会 f 和 h 的发音外，还要分清哪些字的声母读 f，哪些字的声母读 h。

（四）z、c、s 与 g、k、h 变 j、q、x

普通话中声母 z、c、s、g、k、h 不能与 i、ü 以及 i、ü 开头的韵母相拼，只有声母 j、q、x 才与 i、ü 以及 i、ü 开头的韵母相拼。

有的方言中 z、c、s 可以与 i、ü 以及 i、ü 开头的韵母相拼，如南京话，有的方言 g、k、h 可以与 i、ü 以及 i、ü 开头的韵母相拼，如广州话。这与普通话不一致，学习普通话时一律要把与 i、ü 以及 i、ü 开头的韵母相拼的声母 z、c、s、g、k、h 改为 j、q、x。

（五）改浊音为清音

普通话声母中除鼻音 m、n 和边音 l 外，只有一个擦音 r 是浊音，而在有些方言（如吴方言、部分湘方言）中有一套和清音声母 b、d、g、j、zh、z、s 相配的浊音声母。在学习普通话时，这些浊音声母有的应该读成同部位的送气清音声母，有的应该读成同部位的不送气清音声母,要注意其分别。

第四节 普通话韵母与韵母辨正

一、韵母的分类及发音

普通话韵母主要组成部分是元音,有的也包含辅音韵尾。按照韵母内部成分的特点,可以把韵母分为单元音韵母、复元音韵母和带鼻音韵母三类。

(一)单元音韵母

单元音韵母是由单元音构成的韵母,其中舌面元音有7个,舌尖元音有3个。

舌面元音发音时,主要是舌面起作用,由舌位的高低、前后和嘴唇的圆不圆来决定。舌尖元音发音时,主要是舌尖起作用,由舌尖活动的前后和嘴唇的圆不圆来决定。舌面元音和舌尖元音发音情况如下。

(1)a 舌面后、低、不圆唇元音

发音时,口腔大开,舌头前伸,前舌面下降到最低度,嘴唇呈自然状态。如"阿"、"大"、"发达"的韵母。

(2)o 舌面后、半高、圆唇元音

发音时,口腔半闭,舌头后缩,后舌面升到半高程度,嘴唇拢圆。如"喔"、"波"、"婆"的韵母。

(3)e 舌面后、半高、不圆唇元音

发音时,口腔半闭,舌头后缩,后舌面升到半高程度,嘴角向两边展开。与o相比,e的区别只是将o的圆唇变为扁唇。如"河"、"车"、"特色"的韵母。

(4)ê 舌面前、半低、不圆唇元音

发音时,口腔半开,舌头前伸,前舌面升到半低程度,嘴角向两边展开。如"欸(诶)"的发音。

(5)i 舌面前、高、不圆唇元音

发音时,口腔开度很小,舌头前伸,前舌面上升接近硬腭,气流通路窄而不发生摩擦,嘴角向两边展开。如"衣"、"西"、"机器"的韵母。

(6)u 舌面后、高、圆唇元音

发音时,口腔开度很小,舌头后缩,后舌面上升接近软腭,气流通路窄而不发生摩擦,嘴唇拢圆成一个小孔。如"乌"、"呼"、"路途"的韵母。

(7)ü 舌面前、高、圆唇元音

发音时,口腔开度很小,舌头前伸,前舌面上升接近硬腭,气流通路窄而不发生摩擦,嘴唇撮圆成一个小孔。和i相比,ü的区别只是将i的扁唇变成圆唇。如

"鱼"、"绿"、"语句"的韵母。

(8) -i 舌尖前、高、不圆唇元音

国际音标写成[ɿ]。发音时,舌尖前伸,对着上齿背,气流通路窄而不发生摩擦,嘴唇向两边展开。它们不能单独成音节,只能与 z、c、s 三个声母相拼。如"资"、"次"、"斯"、"自私"的韵母。

(9) -i 舌尖后、高、不圆唇元音

国际音标写成[ʅ]。发音时,舌尖上举对着硬腭,气流通路狭窄而不发生摩擦,嘴角向两边展开。它不能单独成音节,只能与 zh、ch、sh、r 四个声母相拼。如"之"、"吃"、"师"、"日"、"知识"、"赤日"的韵母。

汉语拼音方案中,i、-i(国际音标为ɿ)及-i(国际音标为ʅ)全用 i 表示,因出现的位置不同,是不会发生混淆的。

(10) er 舌面中央、不圆唇卷舌元音

发音时,舌面中央升到中间高度,同时舌尖卷起,对着硬腭,嘴唇略开(开口度比 ê 小)。如"儿"、"二"、"而"、"耳"等的发音。另外,普通话还有一套带卷舌作用的"儿化音",也由它而来。er 中的 r 不代表音素,只表示卷舌动作的符号,所以 er 韵虽用两个字母标写,但仍然是单元音韵母。

(二) 复元音韵母

复元音韵母是由两个或三个元音结合而成的。普通话里共有 13 个复元音韵母,即 ai、ei、ao、ou、ia、ie、ua、uo、üe、iao、iou、uai、uei。

普通话复元音韵母可以分为二合的和三合的两类。二合的复元音韵母有 9 个,分别是 ai、ei、ao、ou 和 ia、ie、ua、uo、üe。前 4 个复元音韵母中,前面一个元音是韵腹,发音响亮、清晰,音值比较固定;后面一个元音是韵尾,发音较混,音值不太固定,只表示发音的大致方向。后 5 个复元音韵母中,前一个元音是韵头,后一个元音是韵腹,发音时,前面的元音轻短,只表示舌位从那里开始移动,后面的元音清晰响亮。

普通话里,三合的复元音韵母有 4 个,分别是 iao、iou、uai、uei。其中,中间的元音是韵腹,前面的是韵头,后面的是韵尾。发音时,中间的元音清晰响亮,前面的元音轻短,后面的元音含混,音值不太固定,只表示舌位滑动的方向。

(三) 带鼻音韵母

这类韵母是由一个或两个元音后面带上鼻辅音构成的。普通话带鼻音韵母共有 16 个,可以分成两类:

带舌尖鼻音的韵母。共有 8 个,即 an、en、in、ün 和 ian、uan、üan、uen。

前 4 个韵母是由韵腹和鼻音韵尾 n 结合构成的。发音时,先发韵腹元音,紧接着软腭下降,鼻音色彩逐渐增加,舌尖向上齿龈移动,并抵住上齿龈作发 n 的状

态,整个韵母发音完毕才除阻。

后 4 个韵母是由韵腹同元音韵头、鼻音韵尾 n 结合而成的。发音时,从前面的轻而短的元音滑到中间较响亮的主要元音,软腭逐渐下降,鼻腔通路打开,紧接着舌尖抵住上齿龈作发 n 的状态,口腔前部的通路阻塞,整个韵母发音完毕才除阻。

带舌根鼻音的韵母。也有 8 个,即 ang、eng、ing、ong 和 iong、iang、uang、ueng。

前 4 个韵母由韵腹和鼻音韵尾 ng 构成。发音时,先发元音,紧接着让舌根向软腭移动发 ng 音。

后 4 个韵母由韵腹同元音韵头和鼻音韵尾 ng 构成。发音时,前面的韵头较短,只表示舌位在那里开始移动,滑向中间较响亮的主要元音后让舌根向软腭移动发 ng 音。

以上是按韵母的内部成分特点对韵母进行的分类。除此之外,韵母还可以按照"四呼"进行分类。"四呼"是我国传统语言学上的术语。以"四呼"为标准,普通话韵母可以分为以下四类。

第一类:开口呼韵母(没有韵头,而韵腹又不是 i、u、ü 的韵母):a、o、e、ê、-i[ɿ]、-i[ʅ]、er、ai、ei、ao、ou、an、en、ang、eng、ong。

第二类:齐齿呼韵母(韵头或韵腹是 i 的韵母):i、ia、ie、iao、iou、ian、in、iang、ing、iong。

第三类:合口呼韵母(韵头或韵腹是 u 的韵母):u、ua、uo、uai、uei、uan、uen、uang、ueng。

第四类:撮口呼韵母(韵头或韵腹是 ü 的韵母):ü、üe、üan、ün。(参见前附录一《汉语拼音方案》韵母表)

二、韵母辨正

(一)i 和 ü

普通话里 i 和 ü 分得很清楚,但有些方言,比如,闽方言、客家方言及西南的一些地区(如昆明)方言中没有撮口呼韵母。这些方言中的 i 和 ü,全都念成 i,如把"女的"(nǚde)念成"你的"(nǐde);把"白云"(báiyún)念成"白银"(báiyín)。这些不习惯发 ü 的人,可用唇形变化的办法来练习,先展开嘴唇发 i,舌位不变,慢慢把嘴唇拢成圆形,就能发出 ü 来了。并且注意对照下列几对词语韵母的不同:

季节(jìjié)—拒绝(jùjué)

意义(yìyì)—寓意(yùyì)

前面(qiánmiàn)—全面(quánmiàn)

名义(míngyì)—名誉(míngyù)
意见(yìjiàn)—预见(yùjiàn)
通信(tōngxìn)—通讯(tōngxùn)

要学会发音,还要进一步记住哪些字韵母是i和i开头,哪些字韵母是ü和ü开头。

(二)—n和—ng

普通话里鼻音韵尾n和ng分得很清楚,如an和ang、en和eng、in和ing等等。但在有些方言里却不能分辨,它们或者是有—n没有—ng,或者是有—ng而没有—n。例如,南京话、长沙话把—ng都读成—n,这样,"天坛"与"天堂"一样,"平凡"等于"平房";"人民"与"人名"不分,"老陈"和"老程"无别。上海话、昆明话、兰州话、桂林话将部分—ng念成—n。广西的部分地区则把—n都念成—ng,西北不少地区将部分—n念成—ng。要分辨它们,首先要发准—n和—ng这两个鼻音。练习发—n时,舌尖抵住上齿龈;练习发—ng时,舌根抵住软腭。—n和—ng的不同之处是发音动作不同,造成阻碍的部位不同;它们的相同之处则是除阻时都不发音。掌握了—n和—ng的发音后,进一步的工作就是记住常用字的发音哪些是—n韵尾,哪些是—ng韵尾。

(三)o和e

有些方言韵母o和e不分。如东北地区的不少方言把o韵母的一些字读成e韵母,西南地区的不少方言则把e韵母的一些字读成o韵母。o和e的发音情况大致相同,区别在于o发音时唇形圆,e发音时唇形不圆。学习时,可以用唇形变化的办法来练习和掌握这两个韵母的发音方法。另外,学习时还要注意掌握一个规律,就是普通话韵母o只跟唇音声母(b、p、m、f)相拼合,韵母e相反,不能与唇音声母相拼合;并且也要注意弄清哪些字的韵母是e,哪些字的韵母是o或uo,分别记住。

(四)防止丢失韵头i或u

普通话的复元音韵母和带鼻音韵母有许多是有韵头i、u的,而在南方有些方言中却没有。如广州话把"流"念成lou,上海话把"吞"读成tong;还有些南方方言把"队"念成dei、"推"念成tei。这些方言区的人学习普通话时,就应该注意学好有韵头的韵母的发音,弄清字音的韵母有无i或u韵头。另外,还要注意掌握一个规律,就是普通话里的唇音声母及声母n、l是与韵母ei相拼合的,其他声母才与韵母uei相拼合,只有极少例外。掌握了这一规律,有助于防止u韵头的丢失。

(五)防止丢失鼻音韵尾n

普通话带鼻音韵尾n的韵母在有些方言中往往念成鼻化元音,有的甚至把鼻音完全丢失。如济南、太原、西安等地方言中,将普通话的an韵母念成[æ̃](~为鼻化元音符号。发鼻化元音时,软腭半升半降,气流同时从口腔和鼻腔出来,使元音带上鼻音色彩),而昆明话则念成[ã]。上海等吴语地区把 an 韵字念成单元音韵母或复元音韵母,将鼻音韵尾丢失了。为防止鼻音韵尾 n 的丢失,以上方言区的人要注意在发完主要元音之后,把舌头抵住上齿龈发好韵尾 n,整个韵母发音完毕才除阻。

(六)念准复元音韵母

普通话中的 ai、ei、ao、ou 等复元音韵母,在吴方言里大都念成单元音韵母,同样,uai、uei、iao、iou 等复元音韵母中的 ai、ei、ao、ou 等也作了相应的改变。所以吴方言区人在学习普通话时,应注意恢复这些复元音韵母的原貌。另外,闽方言、粤方言还有以 ü 为韵尾的复元音韵母,例如,广州话的"虚"、"水",福州话的"预"、"催"等都是以 ü 为韵尾的复元音韵母。这种韵尾在普通话中是没有的,必须注意纠正。

第五节 普通话音变

人们在连续发出许多音素或音节、形成语流的过程中,音素之间或音节之间就相互影响,产生语音的变化。普通话里主要有以下几种主要的音变现象。

一、变调

音节和音节连续发音时,其中有些音节的声调发生了一定的变化,这就是变调。变调常常是由后一个音节声调的影响引起的。最常见有上声和去声的变调。

(一)上声变调

(1)上声在非上声(阴平、阳平、去声、轻声)前,变为半上声,即由 214 变为 21。如:

上声 + 阴平:小说   火车   首都   普通   打针
上声 + 阳平:语言   火柴   几何   可怜   改良
上声 + 去声:土地   手套   眼泪   准确   抵抗
上声 + 轻声:尾巴   本事   手巾   小心   打扮

(2)上声与上声相连时,前一个上声变为阳平,即由 214 变为 35。如:

友好   讲演   理想   选举   保险   洗澡

需要注意的是,如果第二个上声字是由上声变来的轻声,那么第一个上声字就有两种不同的变法。一种是变成"半上声",调值是 21。如:

椅子   耳朵   奶奶

还有一种是变得像阳平,调值是 35。如:

考虑　　可以　　想起

如果相连的上声字不止两个,那么可以根据词语意思适当分组按上述办法变调。快读时,也可以只保留最后一个字音读上声,前面的一律变为阳平。如:

很勇敢　　展览品　　永远友好

(二)去声变调

去声与去声相连时,前一个去声不能降到位,变为半去,即由 51 变为 53。如:

照相　　汉字　　大会　　热烈　　正确　　庆贺　　扩大　　万岁

(三)"一"、"七"、"八"、"不"变调

"一"、"七"、"八"、"不"是四个古入声字,在普通话里出现变调是一种比较突出的现象。它们的变调情况如下:

1. "一"、"不"的变调

"一"本调是阴平,"不"本调是去声。

(1)"一"、"不"单念或在词句末尾时仍念本调。如:

一、二、三　　统一　　天下第一　　三七二十一

不　　我不

(2)"一"、"不"在去声前,变为阳平。如:

一个　　一向　　不够　　不露声色

(3)在非去声前,"一"变成去声,"不"仍读本调,也即去声。如:

一天　　一般　　一年　　一回　　一本　　一口

不多　　不吃　　不成　　不行　　不好　　不朽

(4)"一"、"不"夹在重叠式的动词或其他词语之间时,变为轻声。如:

看一看　　想一想　　试一下

好不好　　说不说　　坐不住

2. "七"、"八"的变调

"七"和"八"本调都是阴平,在去声前可以变为阳平,也可以不变。如:"七个人"、"八万斤",可以变调读成 qígèrén、báwànjīn,也可以不变调,仍念阴平。

"七"、"八"在其他场合都不变调。如:

七夕　　七绝　　七巧

八仙　　八旗　　八角

二、轻声

(一)什么是轻声

普通话的每个音节都有自己的声调,但有的音节在一定的场合常常失去原有的声调而变成一个较轻、较短的调子,这就是轻声。例如,"子"在"子女"、"子弹"

等词语中念上声,可是在"桌子"、"日子"、"猴子"等词里,读起来就既轻又短,成为一个轻声音节。读轻声的字大都有它原来的声调,因此,不必把轻声看做一种独立的调类,而将它看做是连续发音时产生的一种音变现象。

轻声音节的音高决定于它前面那个音节的声调。一般来说,上声字后的轻声字声调最高,阴平、阳平后的轻声次之,去声字后的轻声声调最低。用五度制声调表示法就是:

上声音节之后的轻声音节读半高调(4度 ·|)。如:"里头"、"手上"。
阴平、阳平音节之后的轻声音节读中调(3度 ·|)。如:"蹲下"、"棉花"。
去声音节之后的轻声音节读低调(1度 ·|)。如:"日子"、"地方"。

(二)哪些字念轻声

在普通话中下面一些成分经常读轻声:

(1)虚字经常读轻声,如构词的词尾"子、头、么",表多数的"们",助词"的、地、得、着、了、过",语气词"啊、吗、呢、吧"等,下面举例:

桌子　燕子　石头　里头　这么　什么　我们　老师们
红的　吃的　快乐地　喊着　看过　去了　他呢　好吧　来啊
快得很

(2)名词后面的表示方位的词读轻声。如:

教室里　柜台上　地底下　前面　右边

(3)动词、形容词后面的趋向补语读轻声。如:

看起来　冷下去　进来　上去　打开来

(4)动词重叠形式中后头的字经常读轻声。如:

坐坐　想想　商量商量　打听打听　笑一笑　走一走　去不去　想不想

(5)有一批常用的双音词,第二个字习惯上读轻声。如:

事情　东西　工夫　消息　护士　窗户　生活　消息　牡丹　客气　吩咐　便宜　应付　喜欢　亮堂　清楚

(三)轻声的作用

普通话里的一些词或词组靠轻声音节与非轻声音节区别意义。如:

帘子 liánzi　　　　　　　　莲子 liánzǐ
舌头 shétou　　　　　　　　蛇头 shétóu

甚至可以在区别意义的同时还区别词性。如:

大意 dàyi(疏忽,形容词)　　　大意 dàyì(主要意思,名词)
对头 duìtou(冤家,名词)　　　对头 duìtóu(正确,形容词)
地道 dìdao(好或真,形容词)　　地道 dìdào(地下通道,名词)

三、儿化

(一)什么是儿化

在普通话里,单韵母 er 除了自成音节外,还可以同其他韵母结合成一个音节,并使这个韵母变成卷舌韵母,这就是儿化。"儿化"后的卷舌韵母,叫做"儿化韵"。儿化韵里的"儿"不是一个单独的音节,只是在一个音节末尾音上附加的卷舌动作,使那个音节因儿化而发生音变。

(二)儿化的规律

普通话的韵母除 ê、er 以外,都可以儿化(汉语拼音方案规定在原韵母后加上一个 r 来表示儿化)。各韵母儿化有不同的规律,大概有以下几类。

(1)韵腹或韵尾是 a、o、e、u 的,儿化时原韵母直接卷舌。如:

ia→iar　　虾儿　xiār
uo→uor　　活儿　huór
ie→ier　　鞋儿　xiér
u→ur　　　珠儿　zhūr

(2)韵尾是 i、n 的,失落韵尾,主要元音卷舌。如:

ai→a(i)r　　盖儿　gà(i)r
uai→ua(i)r　块儿　kuà(i)r
ian→ia(n)r　馅儿　xià(n)r
en→e(n)r　　门儿　mé(n)r

(3)韵尾是 ng 的韵母,儿化时韵尾与前面的主要元音合成鼻化元音(发音时口腔、鼻腔同时共鸣,在元音上加"~"表示),同时卷舌。如:

ang→ãr　　缸儿 gāngr (gãr)
eng→ẽr　　凳儿 dèngr (dẽr)

(4)i、ü 两韵儿化,直接卷舌。如:

i→ir　　　　鸡儿 jīr
ü→ür　　　　鱼儿 yúr

(5)韵母是 -i[ɿ] 和 -i[ʅ] 的,儿化时韵母失落,变成卷舌音。如:

-i[ɿ]→(-i)r　　字儿 z(ì)r
-i[ʅ]→(-i)r　　事儿 sh(ì)r

(三)儿化的作用

(1)确定词性。如:

画(动词)　　　　画儿(名词)
活(形容词)　　　活儿(名词)

堆(动词)　　　　　堆儿(名词)
破烂(形容词)　　　破烂儿(名词)
(2)区别词义。如：
头(脑袋)　　　　　头儿(带头的;上级领导)
信(书信)　　　　　信儿(信息)
眼(眼睛)　　　　　眼儿(小窟窿)
(3)表示"细小"、"喜爱"、"亲切"等感情色彩。如：
小孩儿　　小球儿　　小曲儿　　猴儿　　豆腐丝儿

第3章 字、词、句的运用

第一节 汉字的形体演变

一、汉字概说

方块汉字是世界上一种十分古老又非常特别的文字,它是中华民族的伟大创造。我们在运用汉语进行表达时必须掌握好汉字。要掌握汉字,首先要对中华民族的这一文化结晶有一个大概的了解。

(一)汉字的起源

汉字是怎样产生的呢?历来有不少说法,但究其本源,汉字应该起源于图画与契刻。

在人类文字出现之前,人们普遍采用实物和图画以记事和传信。图画记事,是用线条来表示事物,记事的图画经过长期演变,可以形成图画文字,再经过长期使用,图画文字的形体、读音和语意比较稳定,就产生了象形文字。从汉字早期的文字中象形文字的比例最大,以及汉字越早的形体越接近图画,都可看出汉字起源于图画的端倪。

汉字中的数字当来源于契刻。古代记数使用结绳和契刻两种方法。契刻有书写的特征,契刻的线条可能发展为原始的数字,估计有部分汉字的数字起源于契刻。

我国古代有仓颉造字之说,但这一说法并不正确。实际上,文字是人们为了满足日益复杂的交际的需要,在原始的图画记事的基础上共同创造出来的。鲁迅说:"文字在人民中间萌芽。"又说:"在社会里,仓颉不止一个,有的在刀柄上刻一点图,有的在门户上画一些画,心心相印,口口相传,文字就多起来,史官一采集,便可以敷衍记事了。"文字的发明,理应出于众人之手,也必然要经过一个长期的选择与认同的过程。也可能有人把原始的分散的文字加以整理和系统化,如果仓颉确有其人,可能是一个搜集和整理文字的贤哲,被后世当做汉字的创造者。

(二)汉字的性质

记录语言是文字的共同性质,每一种语言都有一个由若干音位、音节组成的语音系统和由语素、词组成的词汇系统,都可以用符号去记录它。根据记录语言的途径及记录语言符号的性质,世界上的各种文字大致可以分为两大类:一类是表音文字,一类是表意文字。

1. 表音文字

通过为音位或音节制定的符号来记录语音,这些符号仅仅与声音联系,与语言的意义无关。一种语言里,音节与音位是有限的,表音文字用的字母也是不多的,掌握了这些字母以及拼写规则,就可以拼写和认读该种语言。如英语26个字母、俄语33个字母和日语的假名50音图。

2. 表意文字

通过一定的象征性符号的组合,表示语素和词的意义,从而记录了语言的语素和词。汉字正是这种文字,在古代汉语中,单音节词占优势,在大多数情况下,一个汉字记录的是一个语素,也是一个词。在现代汉语中,双音节词占优势,在大多数情况下,一个汉字记录的是一个语素,但不一定是一个词。

二、汉字的形体演变

汉字有着悠久的历史,汉字在长期发展中形体不断变化。从汉字的形体发展来看,可以分为古文与今文两大类,古文指自甲骨文至小篆,今文指从隶书到楷书。

(一)古文

1. 甲骨文

(1)甲骨文的性质

这种文字是刻写在龟甲兽骨上的,多用来记录占卜的内容。清光绪二十五年(1899)在河南安阳小屯村出土了大量的刻有文字的龟甲兽骨,那里是殷王朝的都城遗址,可知甲骨文是殷商时代的文字。从用途、出土地点、成文手段等不同的角度来看,甲骨文又叫"殷墟卜辞"、"殷墟书契"、"贞卜",简称"卜辞"、"殷契"、"契文"等。

甲骨文是迄今为止已发现的最早的成熟的汉字体系。已发现的甲骨文全部单字约4500个,其中已认识的1700个左右,尚未认识的多是人名、地名、族名。但应指出,出土的10万余片甲骨文绝非甲骨文的全部,所有的卜辞也绝非全部殷商文字。殷商文字体系的完备程度一定比已发现的甲骨文体系要高得多。

(2)甲骨文的特点

甲骨文是一种发展成熟的文字。汉字的种种构成原则在甲骨文中已有充分的体现。

甲骨文是用刀刻在龟甲或兽骨上的,所以,笔形是细瘦的线条,拐弯多是方笔,外形参差不齐,结体大小不一。

又因为文字尚未统一,许多字可以正写、反写,笔画繁简不一,偏旁不固定,异体字较多。如:

甲骨文

(龟)象侧面形,

(龟)象后看正面形。

行文的程式不统一,有的从左至右写,有的从右至左写,有的在直写的款式中插入横写。

有较多的合文。如 (正月), (三万)等。

2. 金文

(1)金文的性质

金文是铸或刻在商周青铜器上的古代文字,因为商周人把铜叫做金,故名。青铜器以钟和鼎最为常见,所以,金文又叫"钟鼎文"。古代镂刻称为"铭",所以,金文又称为"铭文"。钟鼎属彝器（古代青铜器中礼器的统称），上边铸的或刻的文字又称款识（款为阴文,识为阳文），因而金文也叫"彝器款识"。古称适于铸造钟鼎的金属为吉金,于是,金文又叫"吉金文字"。

金文的最早实例出现在商代中期,当时只是用来记金器名、物主名、工匠名。一般只有两三个字,较长的也不超过50字。周代的青铜器铭文多起来,篇幅也长起来,像康王时期的"盂鼎铭文"将近300字,近于典谟诰誓的文章。

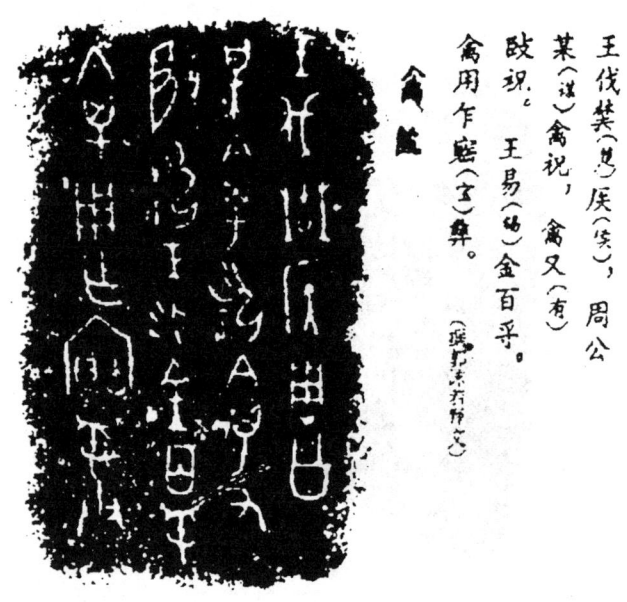

金文（禽殷）

（2）金文的特点

金文是从甲骨文发展来的,形体上和甲骨文很接近。

笔画一般简于甲骨文,有的笔画却繁于甲骨文。

形体不太固定,一字有多种写法。也有合体字。但金文中形声字的比例较甲骨文有明显的增加,合文也比甲骨文少得多。

从字体上看,金文圆笔较多,线条自然,字形趋于工整,已具有明显的书法美。

3. 篆书

（1）篆书的性质和种类

篆,是掾的意思。掾,是官的意思。篆文是指官吏用的文字,也就是官府办公用的文字。篆书一般分为大篆和小篆两种。

广义的大篆,指先秦所有的文字,包括甲骨文、金文、籀文和春秋战国时代通行于六国的文字。狭义的大篆,只指籀文,也叫"籀书"(相传是周宣王时的太史籀所作,实际上大约是春秋到战国初期的文字,秦国文字较多地继承了籀书)。今存石鼓文为这种字体的代表。石鼓文是刻在鼓形石上的籀文,这是我国最古的刻石文字。它的结字颇有法度,笔画遒劲凝重。

小篆,据说是秦相李斯简化秦大篆而成。秦统一六国后,小篆得到了强令推行,成为秦帝国官定的文字。小篆是中国文字史上首次出现的规范文字。现在所能看到的小篆字体《泰山刻石》、《琅邪台刻石》,相传是李斯所书,笔画圆浑,体势雄健,是秦篆书法的上乘之作。

(2)篆书的特点

篆书特别是小篆,笔画匀称,字形大多长圆而方正,已初具方块字的基础。

篆书圆笔多于金文,异体字明显减少。

小篆笔画比较简单,符号性有所加强,象形字的特点受到了很大削弱。

石鼓文   泰山刻石

篆书已具有显著的书法美,大篆浑厚,小篆精巧。

(二)今文

1. 隶书

(1)隶书的产生和发展

隶书是经过简化、草化篆书演变而来的一种汉字形体。隶书最初流传于民间,后经秦隶人(指胥吏,政府的低级官员)程邈搜集和整理,故称隶书。

隶书到汉代得到极广泛的应用,成为官方正式认可的文字。后世称秦代的隶书为"秦隶"、"古隶",汉代的隶书为"汉隶"、"今隶"。

(2)隶书的特点

隶书变小篆弧形圆转的线条为平直的方折笔画,隶书以扁形的方块汉字代替了小篆长圆的方块字。

隶书比小篆的笔画大量减少,彻底排除了图画的成分,变成单纯的书写符号。隶书删繁就简,变连为断,偏旁部首可以变通,书写速度大大加快,是汉字形体的一次大变革。

汉隶笔画有轻有重,波(左撇)磔(右捺)分明,"蚕头燕尾"(指写一横时,起笔似蚕头,收笔有一波势,好似燕尾)。汉隶作为书法艺术逐渐成熟,出现了大量风格不同的碑刻,如属于豪放一类的有《石门颂》、《孔庙碑》,属于工整一类的有《礼器碑》、《华岳庙碑》,属于秀丽的一类有《乙瑛碑》、《曹全碑》,属于古朴一类的有《衡方碑》、《张迁碑》等。

孔庙碑

礼器碑

2. 楷书

(1)楷书的出现和流行

楷书是从隶书发展演变而来的,兴于汉末,盛行于魏晋,完全成熟于唐代,一直沿用至今天,是通行时间最长的标准字体。

楷书改变了隶书的波磔,便于书写,堪为学字的楷模,故称"楷书",又以其导源于钟繇的"章程书",故取章、程二字的反切,称为"正书"或"真书"。

（2）楷书的特点

楷书同汉隶的基本结构相同，主要区别是笔形不同。

楷书形体方正稳定，笔画平直明确，成为书写自然的文字。

楷书更充分体现了汉字的书法美，著名的欧阳询《九成宫醴泉铭》、褚遂良《雁塔圣教序》、颜真卿《多宝塔》、柳公权《玄秘塔》是楷书书法的楷模之作。

附：草书和行书

前面讲的甲骨文、金文、篆书、隶书、楷书，都是在一定历史阶段正式运用的文字，而草书、行书一直是辅助性的字体。

（1）草书

草书是隶书的草写体，起源于西汉，称为"隶草"，东汉章帝时盛行，称为"章草"。它们保存了汉隶的波磔，虽有连笔，但字字独立。

东晋以后的变体称"今草"，它是从章草变化而来的，形体连绵，字字顾盼呼应，贯通一气，笔形是楷书化的草写，没有章草的波磔，笔画多连写，多省略，书写简易快速，但不易辨认。

唐代书法家张旭创立的"狂草"，变化多端，极难辨认，变成了纯书法的艺术品。

（2）行书

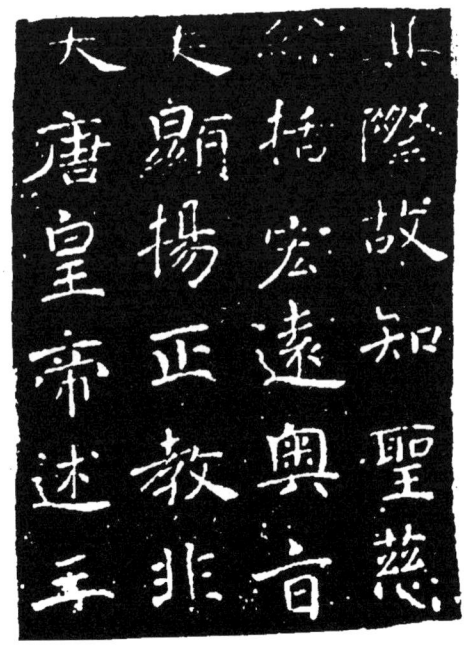

雁塔圣教序

产生于东汉末年,是由新兴起的楷书变化而来的,盛行于晋。一般称接近楷书的行书为行楷,称接近草书的行书为行草。

行书近楷而不拘,近草而不放,笔画连绵,各字独立,成为魏晋以后日常使用的主要字体。

但行书毕竟有些草率,未能代替楷书成为正式的书写文字。

(三)现行汉字的形体

1. 现行汉字常用字体

现行汉字经常运用楷书和行书,国家正式发布的文件和一般的报刊、书籍都是用楷书,日常书写中一般都采用行书。

在印章、对联、匾额以及文章的标题等特殊场合,有时也运用隶书、篆书、草书,还可以用金文、甲骨文。

书法艺术作品,各种形体都可以运用。

2. 印刷体

汉字的印刷体是指印刷上常用的楷书的各种变体,印刷体的特点是规整端正,笔画清晰,结构匀称。印刷体又可分不同的字体和字号。

(1)字体

印刷体可以有以下几种变体。

①宋体,是最通用的印刷字体,笔画横细竖粗,形体方正严谨。又叫老宋体、古宋体、灯笼体。

②仿宋体,笔画不分粗细,形体方正秀丽,讲究顿笔。又叫真宋体。

③楷体,笔画不分粗细,形体端正,近于手写楷书。又叫大宋体。

④黑体,笔画粗重,形体浓黑醒目,又叫黑头字、方头字、方体字。

(2)字号

印刷体按字体大小不同,分成不同的字号,常用的字号从大到小有初号、一号、二号、三号、四号、小四号(新四号)、五号、小五号(新五号)、六号、七号。

3. 手写体

指用手执笔直接写成的汉字,一般用行书,有些也用楷书或草书。手写体根据运用的工具不同,可以分为软笔字和硬笔字。软笔字使用传统的毛笔或其他类似毛笔的软笔。硬笔字使用钢笔、圆珠笔、铅笔等。

第二节　汉字的整理和规范

一、汉字的整理

(一)减少笔画

1.《简化字总表》的制定和公布

汉字由甲骨文、金文、小篆、隶书直到楷书,形体在不断发生变化,变化的总的趋势是字形由繁趋简。

另外,自秦代以来,在群众笔下,在通俗读物中,出现了许多简笔字。这些字便于学习,节省书写时间,很受群众的欢迎。因此,这些简笔字得以广泛流传。

新中国成立后,积极而稳步地开展文字改革工作。1955 年,文字改革委员会发表了《汉字简化方案(草案)》征求意见,修订后经国务院汉字简化方案审定委员会审定,于 1956 年 1 月由国务院正式公布实施。《汉字简化方案》包括 515 个简化字和 54 个可以类推的偏旁,方案中的简化字分四批推行。经过几年的实践,于 1964 年总结、归纳成《简化字总表》。表中收录了《汉字简化方案》中的全部简化字,明确了简化偏旁的应用范围,并收录了在《新华字典》(1962 年第三版,只收汉字 8000 个左右)收字范围内用偏旁简化类推的简化字。1986 年重新公布时又对个别字作了调整。《简化字总表》(见附录二)的第一表收不作简化偏旁用的简化字 350 个;第二表收可作简化偏旁用的简化字 132 个,简化偏旁 14 个;第三表收应用第二表所列简化字和简化偏旁得出来的简化字 1753 个。共收简化字 2235 个,简化偏旁 14 个,废除了 2259 个繁体字。

简化汉字的方针是"约定俗成"、"稳步前进",逐步整理和确定早已为群众创造并惯用的简化字。1977 年,文字改革委员会发表了《第二批汉字简化方案(草案)》,在全国征求意见,但很快在报刊及群众中使用开来,造成了一些混乱。1986 年,为了"使汉字的形体在一个时期内保持相对稳定,以利于社会应用",国务院批准国家语言文字工作委员会废止《第二批汉字简化方案(草案)》。

2. 精简汉字笔画的方法

公布的简化汉字主要是减少汉字的笔画。从《简化字总表》来看,第一表和第二表的原繁体字平均 16 画,简化后的简体字平均 8 画,减少了一半。第三表的原繁体字平均 19 画,简化后简体字平均 11 画,平均每个字减少了 8 画。

减少笔画的方法大致可以归纳为以下几种。

(1)局部删除,保留特征或轮廓。如:

习(習)　阳(陽)　飞(飛)　声(聲)　亏(虧)　医(醫)

(2)借用同音字或音近字替代。如：

后(後)　　出(齣)　　谷(穀)　　丑(醜)　　只(隻)　　斗(鬥)

(3)草书楷化。如：

书(書)　　乐(樂)　　为(爲)　　车(車)　　头(頭)　　专(專)

(4)换用简单的符号。如：

赵(趙)　　汉(漢)　　对(對)　　冈(岡)　　坏(壞)　　轰(轟)

(5)采用古字或异体字。如：

云(雲)　　从(從)　　无(無)　　万(萬)　　礼(禮)　　气(氣)

(6)另造新的形声字或会意字。如：

尘(塵)　　灶(竈)　　响(響)　　笔(筆)　　护(護)　　窜(竄)

(7)改换形旁或声旁。如：

优(優)　　愿(願)　　牺(犧)　　袄(襖)　　胆(膽)　　态(態)

(8)用简化偏旁或简化字类推。如《简化字总表》的第三表就是"应用第二表所列简化字和简化偏旁得出来的简化字"。

(二)统一字形,精简字数

1. 整理异体字

异体字是指同音同义而字形不同的字。汉字经过长期发展,在书写过程中产生了许多异体字,如"笋"同"筍"、"烟"同"煙"、"峰"同"峯"等。异体字的存在,给汉字的学习与使用带来额外的负担,必须加以整理。

1955年12月,文化部和中国文字改革委员会公布了《第一批异体字整理表》,表内所列的异体字共810组,合计1865个字,每组只选用一个正体字保留,共废除了1055个异体字。后把1986年重新公布的《简化字总表》中类推的简化字11个,不再作异体字淘汰。又根据1988年发布的《现代汉语通用字字形表》中的规定,确认《印刷通用汉字字形表》收入的15个字为规范字,不作异体字淘汰(见公布的《第一批异体字整理表》前的说明)。这些淘汰的异体字除了翻印古书或作姓氏外,禁止使用。

从几个异体字中选取一个作正体保存,根据的是从简从俗的原则。从简,就是保留笔画少的字,废弃笔画多的字;从俗,保留群众熟悉的惯用的字,废弃群众不熟悉、不常用的字。如果从简从俗不能兼顾,或繁简笔画差不多时,则以从俗为主。下面举例说明：

①从俗,如：

仙(僊)　　村(邨)　　娘(孃)　　乃(迺)　　灾(災)

②从简,如：

脉(脈)　　粮(糧)　　炮(礟)　　采(埰、採)　　蜂(蠭、𧒽)

③无法考虑从简时以从俗为主,如:

辉(煇、暉)　　并(併、幷、竝、並)　　峰(峯)　　够(夠)

窗(窓、窻、窗、牕、牎)

2. 推行新体字

在字形没有统一之前,印刷体和手写体不统一,印刷体本身也不统一。1962年,文化部、教育部、中国文字改革委员会、中国科学院共同成立汉字字形整理组,对全部通用字作了一次形体整理,并于1964年编成《印刷通用汉字字形表》,为印刷通用的6196个宋体字规定了标准字形。1965年1月,文化部、中国文字改革委员会发出联合通知,推行《印刷通用汉字字形表》。这样,为印刷用字、语言教学树立了楷书字形的规范,废除了通用汉字中的旧印刷体字,从而也大大精简了字数。整理的原则也是从俗从简。具体做法有(括号中为废除的旧体字):

①笔画省简,如:

宽(寬)　　争(爭)　　迅(迅)　　吕(呂)　　巨(巨)

②笔画连接,如:

并(并)　　芬(芬)　　愧(愧)　　捷(捷)　　牙(牙)

③笔画延伸,如:

角(角)　　灰(灰)　　另(另)　　黾(黽)　　拔(拔)

④调整部位,如:

感(感)　　默(默)　　盛(盛)　　惑(惑)　　鼬(鼬)

⑤折笔斜笔拉直拉平,如:

吴(吳)　　真(眞)　　录(彔)　　丰(丰)　　刊(刋)

⑥其他,如:

平(平)　　全(全)　　肃(肅)　　半(半)　　彦(彥)

3. 消除地名的生僻字

1958年10月,中国文字改革委员会向部分省、市、县发出《更改一部分生僻地名字的建议》,到1964年,国务院批准全国38个县级以上的地名更改(其中有的重名)。这样,用常用字代替地名生僻字30多个。如四川省酆都县改为丰都县,青海亹源县改为门源县,陕西的鄠县改为户县,贵州的鰼水县改为习水县,新疆维吾尔自治区的和阗县改为和田县,黑龙江省的铁骊县、瑷珲县改为铁力县、爱辉县。

二、正确使用汉字

(一)掌握规范汉字

我们在使用汉字时,要根据《简化汉字总表》、《第一批异体字整理表》、《印刷通用汉字字形表》等对汉字形体的规定,统一汉字规范的字形。

1. 正确使用简化字

使用规范的汉字,首先要使用规范的简化汉字,注意如下几点。

(1)坚持用规范的简化字

在使用汉字时,要按《简化字总表》规定的字形,正确使用简化字,要做到:

已经简化的字,除了一些必须使用繁体字的情况,不再使用繁体字。

已经简化的字,严格按规定的字形使用,不得任意改动。如有人把"楼"写成"枊",把"场"写成"坊"等。

虽然简化字来自民间,但需要相对稳定,不能根据个人需要,任意滥造简体字。如有人把"韭菜"写成"艽芽"。

(2)注意有些简化字在某种情况下要用繁体

有的字虽然简化了,但用在有的地方可能产生歧义,在这种情况下就要保留繁体。如"干(gān)涉、干净"和"干(gàn)部、干练"等中的"干"是"乾"的简化字,但在"乾隆、乾坤"中"乾"(qián)不能简化。又如,"了(liǎo)解"中的"了"是"瞭"的简化字,但在"瞭(liào)望"中"瞭"不简化;"借口、凭借"中的"借"是由"藉"(jiè)简化而来,但在"慰藉、狼藉"中"藉"不简化。

(3)注意偏旁类推简化的范围

《简化字总表》的第二表中 132 个简化字和 14 个简化偏旁,都可以作偏旁类推。第三表就是类推出来的简化字。如果第三表未收的一些生僻字,能用第二表类推的也可以简化。但第一表所收字是不能做偏旁类推的,如不能用"儿"类推简化出"伲(倪)、霓(霓)、眲(睨)"。第一表中简化的某些字的繁体虽含有第二表的简化的偏旁,但也不能类推,只能用第一表的个体简化,如"癤"第一表简化为"疖",就不能用第二表中"節"简化为"节"类推为"痹"。第一表中的"芦、炉、庐、驴"等字原繁体中都有"盧"这一偏旁,不能按第二表"盧"简化为"卢"再类推。

(4)掌握"识繁用简"的原则

目前,在汉字的繁简问题上,有一些不同的看法。一些反对汉字简化的人,指责汉字简化违背汉字发展的规律,破坏了汉字形体的美,阻碍对于中国古籍与传统文化的继承。但是,对于这些意见有不少人表示反对,大家认为汉字简化是符合汉字发展规律的,汉字在长期运用中,也在不断简化。古代汉语文字基本定型后(此处指繁体字),无论在官方文件还是在文学艺术的创作上,还是在民间日常生活语言交际(主要指书面语)中,简体字也逐渐出现并进入语言实践,1900 年发现的敦煌遗址保存的"卷子"里就有大量的简体字,还有历代不少的文学艺术家遗留的手稿本里,简体字比比皆是,就是一些官方刻印的书籍也有不少的简体字,这些说明了一个问题:简体字的出现并广泛使用,是符合文字发展的规律的,也是符合社会发展规律的。文字愈简单其语言交际功能愈强大,这是不可抗拒的。新中国成立后,首先面对的是广大劳动人民的"脱盲"教育,党和政府坚定不移地提出文字改革,而文字改革的第一要务就是简化汉字。60多年来,我国的文字改革取得了有目共睹的成绩,极大地促进了汉字的普及教育,得到了海内外的普遍赞赏与认同。

繁体字和简化字,都是汉字,事实上,一些简化字来自在长期汉语实践过程中大家约定俗成并得到广泛认可的汉字,只是做了把这些字整理归纳和规范的工作而已;另外,则是采取了科学慎重的态度,认真地研究和分析汉字,尊重"六书"规律,在不破坏汉字整体美感的基础上,来推行简化字。经过半个多世纪的语言实践,充分证明推广使用简化字是正确的文字改革道路。繁体字在书法艺术上具有重要的价值,应该发扬光大,但并不能说繁体字具有美感而简体字不具有美感,这是不负责任的说法,简体字的书法也是很美的,而且汉字最主要的功能是社会的语言交际作用,在满足了文字的最基本任务之后,人们才会进入比较高层次的汉字美学研究和欣赏的阶段。

事实上,我国推行简化字并没有废除繁体字。主要体现在古籍的整理出版。新中国成立后,国家十分重视古典文化整理和出版,尤其是改革开放30多年来,古典文化整理和研究得到了前所未有的发展。除了聚集在北京的出版古籍为主的国家级出版社以外,一些文化实力雄厚的省份也都有古籍出版社。这些古籍出版社一般采用繁体字出版书籍,在版式设计上也保持了传统的竖排本,以满足传统文化的传播和学习。繁体字和简化字并行不悖,基本满足了不同文化层次的阅读要求,达到了弘扬传统民族文化的愿望。

我们应该做到用简识繁,使用简体字,但要认识繁体字,这样,可以阅读古籍,继承我国的文化遗产。另外,我国香港、澳门和台湾地区以及海外的一些华人仍使用繁体字,他们出版的一些报刊书籍都用繁体字,认识繁体字可以拓宽阅读面与交流面。

2. 使用正体字、新体字,不用异体字、旧体字

《第一批异体字整理表》把通行时间长、使用范围广、笔画少的810个字定为规范字,淘汰了不太通用、笔画较多的1053个字。我们应用规范字,不用异体字。《印刷通用汉字字形表》规定了新的印刷体("人民体"),我们应掌握新体的写法,不用旧体的写法。

(二)消灭错别字

写错别字包括写错字和别字。错字指把某字笔画写错,写得不成字了;别字,指把甲字写成了乙字。如"欢渡国庆"中,"渡"是别字,应该是"度";"庆"字是错字,多了一点,应该是"庆"。读错字,是把某字的音读错,如把"酗酒"(xùjiǔ)读成"xiōngjiǔ"。

每一个汉字都是形、音、义的结合体,如果认真从字形、字音、字义三个方面分析观察,多加练习,可以有效地纠正错别字现象。

1. 分辨字形

(1)仔细分辨笔画的细微差别。有的汉字笔画差别很小,必须仔细分辨,否则,很容易写错。如:

自己(jǐ)　　　　　已(yǐ)经　　　　　巳(sì)时
卫戍(shù)　　　　甲乙丙丁戊(wù)　　申酉戌(xū)亥
宽恕—愤怒　　　　玩耍—需要

(2)分辨字的形旁。汉字中形声字占绝大多数,形旁往往与字义有关,我们用字时对形旁加以分辨,就能避免写错某些字。如:

喘(chuǎn)从口,是喘气的喘。
揣(chuāi、chuǎi)从手,揣在怀里的揣,或揣摩的揣。
惴(zhuì)从心,心情惴惴不安的惴。
踹(chuài)从足,把门踹开的踹。
盲(máng)肠—病入膏肓(huāng)　　瞠(chēng)目结舌—胸膛(táng)
眼睑(jiǎn)—洗脸(liǎn)　　批(pī)判—枇(pí)杷—秕(bǐ)糠
洗澡(zǎo)—烦躁(zào)—干燥(zào)—噪(zào)声

(3)分辨字的声旁。形声字的声旁是表音的,虽然有的已不能准确表音,但与该字的读音总有一定的关系。分辨声旁也能有利于分辨字形。如:

凡(fán):帆、钒、梵、矾
卂(xùn):迅、讯、汛
未(wèi):昧、妹、眛、寐、魅
末(mò):抹、沫、茉、秣
朱(zhū):株、珠、侏、茱、诛、蛛、铢、邾、殊、姝

(4)避免类推出错。有些偏旁相似,由于受影响而写错,有的受上下字的影响而写错。如:

正:孤　染　步　轨　含　熙
误:狐　染　步　轨　含　熙
正:跋涉　编辑　犹豫　安排　鞠躬　枢纽
误:跋跂　编缉　犹豫　按排　鞠躬　枢纽

2. 了解字义

汉字是一种表义文字,到现代,不少字的字形仍然与字义有关。了解字义对纠正错别字有帮助。如"提纲"中的"纲"是渔网的总绳,引申为事物的关键部分、文章的主要精神。"提纲"原意是提着总绳,引申为要点或纲领。不能写成"题纲"。

下面举一些与字义不明有关的别字：

正：候选　竣工　即使　诡计　刻苦　寒暄
误：后选　峻工　既使　鬼计　克苦　寒喧
正：以逸待劳　恬不知耻　脍炙人口　草菅人命　为虎作伥
误：以逸代劳　刮不知耻　脍灸人口　草管人命　为虎作帐

3. 注意字音

读字读错音了，叫读白字，也是错别字的一种。有时还由于读错而影响到写错。汉字不是拼音文字，看字不能明白读音。汉字中形声字占了很大的比例，但由于文字的演变，声旁表音的情况非常复杂，如果机械地用声旁来读字，会出现不少读白字的情况。如下面注音的字，如果按声旁来读，就会读错：

玷（diàn）污　　惬（qiè）意　　涎（xián）水　　鞭笞（chī）　　桎梏（gù）
掮（qián）客　　恬（tián）不知耻　　相形见绌（chù）　　瞠（chēng）目结舌
怙恶不悛（quān）

还要注意掌握多音字，了解其在不同场合中的不同读音，以免出错。如"单"字，在"单独"中念 dān，在姓氏中念 shàn，在"单于"中念 chán。"宿"在"一宿"中念 xiǔ，在"宿舍"中念 sù，在"星宿"中念 xiù。

另外，因为读音不准和因读音相同而影响到字写错的情况也是常发生的，如"如法炮制"中把"炮"（páo）读成（pào），因而写成"泡"。"礼尚往来"中因"尚"与"上"同音，加上意思附会，写成"礼上往来"。

【附录二】

简 化 字 总 表

（1986年新版）

第 一 表

不作简化偏旁用的简化字

本表共收简化字350个，按读音的拼音字母顺序排列。本表的简化字都不得作简化偏旁使用。

A				E	G
	别〔彆〕	尘〔塵〕	胆〔膽〕		
	卜〔蔔〕	衬〔襯〕	导〔導〕		
碍〔礙〕	补〔補〕	称〔稱〕	灯〔燈〕	儿〔兒〕	盖〔蓋〕
肮〔骯〕	C	惩〔懲〕	邓〔鄧〕	F	干〔乾〕③
袄〔襖〕		迟〔遲〕	敌〔敵〕		〔幹〕
B	才〔纔〕	冲〔衝〕	籴〔糴〕	矾〔礬〕	赶〔趕〕
	蚕〔蠶〕①	丑〔醜〕	递〔遞〕	范〔範〕	个〔個〕
坝〔壩〕	灿〔燦〕	出〔齣〕	点〔點〕	飞〔飛〕	巩〔鞏〕
板〔闆〕	层〔層〕	础〔礎〕	淀〔澱〕	坟〔墳〕	沟〔溝〕
办〔辦〕	搀〔攙〕	处〔處〕	电〔電〕	奋〔奮〕	构〔構〕
帮〔幫〕	谗〔讒〕	触〔觸〕	冬〔鼕〕	粪〔糞〕	购〔購〕
宝〔寶〕	馋〔饞〕	辞〔辭〕	斗〔鬥〕	凤〔鳳〕	谷〔穀〕
报〔報〕	缠〔纏〕②	聪〔聰〕	独〔獨〕	肤〔膚〕	顾〔顧〕
币〔幣〕	忏〔懺〕	丛〔叢〕	吨〔噸〕	妇〔婦〕	刮〔颳〕
毙〔斃〕	偿〔償〕	D	夺〔奪〕	复〔復〕	关〔關〕
标〔標〕	厂〔廠〕		堕〔墮〕	〔複〕	观〔觀〕
表〔錶〕	彻〔徹〕	担〔擔〕			柜〔櫃〕

①蚕：上从天，不从夭。　②缠：右从厘，不从厘。　③乾坤、乾隆的乾读qián(前)，不简化。

第 3 章　字、词、句的运用

H	继〔繼〕	K	练〔練〕	N	琼〔瓊〕
	家〔傢〕		粮〔糧〕		秋〔鞦〕
汉〔漢〕	价〔價〕	开〔開〕	疗〔療〕	恼〔惱〕	曲〔麯〕
号〔號〕	艰〔艱〕	克〔剋〕	辽〔遼〕	脑〔腦〕	权〔權〕
合〔閤〕	歼〔殲〕	垦〔墾〕	了〔瞭〕⑥	拟〔擬〕	劝〔勸〕
轰〔轟〕	茧〔繭〕	恳〔懇〕	猎〔獵〕	酿〔釀〕	确〔確〕
后〔後〕	拣〔揀〕	夸〔誇〕	临〔臨〕⑦	疟〔瘧〕	
胡〔鬍〕	硷〔鹼〕	块〔塊〕	邻〔鄰〕		R
壶〔壺〕	舰〔艦〕	亏〔虧〕	岭〔嶺〕⑧	P	让〔讓〕
沪〔滬〕	姜〔薑〕	困〔睏〕	庐〔廬〕	盘〔盤〕	扰〔擾〕
护〔護〕	浆〔漿〕③		芦〔蘆〕	辟〔闢〕	热〔熱〕
划〔劃〕	桨〔槳〕	L	炉〔爐〕	苹〔蘋〕	认〔認〕
怀〔懷〕	奖〔獎〕	腊〔臘〕	陆〔陸〕	凭〔憑〕	
坏〔壞〕①	讲〔講〕	蜡〔蠟〕	驴〔驢〕	扑〔撲〕	S
欢〔歡〕	酱〔醬〕	兰〔蘭〕	乱〔亂〕	仆〔僕〕⑩	洒〔灑〕
环〔環〕	胶〔膠〕	拦〔攔〕		朴〔樸〕	伞〔傘〕
还〔還〕	阶〔階〕	栏〔欄〕	M		丧〔喪〕
回〔迴〕	疖〔癤〕	烂〔爛〕	么〔麼〕⑨	Q	扫〔掃〕
伙〔夥〕②	洁〔潔〕	累〔纍〕	霉〔黴〕	启〔啓〕	涩〔澀〕
获〔獲〕	借〔藉〕④	垒〔壘〕	蒙〔矇〕	签〔籤〕	晒〔曬〕
〔穫〕	仅〔僅〕	类〔類〕⑤	〔濛〕	千〔韆〕	伤〔傷〕
	惊〔驚〕	里〔裏〕	〔懞〕	牵〔牽〕	舍〔捨〕
J	竞〔競〕	礼〔禮〕	梦〔夢〕	纤〔縴〕	沈〔瀋〕
击〔擊〕	旧〔舊〕	隶〔隸〕	面〔麵〕	〔纖〕⑪	声〔聲〕
鸡〔鷄〕	剧〔劇〕	帘〔簾〕	庙〔廟〕	窍〔竅〕	胜〔勝〕
积〔積〕	据〔據〕	联〔聯〕	灭〔滅〕	窃〔竊〕	湿〔濕〕
极〔極〕	惧〔懼〕	怜〔憐〕	蔑〔衊〕	寝〔寢〕	实〔實〕
际〔際〕	卷〔捲〕	炼〔煉〕	亩〔畝〕	庆〔慶〕⑫	

①不作坏。坯是砖坯的坯,读 pī(批),坏坯二字不可互混。　②作多解的夥不简化。　③浆、桨、奖、酱:右上角从夕,不从夂 或 ᵗ。　④藉口、凭藉的藉简化作借,慰藉、狼藉等的藉仍用藉。　⑤类:下从大,不从犬。
⑥瞭:读 liǎo(了解)时,仍简作了,读 liào(瞭望)时作瞭,不简作了。　⑦临:左从一短竖一长竖,不从丨。
⑧岭:不作岺,免与岑混。　⑨读 me,轻声。读 yāo(夭)的么应作幺(幺本字)。吆应作吆。麽读 mó(摩)时不简化,如幺麽小丑。　⑩前仆后继的仆读 pū(扑)。　⑪纤维的纤读 xiān(先)。　⑫庆:从大,不从犬。

适〔適〕①	铁〔鐵〕	戏〔戲〕	养〔養〕	园〔園〕	只〔隻〕
势〔勢〕	听〔聽〕	虾〔蝦〕	痒〔癢〕	远〔遠〕	〔祇〕
兽〔獸〕	厅〔廳〕③	吓〔嚇〕⑥	样〔樣〕	愿〔願〕	致〔緻〕
书〔書〕	头〔頭〕	咸〔鹹〕	钥〔鑰〕	跃〔躍〕	制〔製〕
术〔術〕②	图〔圖〕	显〔顯〕	药〔藥〕	运〔運〕	钟〔鐘〕
树〔樹〕	涂〔塗〕	宪〔憲〕	爷〔爺〕	酝〔醖〕	钟〔鍾〕
帅〔帥〕	团〔團〕	县〔縣〕⑦	叶〔葉〕⑨		肿〔腫〕
松〔鬆〕	〔糰〕	响〔響〕	医〔醫〕	Z	种〔種〕
苏〔蘇〕	椭〔橢〕	向〔嚮〕	亿〔億〕	杂〔雜〕	众〔衆〕
〔囌〕		协〔協〕	忆〔憶〕	赃〔臟〕	昼〔晝〕
虽〔雖〕	W	胁〔脅〕	应〔應〕	脏〔臟〕	朱〔硃〕
随〔隨〕	洼〔窪〕	亵〔褻〕	痈〔癰〕	〔髒〕	烛〔燭〕
	袜〔襪〕④	衅〔釁〕	拥〔擁〕	凿〔鑿〕	筑〔築〕
T	网〔網〕	兴〔興〕	佣〔傭〕	枣〔棗〕	庄〔莊〕⑭
台〔臺〕	卫〔衛〕	须〔鬚〕	踊〔踴〕	灶〔竈〕	桩〔椿〕
〔檯〕	稳〔穩〕	悬〔懸〕	忧〔憂〕	斋〔齋〕	妆〔妝〕
〔颱〕	务〔務〕	选〔選〕	优〔優〕	毡〔氈〕	装〔裝〕
态〔態〕	雾〔霧〕	旋〔鏇〕	邮〔郵〕	战〔戰〕	壮〔壯〕
坛〔壇〕			余〔餘〕⑩	赵〔趙〕	状〔狀〕
〔罎〕	X	Y	御〔禦〕	折〔摺〕⑫	准〔準〕
叹〔嘆〕	牺〔犧〕	压〔壓〕⑧	吁〔籲〕⑪	这〔這〕	浊〔濁〕
誊〔謄〕	习〔習〕	盐〔鹽〕	郁〔鬱〕	征〔徵〕⑬	总〔總〕
体〔體〕	系〔係〕	阳〔陽〕	誉〔譽〕	症〔癥〕	钻〔鑽〕
粜〔糶〕	〔繫〕⑤		渊〔淵〕	证〔證〕	

①古人南宫适、洪适的适(古字罕用)读 kuò(括)。此适字本作𨓈,为了避免混淆,可恢复本字𨓈。 ②中药苍术、白术的术读 zhú(竹)。 ③厅:从厂,不从广。 ④袜:从末,不从未。 ⑤系带子的系读 jì(计)。 ⑥恐吓的吓读 hè(赫)。 ⑦县:七笔。上从且。 ⑧压:六笔。土的右旁有一点。 ⑨叶韵的叶读 xié(协)。 ⑩在余和馀意义可能混淆时,仍用馀。如文言句"馀年无多"。 ⑪喘吁吁,长吁短叹的吁读 xū(虚)。 ⑫在折和摺意义可能混淆时,摺仍用摺。 ⑬宫商角徵羽的徵读 zhǐ(止),不简化。 ⑭庄:六笔。土的右旁无点。

第 二 表

可作简化偏旁用的简化字和简化偏旁

本表共收简化字 132 个和简化偏旁 14 个。简化字按读音的拼音字母顺序排列,简化偏旁按笔数排列。

A	当〔當〕	〔髪〕	夹〔夾〕	历〔曆〕	麦〔麥〕
	从〔從〕	丰〔豐〕③	戋〔戔〕	丽〔麗〕⑥	门〔門〕
爱〔愛〕	窜〔竄〕	风〔風〕	监〔監〕	两〔兩〕	黾〔黽〕⑨
			见〔見〕	灵〔靈〕	
B	D	G	荐〔薦〕	刘〔劉〕	N
罢〔罷〕	达〔達〕	冈〔岡〕	将〔將〕④	龙〔龍〕	难〔難〕
备〔備〕	带〔帶〕	广〔廣〕	节〔節〕	娄〔婁〕	鸟〔鳥〕⑩
贝〔貝〕	单〔單〕	归〔歸〕	尽〔盡〕	卢〔盧〕	聂〔聶〕
笔〔筆〕	当〔當〕	龟〔龜〕	〔儘〕	虏〔虜〕	宁〔寧〕⑪
毕〔畢〕	〔噹〕	国〔國〕	进〔進〕	卤〔鹵〕	农〔農〕
边〔邊〕	党〔黨〕	过〔過〕	举〔舉〕	〔滷〕	
宾〔賓〕	东〔東〕			录〔錄〕	Q
	动〔動〕	H	K	虑〔慮〕	齐〔齊〕
C	断〔斷〕	华〔華〕	壳〔殻〕⑤	仑〔侖〕	岂〔豈〕
参〔參〕	对〔對〕	画〔畫〕		罗〔羅〕	气〔氣〕
仓〔倉〕	队〔隊〕	汇〔匯〕	L		迁〔遷〕
产〔產〕		〔彙〕		M	佥〔僉〕
长〔長〕①	E	会〔會〕	来〔來〕		乔〔喬〕
尝〔嘗〕②	尔〔爾〕		乐〔樂〕	马〔馬〕⑦	亲〔親〕
车〔車〕		J	离〔離〕	买〔買〕	穷〔窮〕
齿〔齒〕	F	几〔幾〕	历〔歷〕	卖〔賣〕⑧	
虫〔蟲〕	发〔發〕				

①长:四笔。笔顺是:ノ一ㄣ长。 ②尝:不是赏的简化字。赏的简化字是赏(见第三表)。 ③四川省酆都县已改丰都县。姓酆的酆不简化作邦。 ④将:右上角从夕,不从夕或⺈。 ⑤壳:几上没有一小横。 ⑥丽:七笔。上边一横,不作两小横。 ⑦马:三笔。笔顺是ㄱ马马。上部向左稍斜,左上角开口,末笔作左偏旁时改作平挑。 ⑧卖:从十从买,上不从土或土。 ⑨黾:从口从电。 ⑩鸟:五笔。 ⑪作门屏之间解的宁(古字罕用)读 zhù(柱)。为避免此宁字与寧的简化字混淆,原读 zhù 的宁作㝉。

汉语言文学知识　　　　　　　　　　　　　　　50

区〔區〕①	肃〔肅〕②	乌〔烏〕④	厌〔厭〕	云〔雲〕		旸〔暘〕⑪
	岁〔歲〕	无〔無〕⑤	尧〔堯〕⑦		**Z**	纟〔糸〕
S	孙〔孫〕		业〔業〕			収〔臤〕
啬〔嗇〕		**X**	页〔頁〕	郑〔鄭〕		苎〔藎〕
杀〔殺〕	**T**	献〔獻〕	义〔義〕⑧	执〔執〕		収〔臨〕
审〔審〕	条〔條〕③	乡〔鄉〕	艺〔藝〕	质〔質〕		只〔戠〕
圣〔聖〕		写〔寫〕⑥	阴〔陰〕	专〔專〕		钅〔金〕⑫
师〔師〕	**W**	寻〔尋〕	隐〔隱〕			𰵳〔學〕
时〔時〕	万〔萬〕		犹〔猶〕	**简化偏旁**		羊〔睪〕⑬
寿〔壽〕	为〔爲〕	**Y**	鱼〔魚〕			圣〔巠〕
属〔屬〕	韦〔韋〕	亚〔亞〕	与〔與〕	讠〔言〕⑨		亦〔戀〕
双〔雙〕		严〔嚴〕		饣〔食〕⑩		呙〔咼〕

第 三 表

应用第二表所列简化字和简化偏旁得出来的简化字

本表共收简化字1753个(不包含重见的字。例如"缆"分见"纟、収、见"三部,只算一字),以第二表中的简化字和简化偏旁作部首,按第二表的顺序排列。同一部首中的简化字,按笔数排列。

爱	罢	备	负〔負〕	厕〔廁〕	贪〔貪〕
			贡〔貢〕	贤〔賢〕	贫〔貧〕
嗳〔噯〕	摆〔擺〕	惫〔憊〕	呗〔唄〕	账〔賬〕	侦〔偵〕
媛〔嬡〕	〔襬〕	**贝**	员〔員〕	贩〔販〕	侧〔側〕
叆〔靉〕	罴〔羆〕		财〔財〕	贬〔貶〕	货〔貨〕
瑷〔瑷〕	糕〔糯〕	贞〔貞〕	狈〔狽〕	败〔敗〕	贯〔貫〕
暧〔曖〕		则〔則〕	责〔責〕	贮〔貯〕	测〔測〕

---

①区:不作区。　②肃:中间一竖下面的两边从八,下半中间不从米。　③条:上从夂,三笔,不从攵。　④乌:四笔。　⑤无:四笔。上从二,不可误作旡。　⑥写:上从冖,不从宀。　⑦尧:六笔。右上角无点,不可误作尧。　⑧义:从乂(读yì)加点,不可误作叉(读chā)。　⑨讠:二笔。不作⺊。　⑩饣:三笔。中一横折作一,不作、或点。　⑪旸:三笔。　⑫钅:第二笔是一短横,中两横,竖折不出头。　⑬睾丸的睾读gāo(高),不简化。

浈〔湞〕	贿〔賄〕	遗〔遺〕	赜〔賾〕	**边**		沧〔滄〕
恻〔惻〕	赇〔賕〕	赋〔賦〕	箦〔簀〕			怆〔愴〕
贰〔貳〕	赂〔賂〕	喷〔噴〕	濑〔瀨〕	笾〔籩〕		苍〔蒼〕
责〔責〕	债〔債〕	赌〔賭〕	瘦〔瘦〕			抢〔搶〕
贯〔貫〕	赁〔賃〕	赎〔贖〕	懒〔懶〕	**宾**		呛〔嗆〕
费〔費〕	渍〔漬〕	赏〔賞〕①	赝〔贋〕	傧〔儐〕		炝〔熗〕
郧〔鄖〕	惯〔慣〕	赐〔賜〕	獭〔獺〕	滨〔濱〕		玱〔瑲〕
勋〔勛〕	琐〔瑣〕	赒〔賙〕	赠〔贈〕	摈〔擯〕		枪〔槍〕
帧〔幀〕	赍〔賫〕	锁〔鎖〕	鹦〔鸚〕	嫔〔嬪〕		戗〔戧〕
贴〔貼〕	匮〔匱〕	馈〔饋〕	獾〔獾〕	缤〔繽〕		疮〔瘡〕
贶〔貺〕	掼〔摜〕	赖〔賴〕	赞〔贊〕	殡〔殯〕		鸧〔鶬〕
贻〔貽〕	殒〔殞〕	赪〔赬〕	赢〔贏〕	槟〔檳〕		舱〔艙〕
贱〔賤〕	勚〔勩〕	碛〔磧〕	赡〔贍〕	膑〔臏〕		跄〔蹌〕
贵〔貴〕	赈〔賑〕	殨〔殨〕	癫〔癲〕	镔〔鑌〕		
钡〔鋇〕	婴〔嬰〕	赗〔賵〕	攒〔攢〕	髌〔髕〕	**产**	
贷〔貸〕	喷〔噴〕	腻〔膩〕	籁〔籟〕	鬓〔鬢〕		浐〔滻〕
贸〔貿〕	赊〔賒〕	赛〔賽〕	缵〔纘〕			萨〔薩〕
贺〔賀〕	帻〔幘〕	禚〔禚〕	瓒〔瓚〕	**参**		铲〔鏟〕
陨〔隕〕	偾〔僨〕	赘〔贅〕	臜〔臢〕	渗〔滲〕		
涢〔溳〕	铡〔鍘〕	赣〔贛〕	赶〔趕〕	惨〔慘〕	**长**	
资〔資〕	绩〔績〕	樱〔櫻〕	蹟〔蹟〕	掺〔摻〕	伥〔倀〕	
祯〔禎〕	溃〔潰〕	嘤〔嚶〕	懑〔懣〕	骖〔驂〕	怅〔悵〕	
贾〔賈〕	溅〔濺〕	赚〔賺〕	戆〔戇〕	毵〔毿〕	帐〔帳〕	
损〔損〕	赓〔賡〕	赙〔賻〕		瘆〔瘮〕	张〔張〕	
赟〔贇〕	愤〔憤〕	罂〔罌〕	**笔**	碜〔磣〕	枨〔棖〕	
埙〔塤〕	愦〔憒〕	镄〔鐨〕	滗〔潷〕	穇〔穇〕	账〔賬〕	
桢〔楨〕	蒉〔蕢〕	簧〔簧〕		糁〔糝〕	胀〔脹〕	
唢〔嗩〕	赉〔賚〕	鲗〔鰂〕	**毕**		涨〔漲〕	
唝〔嗊〕	蒇〔蕆〕	缨〔纓〕	荜〔蓽〕	**仓**		
赅〔賅〕	赗〔賵〕	璎〔瓔〕	哔〔嗶〕	伧〔傖〕	**尝**	
圆〔圓〕	赔〔賠〕	聩〔聵〕	筚〔篳〕	创〔創〕	鲿〔鱨〕	
贼〔賊〕	赕〔賧〕	樱〔櫻〕	跸〔蹕〕			

①赏:不可误作尝。尝是嘗的简化字(见第二表)。

车	涟〔漣〕	辐〔輻〕	刍	单	动
	珲〔琿〕	辑〔輯〕			
轧〔軋〕	载〔載〕	输〔輸〕	诌〔謅〕	郸〔鄲〕	恸〔慟〕
军〔軍〕	莲〔蓮〕	毂〔轂〕	刍〔芻〕	惮〔憚〕	断
轨〔軌〕	较〔較〕	辔〔轡〕	邹〔鄒〕	阐〔闡〕	
厍〔厙〕	轼〔軾〕	辖〔轄〕	㑇〔㑳〕	掸〔撣〕	簖〔籪〕
阵〔陣〕	轾〔輊〕	辕〔轅〕	驺〔騶〕	弹〔彈〕	对
库〔庫〕	辂〔輅〕	辗〔輾〕	绉〔縐〕	婵〔嬋〕	
连〔連〕	轿〔轎〕	舆〔輿〕	皱〔皺〕	禅〔禪〕	怼〔懟〕
轩〔軒〕	晕〔暈〕	辘〔轆〕	趋〔趨〕	殚〔殫〕	队
诨〔諢〕	渐〔漸〕	撵〔攆〕	雏〔雛〕	瘅〔癉〕	
郓〔鄆〕	惭〔慚〕	鲢〔鰱〕	从	蝉〔蟬〕	坠〔墜〕
轫〔軔〕	靳〔靳〕	辙〔轍〕		箪〔簞〕	尔
轭〔軛〕	琏〔璉〕	錾〔鏨〕	苁〔蓯〕	蕲〔蘄〕	
匦〔匭〕	辅〔輔〕	辚〔轔〕	纵〔縱〕	鞯〔韉〕	迩〔邇〕
转〔轉〕	辄〔輒〕	齿	枞〔樅〕	当	弥〔彌〕
轮〔輪〕	辆〔輛〕		怂〔慫〕		〔瀰〕
斩〔斬〕	堑〔塹〕	龀〔齔〕	耸〔聳〕	挡〔擋〕	祢〔禰〕
软〔軟〕	啭〔囀〕	啮〔嚙〕	窜	档〔檔〕	玺〔璽〕
浑〔渾〕	崭〔嶄〕	龆〔齠〕		裆〔襠〕	狝〔獮〕
恽〔惲〕	裤〔褲〕	鲍〔鮑〕	撺〔攛〕	铛〔鐺〕	发
砗〔硨〕	裢〔褳〕	龃〔齟〕	镩〔鑹〕	党	
轶〔軼〕	辇〔輦〕	龄〔齡〕	蹿〔躥〕		泼〔潑〕
轲〔軻〕	辋〔輞〕	龇〔齜〕	达	谠〔讜〕	废〔廢〕
钴〔鈷〕	辍〔輟〕	龈〔齦〕		傥〔儻〕	拨〔撥〕
轳〔軤〕	辊〔輥〕	龉〔齬〕	达〔達〕	镋〔钂〕	钹〔鏺〕
轻〔輕〕	椠〔槧〕	龊〔齪〕	闼〔闥〕	东	丰
轹〔轢〕	辎〔輜〕	龌〔齷〕	挞〔撻〕		
轴〔軸〕	暂〔暫〕	龋〔齲〕	哒〔噠〕	冻〔凍〕	沣〔灃〕
挥〔揮〕	辉〔輝〕	虫	鞑〔韃〕	陈〔陳〕	艳〔艷〕
荤〔葷〕	辈〔輩〕		带	岽〔崠〕	滟〔灧〕
轼〔轢〕	链〔鏈〕	蛊〔蠱〕		栋〔棟〕	风
轸〔軫〕	翚〔翬〕		滞〔滯〕	胨〔腖〕	
韬〔韜〕	辏〔輳〕			鸫〔鶇〕	讽〔諷〕

第 3 章 字、词、句的运用

沨〔渢〕	龟	狯〔獪〕	戋	觃〔覎〕	赆〔贐〕
岚〔嵐〕		绘〔繪〕		览〔覽〕	进
枫〔楓〕	国	烩〔燴〕	划〔劃〕	宽〔寬〕	
疯〔瘋〕		桧〔檜〕	浅〔淺〕	蚬〔蜆〕	琎〔璡〕
飒〔颯〕	掴〔摑〕	脍〔膾〕	钱〔錢〕	觊〔覬〕	举
砜〔碸〕	帼〔幗〕	鲙〔鱠〕	线〔綫〕	笕〔筧〕	
飓〔颶〕	腘〔膕〕		残〔殘〕	觋〔覡〕	榉〔欅〕
飔〔颸〕	蝈〔蟈〕	几	栈〔棧〕	靓〔靚〕	壳
飕〔颼〕			贱〔賤〕	靓〔靚〕	
飗〔飀〕	过	讥〔譏〕	盏〔盞〕	搅〔攪〕	悫〔愨〕
飘〔飄〕		叽〔嘰〕	钱〔錢〕	揽〔攬〕	来
飙〔飆〕	挝〔撾〕	饥〔饑〕	笺〔箋〕	缆〔纜〕	
	华	机〔機〕	溅〔濺〕	窥〔窺〕	涞〔淶〕
冈		玑〔璣〕	践〔踐〕	榄〔欖〕	莱〔萊〕
	哗〔嘩〕	矶〔磯〕		觎〔覦〕	崃〔崍〕
刚〔剛〕	骅〔驊〕	虮〔蟣〕	监	觏〔覯〕	徕〔徠〕
扨〔摃〕	烨〔燁〕			觐〔覲〕	赉〔賚〕
岗〔崗〕	桦〔樺〕	夹	滥〔濫〕	觑〔覷〕	睐〔睞〕
纲〔綱〕	晔〔曄〕		蓝〔藍〕	髋〔髖〕	铼〔錸〕
枫〔棡〕	铧〔鏵〕	郏〔郟〕	尴〔尷〕		乐
钢〔鋼〕		侠〔俠〕	槛〔檻〕	荐	
	画	陕〔陝〕	褴〔襤〕		泺〔濼〕
广		浃〔浹〕	篮〔籃〕	鞯〔韉〕	烁〔爍〕
	婳〔嫿〕	挟〔挾〕			栎〔櫟〕
邝〔鄺〕	汇	荚〔莢〕	见	将	轹〔轢〕
圹〔壙〕		峡〔峽〕			砾〔礫〕
扩〔擴〕	㧅〔攌〕	狭〔狹〕	苋〔莧〕	蒋〔蔣〕	铄〔鑠〕
犷〔獷〕	会	惬〔愜〕	岘〔峴〕	锵〔鏘〕	离
纩〔纊〕		硖〔硤〕	觃〔覎〕		
旷〔曠〕	刽〔劊〕	铗〔鋏〕	视〔視〕	节	漓〔灕〕
矿〔礦〕	郐〔鄶〕	颊〔頰〕	规〔規〕		篱〔籬〕
	侩〔儈〕	蛱〔蛺〕	现〔現〕	栉〔櫛〕	历
归	浍〔澮〕	瘗〔瘞〕	枧〔梘〕	尽	
	荟〔薈〕	箧〔篋〕	觅〔覓〕		沥〔瀝〕
峃〔嶨〕	哙〔噲〕		觉〔覺〕	浕〔濜〕	
			砚〔硯〕	荩〔藎〕	
				烬〔燼〕	

坜〔壢〕		瘘〔瘻〕	虑	玛〔瑪〕	骖〔驂〕
苈〔藶〕		褛〔褸〕		驱〔驅〕	骗〔騙〕
呖〔嚦〕	龙		滤〔濾〕	驳〔駁〕	骘〔騭〕
枥〔櫪〕	陇〔隴〕	窭〔窶〕		码〔碼〕	骛〔鶩〕
	泷〔瀧〕	膢〔膢〕	摅〔攄〕		
疠〔癘〕	宠〔寵〕	镂〔鏤〕		驼〔駝〕	骚〔騷〕
雳〔靂〕	庞〔龐〕	屦〔屨〕	仑	驻〔駐〕	骞〔騫〕
	垄〔壟〕	蝼〔螻〕		驵〔駔〕	骜〔驁〕
丽	拢〔攏〕	篓〔簍〕	论〔論〕	驾〔駕〕	蓦〔驀〕
俪〔儷〕	茏〔蘢〕	耧〔耬〕	伦〔倫〕	驿〔驛〕	腾〔騰〕
郦〔酈〕	咙〔嚨〕	薮〔藪〕	沦〔淪〕	驷〔駟〕	骝〔騮〕
逦〔邐〕	珑〔瓏〕	擞〔擻〕	抡〔掄〕	驶〔駛〕	骗〔騙〕
骊〔驪〕	栊〔櫳〕	髅〔髏〕	囵〔圇〕	驹〔駒〕	骠〔驃〕
鹂〔鸝〕	龚〔龔〕		纶〔綸〕	驺〔騶〕	骢〔驄〕
酾〔釃〕	昽〔曨〕	卢	轮〔輪〕	骀〔駘〕	骡〔騾〕
鲡〔鱺〕	胧〔朧〕	泸〔瀘〕	痨〔癆〕	驸〔駙〕	羁〔羈〕
	砻〔礱〕	垆〔壚〕		骤〔驟〕	
两	袭〔襲〕	栌〔櫨〕	罗	骥〔驥〕	
俩〔倆〕	聋〔聾〕	轳〔轤〕	萝〔蘿〕	骧〔驤〕	
唡〔啢〕	龛〔龕〕	胪〔臚〕	啰〔囉〕	妈〔媽〕	
辆〔輛〕		鸬〔鸕〕	逻〔邏〕	骇〔駭〕	买
满〔滿〕	笼〔籠〕	颅〔顱〕	猡〔玀〕	骈〔駢〕	荚〔蕒〕
瞒〔瞞〕	詟〔讋〕	舻〔艫〕	椤〔欏〕	骁〔驍〕	
颟〔顢〕		鲈〔鱸〕	锣〔鑼〕	骄〔驕〕	卖
螨〔蟎〕	娄		箩〔籮〕	骅〔驊〕	读〔讀〕
魉〔魎〕	偻〔僂〕	虏		骆〔駱〕	渎〔瀆〕
懑〔懣〕	溇〔漊〕	掳〔擄〕	马	骊〔驪〕	续〔續〕
蹣〔蹣〕	蒌〔蔞〕		冯〔馮〕	骋〔騁〕	椟〔櫝〕
	搂〔摟〕	卤	驭〔馭〕		觌〔覿〕
灵	嵝〔嶁〕	磋〔鹺〕	闯〔闖〕	验〔驗〕	赎〔贖〕
棂〔欞〕	喽〔嘍〕		吗〔嗎〕	骏〔駿〕	犊〔犢〕
	缕〔縷〕	录	犸〔獁〕	骎〔駸〕	牍〔牘〕
刘	屡〔屢〕	箓〔籙〕	驮〔馱〕	骑〔騎〕	窦〔竇〕
浏〔瀏〕	数〔數〕		驰〔馳〕	骐〔騏〕	黩〔黷〕
	楼〔樓〕		驯〔馴〕	骒〔騍〕	
			妈〔媽〕	骓〔騅〕	

第3章 字、词、句的运用

麦	阀〔閥〕	阃〔閫〕	莺〔鶯〕	鸸〔鴯〕	鸳〔鴛〕
	润〔潤〕	阄〔鬮〕	鸾〔鸞〕	鸷〔鷙〕	鸶〔鷥〕
唛〔嘜〕	涧〔澗〕	梱〔梱〕	鸣〔鳴〕	鸹〔鴰〕	鹃〔鵑〕
麸〔麩〕	悯〔憫〕	简〔簡〕	枭〔梟〕	鸽〔鴿〕	鹤〔鶴〕
	阆〔閬〕	谰〔讕〕	鸠〔鳩〕	鸪〔鴣〕	鹅〔鵝〕
门	阅〔閱〕	阙〔闕〕	鸦〔鴉〕	鸺〔鵂〕	鹆〔鵒〕
	阃〔閫〕	蔺〔藺〕	鸨〔鴇〕	鸻〔鴴〕	鹊〔鵲〕
闩〔門〕	阉〔閹〕①	澜〔瀾〕	鸥〔鷗〕	鸽〔鵠〕	鹏〔鵬〕
闪〔閃〕	闽〔閩〕	斓〔斕〕	鸱〔鴟〕	鸼〔鵃〕	鹇〔鷳〕
们〔們〕	娴〔嫻〕	啊〔讕〕	鸾〔鴛〕	鸶〔鷥〕	鹭〔鷺〕
闭〔閉〕	阏〔閼〕	锏〔鐧〕	鸯〔鴦〕	鹎〔鵯〕	鹦〔鸚〕
闯〔闖〕	阈〔閾〕	鹨〔鷚〕	莺〔鶯〕	鹏〔鵬〕	鹫〔鷲〕
问〔問〕	阁〔閣〕	躏〔躪〕	鸪〔鴣〕	鹈〔鵜〕	鹜〔鶩〕
扪〔捫〕	阎〔閻〕		鸴〔鴳〕	鹁〔鵓〕	鹧〔鷓〕
闱〔闈〕	阇〔闍〕	黾	鹀〔鵐〕	鹅〔鵝〕	鹫〔鷲〕
闵〔閔〕	阊〔闈〕		鸫〔鶇〕	鹉〔鵡〕	鹪〔鷦〕
闷〔悶〕	阋〔鬩〕①	渑〔澠〕	鸬〔鸕〕	鹋〔鶓〕	鹩〔鷯〕
闰〔閏〕	阐〔闡〕	绳〔繩〕	鸭〔鴨〕	鹏〔鵬〕	鹰〔鷹〕
闲〔閑〕	阏〔閼〕	鼋〔黿〕	鹙〔鶖〕	鹐〔鵮〕	鹳〔鸛〕
间〔間〕	阎〔閻〕	蝇〔蠅〕	鹉〔鵡〕	鹌〔鵪〕	鹭〔鷺〕
闹〔鬧〕①	焖〔燜〕	鼍〔鼉〕	鸽〔鴿〕	鹊〔鵲〕	鹧〔鷓〕
闸〔閘〕	阑〔闌〕		鸲〔鴝〕	鹄〔鵠〕	鹳〔鸛〕
钔〔鍆〕	裥〔襇〕	难	鸳〔鴛〕	鹤〔鶴〕	
阂〔閡〕	阔〔闊〕		鸵〔鴕〕	鹏〔鵬〕	聂
闺〔閨〕	痫〔癇〕	傩〔儺〕	鸷〔鷙〕	鸽〔鴿〕	
闻〔聞〕	鹇〔鷳〕	滩〔灘〕	鸥〔鷗〕	鹚〔鷀〕	慑〔懾〕
闼〔闥〕	阕〔闋〕	摊〔攤〕	鸷〔鷙〕	鹏〔鵬〕	滠〔灄〕
闽〔閩〕	阒〔闃〕	瘫〔癱〕	鸾〔鸞〕	鹬〔鷸〕	摄〔攝〕
闾〔閭〕	搁〔擱〕	鸟	凫〔鳧〕	鹐〔鵮〕	嗫〔囁〕
阃〔閫〕	锏〔鐧〕		鸡〔雞〕	鹊〔鵲〕	镊〔鑷〕
阄〔鬮〕	锎〔錋〕	鸟〔鳥〕	鸿〔鴻〕	鹗〔鶚〕	颞〔顳〕
阁〔閣〕	阙〔闕〕	鸠〔鳩〕	鸷〔鷙〕	鹆〔鵒〕	蹑〔躡〕
		岛〔島〕			

①門字头的字,一般也写作門字头,如鬧、鬮、鬩写作闹、鬮、鬩。因此,这些門字头的字可简化作门字头。但鬥争的鬥应简作斗(见第一表)。

宁	桤〔榿〕	峤〔嶠〕	啬	焘〔燾〕	万
	觊〔覬〕	骄〔驕〕		畴〔疇〕	
泞〔濘〕	硁〔硜〕	娇〔嬌〕	蔷〔薔〕	铸〔鑄〕	厉〔厲〕
拧〔擰〕	皑〔皚〕	桥〔橋〕	墙〔墻〕	筹〔籌〕	迈〔邁〕
咛〔嚀〕	铠〔鎧〕	轿〔轎〕	嫱〔嬙〕	踌〔躊〕	励〔勵〕
狞〔獰〕	**气**	硚〔礄〕	樯〔檣〕	**属**	疠〔癘〕
柠〔檸〕		矫〔矯〕	穑〔穡〕		虿〔蠆〕
聍〔聹〕	忾〔愾〕	鞒〔鞽〕		嘱〔囑〕	趸〔躉〕
农	饩〔餼〕	**亲**	**杀**	瞩〔矚〕	砺〔礪〕
	迁			**双**	粝〔糲〕
侬〔儂〕		榇〔櫬〕	铩〔鎩〕		蛎〔蠣〕
浓〔濃〕	跹〔躚〕	**穷**	**审**	扨〔攙〕	
哝〔噥〕	**佥**			**肃**	**为**
脓〔膿〕		劳〔藭〕	谉〔讅〕		
	剑〔劍〕	**区**	婶〔嬸〕	萧〔蕭〕	伪〔偽〕
齐	俭〔儉〕		**圣**	啸〔嘯〕	沩〔溈〕
	险〔險〕	讴〔謳〕		潇〔瀟〕	妫〔媯〕
剂〔劑〕	捡〔撿〕	伛〔傴〕	柽〔檉〕	箫〔簫〕	
侪〔儕〕	猃〔獫〕	沤〔漚〕	蛏〔蟶〕	蟏〔蠨〕	**韦**
济〔濟〕	验〔驗〕	怄〔慪〕	**师**		
荠〔薺〕	检〔檢〕	抠〔摳〕		**岁**	讳〔諱〕
挤〔擠〕	殓〔殮〕	奁〔奩〕	浉〔溮〕		伟〔偉〕
脐〔臍〕	敛〔斂〕	呕〔嘔〕	狮〔獅〕	刿〔劌〕	闱〔闈〕
蛴〔蠐〕	脸〔臉〕	岖〔嶇〕	蛳〔螄〕	哕〔噦〕	违〔違〕
跻〔躋〕	裣〔襝〕	妪〔嫗〕	筛〔篩〕	秽〔穢〕	苇〔葦〕
霁〔霽〕	睑〔瞼〕	驱〔驅〕	**时**		韧〔韌〕
鲚〔鱭〕	签〔簽〕	枢〔樞〕		**孙**	帏〔幃〕
齑〔齏〕	潋〔瀲〕	瓯〔甌〕	埘〔塒〕		围〔圍〕
岂	蔹〔蘞〕	欧〔歐〕	莳〔蒔〕	荪〔蓀〕	纬〔緯〕
	乔	殴〔毆〕	鲥〔鰣〕	狲〔猻〕	炜〔煒〕
剀〔剴〕		鸥〔鷗〕	**寿**	逊〔遜〕	祎〔禕〕
凯〔凱〕	侨〔僑〕	呕〔嘔〕		**条**	玮〔瑋〕
恺〔愷〕	挢〔撟〕	躯〔軀〕	俦〔儔〕		韨〔韍〕
闿〔闓〕	荞〔蕎〕		涛〔濤〕	涤〔滌〕	涠〔潿〕
垲〔塏〕			祷〔禱〕	绦〔縧〕	韩〔韓〕
				鲦〔鰷〕	韫〔韞〕

龊〔齪〕
韬〔韜〕

乌

邬〔鄔〕
坞〔塢〕
呜〔嗚〕
钨〔鎢〕

无

怃〔憮〕
庑〔廡〕
抚〔撫〕
芜〔蕪〕
呒〔嘸〕
妩〔嫵〕

献

谳〔讞〕

乡

芗〔薌〕
飨〔饗〕

写

泻〔瀉〕

寻

浔〔潯〕
荨〔蕁〕
挦〔撏〕
鲟〔鱘〕

亚

垩〔堊〕
垭〔埡〕
挜〔掗〕
哑〔啞〕
娅〔婭〕
恶〔惡〕
〔噁〕
氩〔氬〕
壶〔壺〕

严

俨〔儼〕
酽〔釅〕

厌

恹〔懨〕
厣〔厴〕
靥〔靨〕
餍〔饜〕
魇〔魘〕
黡〔黶〕

尧

侥〔僥〕
浇〔澆〕
挠〔撓〕
荛〔蕘〕
晓〔曉〕
娆〔嬈〕
骁〔驍〕
绕〔繞〕

饶〔饒〕
烧〔燒〕
桡〔橈〕
晓〔曉〕
硗〔磽〕
铙〔鐃〕
翘〔翹〕
蛲〔蟯〕
跷〔蹺〕

业

邺〔鄴〕

页

顶〔頂〕
顷〔頃〕
项〔項〕
顸〔頇〕
顺〔順〕
须〔須〕
顽〔頑〕
烦〔煩〕
顼〔頊〕
顽〔頑〕
顿〔頓〕
颀〔頎〕
颁〔頒〕
颂〔頌〕
倾〔傾〕
预〔預〕
顾〔顧〕
硕〔碩〕
颅〔顱〕
领〔領〕

颈〔頸〕
颇〔頗〕
颏〔頦〕
颊〔頰〕
颉〔頡〕
颖〔穎〕
颌〔頜〕
颋〔頲〕
颔〔頷〕
颐〔頤〕
蓣〔蕷〕
频〔頻〕
颓〔頹〕
颔〔頷〕
颖〔穎〕
颗〔顆〕
额〔額〕
颜〔顏〕
撷〔擷〕
题〔題〕
颙〔顒〕
颛〔顓〕
缬〔纈〕
濒〔瀕〕
颠〔顛〕
颠〔顛〕
颢〔顥〕
颣〔纇〕
嚣〔囂〕
颤〔顫〕
巅〔巔〕
颥〔顬〕
颦〔顰〕
颧〔顴〕
癫〔癲〕

义

议〔議〕
仪〔儀〕
蚁〔蟻〕

艺

呓〔囈〕

阴

荫〔蔭〕

隐

瘾〔癮〕

犹

莸〔蕕〕

鱼

鱽〔魛〕
渔〔漁〕
鲂〔魴〕
鱿〔魷〕
鲁〔魯〕
鲎〔鱟〕
蓟〔薊〕
鲆〔鮃〕
鲅〔鮁〕
鲅〔鮁〕
鲈〔鱸〕
鲇〔鮎〕

灏〔灝〕
鼙〔鼙〕
颧〔顴〕
鲊〔鮓〕
卸〔卸〕
稣〔穌〕
鲋〔鮒〕
鲍〔鮑〕
鲐〔鮐〕
鰲〔鰲〕
鳌〔鰲〕
鳞〔鱗〕
鲛〔鮫〕
鲜〔鮮〕
鲑〔鮭〕
鲒〔鮚〕
鲔〔鮪〕
鲟〔鱘〕
鲖〔鮦〕
鲗〔鰂〕
鲙〔鱠〕
鲨〔鯊〕
噜〔嚕〕
鳢〔鱧〕
鲠〔鯁〕
鲢〔鰱〕
鲫〔鯽〕
鲥〔鰣〕
鲩〔鯇〕
鲣〔鰹〕
鲤〔鯉〕
鲦〔鰷〕
鲧〔鯀〕
橹〔櫓〕
氇〔氌〕
鲸〔鯨〕
鲭〔鯖〕

鲮〔鯪〕	鳕〔鱈〕	**质**	设〔設〕	讶〔訝〕	诺〔諾〕	
鲰〔鯫〕	鳔〔鰾〕		讽〔諷〕	净〔淨〕	诸〔諸〕	
鲲〔鯤〕	鳓〔鰳〕	锧〔鑕〕	讹〔訛〕	诠〔詮〕	读〔讀〕	
鲻〔鯔〕	鳘〔鰵〕	踬〔躓〕	䜣〔訢〕	诛〔誅〕	诼〔諑〕	
鲳〔鯧〕	鳗〔鰻〕	**专**	许〔許〕	诔〔誄〕	诹〔諏〕	
鲱〔鯡〕	鳝〔鱔〕		论〔論〕	诟〔詬〕	课〔課〕	
鲵〔鯢〕	鳟〔鱒〕	传〔傳〕	讼〔訟〕	诣〔詣〕	诽〔誹〕	
鲷〔鯛〕	鳞〔鱗〕	抟〔摶〕	讻〔訩〕	话〔話〕	诿〔諉〕	
鲶〔鯰〕	鳜〔鱖〕	转〔轉〕	诂〔詁〕	诡〔詭〕	谁〔誰〕	
藓〔蘚〕	鳣〔鱣〕	胪〔臚〕	诃〔訶〕	询〔詢〕	谀〔諛〕	
鳍〔鰭〕	鳢〔鱧〕	砖〔磚〕	评〔評〕	诚〔誠〕	调〔調〕	
鳎〔鰨〕		啭〔囀〕	诏〔詔〕	诞〔誕〕	谄〔諂〕	
鳝〔鱏〕	**与**		词〔詞〕	浒〔滸〕	谂〔諗〕	
鳊〔鯿〕	屿〔嶼〕	**讠**	译〔譯〕	诮〔誚〕	谛〔諦〕	
鲽〔鰈〕	欤〔歟〕	计〔計〕	诎〔詘〕	说〔說〕	谙〔諳〕	
鲲〔鯤〕	**云**	订〔訂〕	诃〔詗〕	诚〔誠〕	谜〔謎〕	
鳃〔鰓〕	芸〔蕓〕	讣〔訃〕	诅〔詛〕	诬〔誣〕	谚〔諺〕	
鳄〔鱷〕	昙〔曇〕	讥〔譏〕	识〔識〕	语〔語〕	谝〔諞〕	
镭〔鐳〕	叆〔靉〕	议〔議〕	诇〔詗〕	诵〔誦〕	谘〔諮〕	
鳅〔鰍〕	叇〔靆〕	讨〔討〕	诋〔詆〕	罚〔罰〕	谌〔諶〕	
鳆〔鰒〕	**郑**	讧〔訌〕	诉〔訴〕	误〔誤〕	谎〔謊〕	
鳇〔鰉〕	掷〔擲〕	讦〔訐〕	记〔記〕	诰〔誥〕	谋〔謀〕	
鳌〔鰲〕	踯〔躑〕	讯〔訊〕	诊〔診〕	诳〔誑〕	谍〔諜〕	
嫠〔嫠〕		讪〔訕〕	诒〔詒〕	诱〔誘〕	谐〔諧〕	
鳒〔鰜〕	**执**	训〔訓〕	诨〔諢〕	诲〔誨〕	谏〔諫〕	
鳍〔鰭〕	垫〔墊〕	讫〔訖〕	该〔該〕	诶〔誒〕	谞〔諝〕	
鳎〔鰨〕	挚〔摯〕	访〔訪〕	详〔詳〕	狱〔獄〕	谑〔謔〕	
鳏〔鰥〕	赘〔贄〕	讶〔訝〕	诧〔詫〕	谊〔誼〕	谒〔謁〕	
鳑〔鰟〕	鸷〔鷙〕	讳〔諱〕	诓〔誆〕	谅〔諒〕	谔〔諤〕	
癣〔癬〕	蛰〔蟄〕	讵〔詎〕	诖〔詿〕	谈〔談〕	谓〔謂〕	
鳖〔鱉〕		讴〔謳〕	诘〔詰〕	谆〔諄〕	谖〔諼〕	
鳙〔鱅〕	絷〔縶〕	诀〔訣〕	诙〔詼〕	谇〔誶〕	谕〔諭〕	
鳛〔鰼〕		讷〔訥〕	诗〔詩〕	请〔請〕	谤〔謗〕	

谦〔謙〕	饦〔飥〕	馇〔餷〕	纟	绊〔絆〕	绛〔絳〕
谧〔謐〕	饧〔餳〕	馈〔饋〕		线〔綫〕	络〔絡〕
谟〔謨〕	饨〔飩〕	馊〔餿〕	丝〔絲〕	绀〔紺〕	绚〔絢〕
谠〔讜〕	饭〔飯〕	馇〔饈〕	纠〔糾〕	继〔繼〕	绑〔綁〕
谡〔謖〕	饮〔飲〕	馍〔饃〕	纩〔纊〕	绂〔紱〕	莼〔蒓〕
谢〔謝〕	饫〔飫〕	馎〔餺〕	纡〔紆〕	绋〔紼〕	绠〔綆〕
谣〔謠〕	饩〔餼〕	馏〔餾〕	纣〔紂〕	绎〔繹〕	绨〔綈〕
储〔儲〕	饪〔飪〕	馑〔饉〕	红〔紅〕	经〔經〕	绡〔綃〕
谪〔謫〕	饬〔飭〕	馒〔饅〕	纪〔紀〕	绍〔紹〕	绢〔絹〕
谫〔謭〕	饲〔飼〕	馓〔饊〕	纫〔紉〕	组〔組〕	绣〔綉〕
谨〔謹〕	饯〔餞〕	馔〔饌〕	纥〔紇〕	细〔細〕	绥〔綏〕
谬〔謬〕	饰〔飾〕	馕〔饢〕	约〔約〕	绅〔紳〕	绦〔縧〕
谩〔謾〕	饱〔飽〕	汤	纨〔紈〕	䌷〔紬〕	鸶〔鷥〕
谱〔譜〕	饴〔飴〕		级〔級〕	织〔織〕	综〔綜〕
谮〔譖〕	饳〔飿〕	汤〔湯〕	纺〔紡〕	绌〔絀〕	绽〔綻〕
谭〔譚〕	饴〔飴〕	扬〔揚〕	纹〔紋〕	终〔終〕	绾〔綰〕
谰〔讕〕	饷〔餉〕	场〔場〕	纬〔緯〕	绉〔縐〕	卷〔綣〕
谲〔譎〕	饺〔餃〕	旸〔暘〕	纭〔紜〕	给〔給〕	绩〔績〕
谯〔譙〕	饻〔餏〕	饧〔餳〕	纯〔純〕	哟〔喲〕	绫〔綾〕
蔼〔藹〕	饼〔餅〕	炀〔煬〕	纰〔紕〕	绖〔絰〕	绪〔緒〕
槠〔櫧〕	饵〔餌〕	杨〔楊〕	纽〔紐〕	荮〔葤〕	续〔續〕
谴〔譴〕	饶〔饒〕	肠〔腸〕	纳〔納〕	莛〔莖〕	绮〔綺〕
谵〔譫〕	蚀〔蝕〕	疡〔瘍〕	纲〔綱〕	绞〔絞〕	缀〔綴〕
谳〔讞〕	饹〔餎〕	砀〔碭〕	纱〔紗〕	统〔統〕	绿〔綠〕
辩〔辯〕	饽〔餑〕	畅〔暢〕	纤〔縴〕	绒〔絨〕	绰〔綽〕
谶〔讖〕	馁〔餒〕	钖〔鍚〕	纷〔紛〕	绕〔繞〕	绲〔緄〕
雠〔讎〕①	饿〔餓〕	殇〔殤〕	纶〔綸〕	绔〔絝〕	绳〔繩〕
谳〔讞〕	馆〔館〕	荡〔蕩〕	纸〔紙〕	结〔結〕	绯〔緋〕
霭〔靄〕	馄〔餛〕	烫〔燙〕	纵〔縱〕	绗〔絎〕	绶〔綬〕
饣	馃〔餜〕	觞〔觴〕	纾〔紓〕	绘〔繪〕	绸〔綢〕
	馅〔餡〕		纼〔紖〕	绛〔絳〕	绷〔綳〕
饥〔饑〕	馆〔餶〕		唑〔嚌〕	绝〔絕〕	绺〔綹〕

①雠：用于校雠、雠定、仇雠等。表示仇恨、仇敌义时用仇。

维〔維〕	潍〔濰〕	茕〔煢〕	钅	钡〔鋇〕	铒〔鉺〕
绵〔綿〕	缩〔縮〕	茎〔莖〕		铃〔鈴〕	铑〔銠〕
缁〔緇〕	缥〔縹〕	荧〔熒〕	钊〔釗〕	钩〔鈎〕	铕〔銪〕
缔〔締〕	缪〔繆〕	荣〔榮〕	钇〔釔〕	钩〔鈎〕	铟〔銦〕
编〔編〕	缦〔縵〕	荥〔滎〕	钉〔釘〕	钦〔欽〕	铷〔銣〕
缕〔縷〕	缨〔纓〕	荦〔犖〕	钋〔釙〕	钨〔鎢〕	铯〔銫〕
缃〔緗〕	缫〔繅〕	涝〔澇〕	钉〔釘〕	铋〔鉍〕	铥〔銩〕
缂〔緙〕	缧〔縲〕	崂〔嶗〕	针〔針〕	钰〔鈺〕	铪〔鉿〕
缅〔緬〕	缊〔縕〕	莹〔瑩〕	钊〔釗〕	钱〔錢〕	铞〔錦〕
缘〔緣〕	缮〔繕〕	捞〔撈〕	钗〔釵〕	钲〔鉦〕	铫〔銚〕
缉〔緝〕	缯〔繒〕	唠〔嘮〕	钎〔釬〕	钳〔鉗〕	铵〔銨〕
缇〔緹〕	缬〔纈〕	莺〔鶯〕	钓〔釣〕	钴〔鈷〕	衔〔銜〕
缈〔緲〕	缭〔繚〕	萤〔螢〕	钏〔釧〕	钺〔鉞〕	铲〔鏟〕
缙〔縉〕	橼〔櫞〕	营〔營〕	钍〔釷〕	钵〔鉢〕	铰〔鉸〕
缊〔縕〕	缰〔韁〕	萦〔縈〕	钐〔釤〕	铍〔鈹〕	铳〔銃〕
缌〔緦〕	缳〔繯〕	痨〔癆〕	钒〔釩〕	钼〔鉬〕	铱〔銥〕
缆〔纜〕	缲〔繰〕	嵘〔嶸〕	钖〔鍚〕	钾〔鉀〕	铓〔鋩〕
缓〔緩〕	缱〔繾〕	锊〔鋝〕	钕〔釹〕	铀〔鈾〕	铗〔鋏〕
缄〔緘〕	缴〔繳〕	耧〔耬〕	钔〔鍆〕	钿〔鈿〕	铐〔銬〕
缑〔緱〕	辫〔辮〕	蝾〔蠑〕	钦〔欽〕	铎〔鐸〕	铏〔鉶〕
缒〔縋〕	缵〔纘〕		钫〔鈁〕	铍〔鏺〕	铙〔鐃〕
缎〔緞〕		収	钚〔鈈〕	铃〔鈴〕	银〔銀〕
辔〔轡〕	収	览〔覽〕	钘〔鈃〕	铅〔鉛〕	铛〔鐺〕
缤〔繽〕	坚〔堅〕	揽〔攬〕	钪〔鈧〕	铂〔鉑〕	铜〔銅〕
缩〔縮〕	贤〔賢〕	缆〔纜〕	钯〔鈀〕	铄〔鑠〕	铝〔鋁〕
绮〔綺〕	肾〔腎〕	榄〔欖〕	钭〔鈄〕	铆〔鉚〕	铡〔鍘〕
缣〔縑〕	竖〔豎〕	鉴〔鑒〕	钙〔鈣〕	铍〔鈹〕	铠〔鎧〕
缢〔縊〕	悭〔慳〕	只	钝〔鈍〕	钶〔鈳〕	铨〔銓〕
缚〔縛〕	紧〔緊〕		钛〔鈦〕	铊〔鉈〕	铢〔銖〕
缙〔縉〕	铿〔鏗〕	识〔識〕	钘〔鈃〕	钽〔鉭〕	铣〔銑〕
缛〔縟〕	鲣〔鰹〕	帜〔幟〕	钮〔鈕〕	铌〔鈮〕	铤〔鋌〕
缜〔縝〕		织〔織〕	钞〔鈔〕	钷〔鉕〕	铭〔銘〕
缝〔縫〕	芇	炽〔熾〕	钢〔鋼〕	铈〔鈰〕	铬〔鉻〕
缡〔縭〕	劳〔勞〕	职〔職〕	钠〔鈉〕	铉〔鉉〕	铮〔錚〕

铧〔鏵〕	锁〔鎖〕	锾〔鍰〕	镎〔鎿〕	黉〔黌〕	疏〔疏〕
铄〔鑠〕	锆〔鋯〕	锹〔鍬〕	镦〔鐓〕	**𦍌**	**亦**
揿〔撳〕	锞〔錁〕	锿〔鎄〕	镨〔鐠〕	译〔譯〕	变〔變〕
锌〔鋅〕	锭〔錠〕	锔〔鋦〕	镨〔錯〕	泽〔澤〕	弯〔彎〕
锐〔銳〕	锗〔鍺〕	锫〔錇〕	镧〔鑭〕	怿〔懌〕	孪〔孿〕
锑〔銻〕	锝〔鍀〕	锻〔鍛〕	镥〔鑥〕	择〔擇〕	峦〔巒〕
银〔銀〕	锫〔錇〕	锚〔錨〕	镁〔鎂〕	峄〔嶧〕	娈〔孌〕
铺〔鋪〕	错〔錯〕	锼〔鎪〕	镢〔鐝〕	绎〔繹〕	恋〔戀〕
铸〔鑄〕	锚〔錨〕	锋〔鋒〕	镣〔鐐〕	驿〔驛〕	栾〔欒〕
嵌〔嵌〕	锛〔錛〕	镓〔鎵〕	镫〔鐙〕	铎〔鐸〕	挛〔攣〕
锓〔鋟〕	锯〔鋸〕	镳〔鑣〕	锸〔鍤〕	择〔擇〕	鸾〔鸞〕
铎〔鐸〕	锰〔錳〕	镔〔鑌〕	镰〔鐮〕	择〔擇〕	湾〔灣〕
链〔鏈〕	锢〔錮〕	镒〔鎰〕	镱〔鐿〕	释〔釋〕	蛮〔蠻〕
铿〔鏗〕	锟〔錕〕	镉〔鎘〕	镭〔鐳〕	䆁〔䆁〕	脔〔臠〕
铜〔銅〕	锡〔錫〕	镑〔鎊〕	镀〔鍍〕		滦〔灤〕
销〔銷〕	锣〔鑼〕	镐〔鎬〕	镮〔鐶〕	**圣**	銮〔鑾〕
锁〔鎖〕	锤〔錘〕	镉〔鎘〕	镯〔鐲〕	劲〔勁〕	
锄〔鋤〕	锥〔錐〕	镊〔鑷〕	镲〔鑔〕	刭〔剄〕	**呙**
锅〔鍋〕	锦〔錦〕	镇〔鎮〕	镳〔鑣〕	陉〔陘〕	剐〔剮〕
锉〔銼〕	锨〔鍁〕	镍〔鎳〕	镴〔鑞〕	泾〔涇〕	涡〔渦〕
锈〔銹〕	锱〔錙〕	镁〔鎂〕	镶〔鑲〕	茎〔莖〕	埚〔堝〕
锋〔鋒〕	键〔鍵〕	镏〔鎦〕		径〔徑〕	呙〔喎〕
锆〔鋯〕	镀〔鍍〕	镜〔鏡〕	**兴**	经〔經〕	萵〔萵〕
锊〔鋝〕	镃〔鎡〕	镝〔鏑〕		烃〔烴〕	娲〔媧〕
铜〔銅〕	镁〔鎂〕	镛〔鏞〕	凿〔鑿〕	轻〔輕〕	祸〔禍〕
锏〔鐧〕	镂〔鏤〕	镞〔鏃〕	学〔學〕	氢〔氫〕	脶〔腡〕
铜〔鋼〕	锲〔鍥〕	镖〔鏢〕	觉〔覺〕	胫〔脛〕	窝〔窩〕
铽〔鋱〕	锵〔鏘〕	镚〔鏰〕	搅〔攪〕	痉〔痙〕	锅〔鍋〕
铼〔錸〕	锷〔鍔〕	镗〔鏜〕	誉〔譽〕	羟〔羥〕	蜗〔蝸〕
锇〔鋨〕	锶〔鍶〕	镐〔鎬〕	鲎〔鱟〕	颈〔頸〕	
锂〔鋰〕	锴〔鍇〕	镘〔鏝〕			

附 录

以下 39 个字是从《第一批异体字整理表》摘录出来的。这些字习惯被看做简化字，附此以便检查。括弧里的字是停止使用的异体字。

呆〔獃騃〕　哄〔鬨鬨〕　泪〔淚〕　　升〔陞昇〕　锈〔鏽〕　灾〔災〕
布〔佈〕　　迹〔跡蹟〕　厘〔釐〕　　笋〔筍〕　　岩〔巖〕　札〔剳劄〕
痴〔癡〕　　秸〔稭〕　　麻〔蔴〕　　它〔牠〕　　异〔異〕　扎〔紥紮〕
床〔牀〕　　杰〔傑〕①　脉〔脈〕　　席〔蓆〕　　涌〔湧〕　占〔佔〕
唇〔脣〕　　巨〔鉅〕　　猫〔貓〕　　凶〔兇〕　　岳〔嶽〕　周〔週〕
雇〔僱〕　　昆〔崑崐〕　栖〔棲〕　　绣〔繡〕　　韵〔韻〕　注〔註〕
挂〔掛〕　　捆〔綑〕　　弃〔棄〕

下列地名用字，因为生僻难认，已经国务院批准更改，录后以备检查。

黑龙江　铁骊县改铁力县　　　　　　越巂县改越西县
　　　　瑷珲县改爱辉县　　　　　　呷洛县改甘洛县
青　海　亹源回族自治县改门源回族自　贵　州　婺川县改务川县
　　　　治县　　　　　　　　　　　　鳛水县改习水县
新　疆　和阗专区改和田专区　　陕　西　商雒专区改商洛专区
　　　　和阗县改和田县　　　　　　　盩厔县改周至县
　　　　于阗县改于田县　　　　　　　郿县改眉县
　　　　婼羌县改若羌县　　　　　　　醴泉县改礼泉县
江　西　雩都县改于都县　　　　　　　郃阳县改合阳县
　　　　大庾县改大余县　　　　　　　鄠县改户县
　　　　虔南县改全南县　　　　　　　雒南县改洛南县
　　　　新淦县改新干县　　　　　　　邠县改彬县
　　　　新喻县改新余县　　　　　　　鄜县改富县
　　　　鄱阳县改波阳县　　　　　　　葭县改佳县
　　　　寻邬县改寻乌县　　　　　　　沔县改勉县
广　西　鬱林县改玉林县　　　　　　　栒邑县改旬邑县
四　川　酆都县改丰都县　　　　　　　洵阳县改旬阳县
　　　　石砫县改石柱县　　　　　　　汧阳县改千阳县

此外，还有以下两种更改地名用字的情况：①由于汉字简化，例如辽宁省瀋阳市改为沈阳市；②由于异体字整理，例如河南省濬县改为浚县。

---

①杰：从木，不从朮。

【附录三】

新旧字形对照表

（字形后圆圈内的数字表示字形的笔数）

旧字形	新字形	新字举例	旧字形	新字形	新字举例
八②	丷②	兑益遂	幷⑧	并⑥	屏拼
艹④	艹③	花草	羽⑥	羽⑥	翎翔
辶④	辶③	连速	吳⑦	吴⑦	蜈虞
开⑥	开④	型形	角⑦	角⑦	解确
丰④	丰④	艳沣	奐⑨	奂⑦	换痪
巨⑤	巨④	苣渠	囦⑧	囦⑦	敝弊
屯④	屯④	纯顿	耳⑧	耳⑦	敢嚴
牙⑤	牙④	芽邪	者⑨	者⑧	都著
瓦⑤	瓦④	瓶瓷	直⑧	直⑧	值植
反④	反④	板饭	黾⑧	黾⑧	绳鼋
示⑤	礻④	祝视	咼⑨	咼⑧	過蝸
丑④	丑④	纽杻	垂⑨	垂⑧	睡邮
犮⑤	犮⑤	拔茇	會⑨	會⑧	飲飽
印⑥	印⑤	茚	郎⑨	郎⑧	廊螂
耒⑥	耒⑥	耕耘	彔⑧	录⑧	渌箓
吕⑦	吕⑥	侣营	㐱⑩	㐱⑨	温瘟
攸⑦	攸⑥	修倏	骨⑩	骨⑨	滑骼
爭⑧	争⑥	净静	鬼⑩	鬼⑨	槐鬼
产⑥	产⑥	彦产	俞⑨	俞⑨	输愈
羊⑦	羊⑥	差养	旣⑪	既⑨	溉概
蚤⑩	蚤⑨	搔骚	黃⑫	黄⑪	廣橫
敖⑪	敖⑩	傲遨	虛⑫	虚⑪	墟歔

莽⑫	莽⑩	漭蟒	異⑫	異⑪	冀戴
眞⑩	真⑩	慎填	象⑫	象⑪	像橡
备⑩	备⑩	摇遥	奥⑬	奥⑫	澳懊
殺⑪	殺⑩	搬鍛	普⑬	普⑫	谱氆

第三节　现代汉语词汇

词汇,是说话、演讲、写文章的基础,只有掌握丰富的词汇,才能提高分析、鉴赏和运用语言的能力,才能提高说话或写文章的水平。

一、词的意义

(一)单义词与多义词

1. 单义词

单义词是指只有一项词义的词。

单义词,有的是表示人名、地名、国名等专门的名词,如:鲁迅、北京、中国、物理、语言学等;有的是表示人、事物的一般名称,如:自行车、椅子等;有的是表示人称、数量的词,如:她、大家、一、二、辆、艘等。

一般讲,在汉语词汇中单义词的数量较少,大量存在着的是多义词。

2. 多义词

(1)什么是多义词

多义词是指具有两项或两项以上的词义的词。汉语里大多数词都具有多义性,凡是历史长久、使用比较频繁的词,词义也就比较多。比如"打",《现代汉语词典》里注了24项词义。再如"浓",有"液体或气体中所含的某种成分多"的意思,还有"程度深"的意思。又如"脸",有①头的前部,从额头到下巴;②(~儿)某些物体的前部;③情面、面子;④(~儿)脸上的表情四个含义。

随着社会的发展变化,词义在语言运用中也处于不断发展变化的状态。词义的变化,最明显的表现就是促成词的多义性,使词的意义更加丰富,并且由于一个词的多义性分解,又可以产生出新词。可见,多义词是语言运用的产物,是词义发展变化的结果。

(2)多义词各种义项间的联系

一个多义词的各项意义之间是有联系的,其诸项意义之间的联系有的直接,有的间接,有的密切,有的疏远。这些差异,使诸项意义既互有联系又彼此独立。一般讲,多义词各个意义中有基本意义和转义两种。

①基本意义

多义词的基本意义是最主要的、最常见的意义。一般讲,在词典中,第一个注释的词义往往是本义,在运用中,本义一般也是比较常用、最明显、人们比较容易想到的词义。比如:

脸色

a.脸上的颜色;b.脸上的气色;c.脸上的表情。

角度

a.角的大小;b.看事情的出发点。

包袱

a.包东西用的布;b.用布包起来的包儿;c.比喻影响思想或行动的负担;d.指相声、快板书等曲艺中的笑料。

火候

a.烧火的火力大小和时间长短;b.比喻修养程度的深浅;c.比喻紧要的时机。

以上四个例词,第一词义都是基本义。多义词的基本义,一般不依附上下文也能显示出来。

基本义不一定是最初的意义,比如"兵",现在的基本义是"兵士",但在古代"兵"的意义是兵器、武器,这是"兵"的最初意义。现代用的有些成语还保存了"兵"的最初义,如"短兵相接"、"坚甲利兵"。再如"练"的最初意义是指一种白色的丝织品,故有"澄江静如练"的诗句(谢朓诗)。但这个意义现代不用了,现代汉语词"练"基本义是"练习"。

②转义

转义是从本义发展衍生出来的意义。以上四个例子中第一个意义——基本义以外的意义都是转义。一个多义词,可能有多个转义,但都是从一个共同的本义发展出来的。一般讲,多义词的转义往往通过引申本义或以本义作比喻的方式形成。

A. 引申义　一般是指由词的本义推广、扩大而产生的词义。比如"活路",本义是指"能够生活下去的办法",由此引申出"各种行得通的办法"。再如"冷场",本义指"戏剧、曲艺等演出时因演员迟到或忘记台词造成的局面",由这个"没有说话"的本义引申扩大出了"开会没有人发言时的局面"的引申义。引申义,往往要在具体的上下文中才能明显地表现出来;另外,本义与引申义往往在一些方面有一定的共同点,这样我们才能找到它们之间的关联性。

B. 比喻义　就是通过用本义打比方的办法形成的意义。比喻义往往用本义的某些形象特征来打比方,具有较强的表现力。比如"包袱"用本义的"包儿"来打比方,比喻"影响思想或行动的负担"。再如"开刀",本义是指"执行斩刑",由"下手杀"的本义转引出"先从某个方面或某人手"的比喻义。这样的词还有很多,比如"火候"、"开花"、"门路"、"攀援"、"画卷"、"浪花"、"熔炉"、"开小差"、"泼冷水"、"不治之症"、"空头支票"、"冷血动物"等。

词的比喻义与词的本义有密切联系,它是词义的有机组成部分,是稳定的,在词典的注释中可以查到。

多义词虽然有多项意义,但它的诸项意义往往只在相对静止的条件下并存,比如在词典中才同时并存;在语言运用中,由于有具体明确的上下文,词义在每一次使用时,其意义往往是单一的,即只有一个意义。所以,词在静态下的多义性,并不影响人们的运用和理解。

(3)多义词和同音词的区别

同音词指语音相同而意义不同的词。从字形上看,有的同音词书写形式相同,叫同形同音词;有的书写形式不同或部分不同,叫异形同音词。如:

A. 花(花草)—花(花钱)

B. 制服(穿制服)—制服(制服敌人)

C. 寓言—预言　身长—伸长—深长

D. 意义—异议　公式—攻势—工事

其中A、B是同形同音词,C、D是异形同音词。

多义词与同形同音词不同,多义词几种意义之间是有联系的,引申义、比喻义等转义是从基本义变化来的。而同形同音词,虽然词形与读音完全相同,但意义没有联系,是两个不同的词。比如"白",除了指一种颜色的本义外,还有"清楚"、"空白"、"无报偿、无代价"、"象征反动"等多种转义,这几个意义的"白"是一词多义现象。但同样发音,同样写法的"白"还有两个:一个"白"是"写白字"的"白",意思是"字音或字形错误";另一个"白"是"表白"、"道白"、"对白"中的"白",意思是"说明"。后两个"白",它们的含义与前一个"白"没有关系,是不同的词,只不过发音、写法相同而已。这类现象,在词典中往往分成不同的条目列写,以上的三种"白"在词典中也被处理成没有关系的三个词,是同形同音词。

(二)同义词与反义词

1. 同义词

(1)什么是同义词

有些不同的词,彼此在语义上有意义相同或意义基本相同的语义联系,有这种联系的一组词,彼此就互为同义词。比如"可惜"与"惋惜",都表示同情、遗憾的感情,在这一点上意义基本相同,是一组同义词。再如"灾难/灾害"、"阻挡/阻碍"、"适当/恰当"、"华丽/壮丽"、"表扬/表彰"等,这些同义词,在语义上都有相同、相近的各种联系。

同义词在表义上虽有一定的共同点,但它们毕竟不是同一个词,在表意大致相同的情况下,又往往存在着各个角度上的细微差别。这就需要我们在运用中细心地分辨它们的各种差别,从而准确地选择使用词语。

(2)同义词的类型

从构成同义词的语素来看,同义词可以分为三类。

①构成语素完全相同,只是顺序不同

离别—别离　　蔬菜—菜蔬　　士兵—兵士
感情—情感　　嫉妒—妒嫉　　讲演—演讲

②构成语素部分相同

守卫—守护　　关心—关怀—关切—关注
专长—特长　　鉴别—辨别—识别—区别
曲解—歪曲　　离别—分别　　适宜—合适
判断—断定　　谨慎—慎重　　内行—行家

③构成的语素完全不同

慈祥—和蔼　　底细—内情　　错误—缺点
发抖—哆嗦　　傍晚—黄昏　　害怕—恐惧

(3)同义词的作用

①准确细腻地传情达意

在语言中,由于存在着大量表意基本相同,又有各种细微差别的同义词,使人们的表意手段丰富多彩,给人们准确、贴切、精密地表达创造了条件,所以恰当地选择同义词不仅可以使表意精当,传情细腻,而且还能使表达避免重复,使语言富有变化。例如:

金顶为峨眉山最高峰……黎明时,地平线上,几缕红霞射上天际,映红半空。俄而,一轮红日冉冉升起,光芒四射,直逼人眼,顿时,山河添彩,群峰增媚。

(李先定等《峨眉山旅游指南》)

例中的同义词"俄而/顿时",不仅使表达避免了重复,而且使表达错综有变,波澜起伏,极大地增强了表现力。

②极大地丰富构词手段

大量的合成词、成语都是利用同义语素和词的并列连用或交叉配合组成的,这些由同义语素和词构成的词,语意更加丰富厚重,表意也更加多姿多彩。比如:

离别　揣测　诽谤　按摩　英明　清楚　虚伪　孤独
小心谨慎　光辉灿烂　粗心大意　骄傲自满
心领神会　口干舌燥　筋疲力尽　风平浪静
惊心动魄　魂飞魄散　聚精会神　为非作歹

在语言运用中,恰当地选用这类成语,可以极大地增强语言的表达效果。这些词,不仅扩大了合成词的队伍,而且极大地丰富了汉语的语汇。

2. 反义词

(1)什么是反义词

反义词,是指那些在表意性质上意思相对或相反的词。比如,喜爱—厌恶,粗犷—细腻,开头—结尾,内容—形式,这四组反义词,前两组意义相反,后两组意义相对。反义词一般是同词性的,如"聪明"的反义词是"愚笨",而不是"傻瓜"。汉语中反义词以形容词为多,其次是动词和名词。如:

| 甘—苦 | 吉—凶 | 新—旧 | 长—短 |
| 雅致—俗气 | 蒙眬—清晰 | 甜美—苦涩 | |

——以上为形容词

| 存—亡 | 得—失 | 忙—闲 | 向—背 |
| 团结—分裂 | 集中—分散 | 喜爱—厌恶 | |

——以上为动词

| 宾—主 | 日—夜 | 里—外 | 祸—福 |
| 科学—迷信 | 原因—结果 | 顺差—逆差 | |

——以上为名词

在语言运用中,并不是每个词都有反义词,比如,表示事物的一些词,"桌子、椅子、麦子"等就没有反义词;另外,也不是所有的对立意义都用反义词形式表达,比如"好",反义词是"坏",如果说成"不好",就只是否定表达形式,"不好"只是"好"的否定,不是它的反义词。

(2)反义词的类型

根据反义词意义上的联系,反义词分为绝对反义词和相对反义词两种。

①绝对反义词

绝对反义词,也叫矛盾反义词,这类反义词,在性质上完全互相排斥,没有中间状态,否定了甲,就肯定了乙;肯定了甲,就否定了乙。比如:

战争—和平	主观—客观	生存—死亡
一般—特殊	阴性—阳性	唯物—唯心
生—死	曲—直	男—女

②相对反义词

相对反义词,也叫对立反义词。这类反义词之间有中间状态,否定了甲,不一定就能肯定乙。比如:

| 开头—结尾 | 先进—落后 | 黑夜—白天 |
| 喜爱—厌恶 | 稀疏—稠密 | 消失—出现 |

上—下　　　　　红—白　　　　　左—右

上列各组相对反义词,都有中间状态,比如,"先进"与"落后"之间有"中游",否定"先进",说"不先进",不一定就是"落后",也可能是"中游"。

(3)多义词的反义关系

多义词的各个义项的反义关系比较复杂,不像单义词的反义词,总是一对一的。多义词的各个义项由于意义侧重点不同,往往有不同的反义词,比如,"沉重",说"脚步沉重",反义词是"轻快";说"心情沉重",反义词则是"轻松"。再如:

淡 ①菜淡 ←反义(词)→ 咸
　 ②味淡 ←反义(词)→ 浓
　 ③颜色淡 ←反义(词)→ "深或浓"
　 ④感情冷淡 ←反义(词)→ 热情
　 ⑤营业不旺盛,淡季 ←反义(词)→ 旺季

开 ①开灯 ←反义(词)→ 关
　 ②开口 ←反义(词)→ 闭
　 ③开江 ←反义(词)→ 封(江)
　 ④打开 ←反义(词)→ 盖上
　 ⑤开花 ←反义(词)→ "谢或落"

以上"淡"、"开"的各个反义词都呈多角度、多侧面展开。实际上,多义词的反义词之间的关系更为错综复杂,它们所构成的立体交叉网络更加繁复。

(4)反义词的作用

①反义词,有鲜明的对立联想作用,在语言运用中,使反义词互相映衬,有助于揭示事物的矛盾,从而深入地展现事物的特点,给人留下深刻的印象。例如:

a. 在九寨沟的湖畔,人们体会到了朴实的艳丽;在九寨沟的丛林,人们又能感受到宁静的热闹。在这里,朴实和艳丽,宁静与热闹,是那样的和谐,是如此的得当。

(《话说长江》)

b. (介绍青岛建筑)青岛的建筑大师们,按照意境创造与鉴赏中虚实相生的原理,不断总结建筑实践中的得与失。针对隐与显、藏与露、动与静、主与宾、强与弱、枯与荣、浓与淡、工与拙、少与多、浅与深等对立因素,进行了卓有成效的研究,在已有的各式建筑的基础上,千方百计施以工巧,使所有的桥、坊、楼、馆、商市、园林错

落有致。

（傅先诗《山河齐鲁多娇》）

上面两个例子，通过一组组反义词的巧妙对比，使语意深厚，形象鲜明，深入地刻画了九寨沟、青岛建筑的特点，生动地说明了事物间相反相成的辩证关系，因而产生了极好的表达效果。

②反义词，还可以构成概括性强而又鲜明生动的词、成语。如：

矛盾　　雌雄　　是非　　寒暄
起伏　　买卖　　手足　　彼此
进退两难　出没无常　左右逢源　不相上下
举足轻重　危在旦夕　眼高手低　吐故纳新
无独有偶　深入浅出　是非曲直　悲欢离合

这些词，具有极强的概括性和丰富的表现力，在表达中巧妙运用，能使表达产生特殊的魅力。

二、熟语

在汉语里，有一些为人们所经常使用的固定词组，它们已成为语言的建筑材料——词汇的组成部分，我们把它们统称为熟语。包括成语、谚语、惯用语、歇后语。

（一）成语

1. 什么是成语

成语是熟语的一种。它是人们长期相沿习用、具有书面语色彩、多呈四字格形式的一种固定词组。比如，爱屋及乌、百折不挠、沉鱼落雁、打草惊蛇、凤毛麟角、高朋满座、汗牛充栋、火中取栗、狡兔三窟、鞠躬尽瘁……

2. 成语的特点

成语作为一种特殊语汇，具有多方面的特点。主要表现为在结构上具有定型性，表意上具有整体性。

（1）定型性

成语结构的定型性，主要是指成语的内部结构比较稳定。在语言运用中，除了成语合乎规律的演变或修辞性的活用外，成语的内部成分一般不能随意变换，其构成成分的顺序也不能随意改动。因为，成语是人们长期以来所相沿习用的，具有约定俗成性；另外，它的来源往往有特定的背景，如果随意改变，就会失去成语所表示的特定含义，从而失去成语的身份。如"唇亡齿寒"中的"寒"不能随便改成"冷"，说成"唇亡齿冷"。再如，"兔死狐悲"也不能说成"狐悲兔死"。

四音节格式是成语的典型格式,有些多于四字的成语,被缩减成四字,而有些少于四字的成语,被补足成四字。如"少见多怪"是从"少所见,多所怪"简化而来;"车水马龙"由"车如流水,马如游龙"简缩而成。"井底之蛙"是"井底蛙"的扩展;"作茧自缚"是"作茧"的扩充,"自缚"再一次强调了"作茧"的含义。四字格成语可分为二二两段,内部结构关系比较多,如:

①联合式
众叛亲离　　救死扶伤　　龙飞凤舞　　铜墙铁壁　　切磋琢磨
②偏正式
豁然开朗　　中流砥柱　　灭顶之灾　　世外桃源　　炯炯有神
③支配式
顾全大局　　独具匠心　　包罗万象　　好为人师　　饱经风霜
④陈述式
天衣无缝　　叶公好龙　　孤掌难鸣　　胸有成竹　　夜郎自大
⑤补充式
无动于衷　　重于泰山　　置之度外　　问道于盲　　退避三舍
⑥连动式
打草惊蛇　　闻鸡起舞　　看风使舵　　按图索骥　　画蛇添足
⑦兼语式
利令智昏　　引人入胜　　请君入瓮　　望子成龙　　发人深省

成语也有非四字格的,但数量很少。如:
莫须有　　破天荒
依样画葫芦　　桃李满天下
五十步笑百步　　百闻不如一见
初生牛犊不怕虎　　山雨欲来风满楼
百尺竿头,更进一步

(2)整体性

成语在表意上的整体性,是指大部分成语的意义往往都不是字面意义的简单组合,而是统一地整体表意。如"凤毛麟角"字面义是"凤凰的毛,麒麟的角",实际含义是比喻"稀少而可贵的人才或事物"。"水落石出"字面义是"水落下去,石头从水中显露出来",实际意义是比喻"事情的真相显露了出来"。

成语在表意上具有几种类型:

①形容义,这类成语通过描写事物的情状来表情达意。如"热火朝天、四通八达"等。

②引申义,这类成语往往在原义的基础上引而深之,扩而大之。如"粉墨登

场、任重道远"等。

③比喻义,这类成语借打比方的方式表意。如"胸有成竹、望梅止渴"等。

④直言义,这一类成语的意义与其字面意义相一致。如"多才多艺、俗不可耐"等。

可见,只有直言义的成语与字面意义相同,形容义、引申义、比喻义的成语的意义都与其字面意义保持着一定的距离,所以,使用成语时,一定要把握其真正的含义,切忌望文生义。

3. 怎样有效地掌握成语

（1）利用文化背景知识掌握成语

汉语中大量的成语都具有特定的文化背景,如果系统地把握相关的背景知识,就能大批量地掌握一些成语。比如,一些成语来源于古代寓言故事,这些寓言故事大多记载在《列子》、《战国策》、《韩非子》、《荀子》以及《左传》、《史记》、《汉书》等典籍之中,其中许多寓言都有成语的概括形式,如：守株待兔、揠苗助长、刻舟求剑、愚公移山、自相矛盾、黔驴技穷、叶公好龙、掩耳盗铃、滥竽充数、杞人忧天、井底之蛙、坐井观天、走马观花、东施效颦、买椟还珠、画蛇添足、画龙点睛、南辕北辙、为虎作伥、狐假虎威、朝三暮四、郑人买履、鹬蚌相争……把握了这些寓言故事,自然也就把握了这些成语。

一些成语是有出处的,如果不了解出处,就无法掌握这个成语。比如,1997年2月,中央电视台《正大综艺》栏目主持人请嘉宾解释"司空见惯"一语的意义。有的说,"司"指司马懿,"空"指空城计,《三国演义》里讲过诸葛亮摆空城计,司马懿上了当。空城计只能摆一次,若再摆的话,司马懿见惯了就不会再上当了。有的则说,"司"是司马光,他小时候与小朋友在水缸边玩耍,有个小朋友不小心掉进水缸里去了,司马光砸破了缸,缸水流空了,小朋友得救了。大家都知道这件事,见惯了也懂得砸缸救人的办法。其实,"司空见惯"是"司空经常看到,不以为奇"的意思。成语出自刘禹锡的诗句,"司空"是官名,唐代李司空（李绅）慕诗人刘禹锡（刺史）之名,特邀他至家中饮酒,令歌伎唱歌。刘禹锡即席赋诗,其中两句是"司空见惯浑闲事,断尽江南刺史肠"。

（2）利用成语间同义、近义、反义的联系,举一反三地掌握成语。比如,意义相同、相近的成语有：外强中干/色厉内荏、望梅止渴/画饼充饥、得陇望蜀/得寸进尺、阮囊羞涩/一贫如洗、遍体鳞伤/体无完肤、势均力敌/旗鼓相当、水落石出/真相大白、趁火打劫/浑水摸鱼、姚黄魏紫/春兰秋菊、为虎作伥/助桀为虐。

（3）借助成套的固定格式掌握成语。如：

①天×地×：天罗地网、天南地北、天经地义、天昏地暗

②一×千×：一发千钧、一落千丈、一泻千里、一掷千金

③一×不×：一窍不通、一丝不苟、一毛不拔、一蹶不振
④不×不×：不伦不类、不卑不亢、不屈不挠、不即不离
⑤千×万×：千头万绪、千辛万苦、千丝万缕、千真万确
⑥有×无×：有眼无珠、有备无患、有恃无恐、有气无力
⑦无×无×：无穷无尽、无拘无束、无忧无虑、无缘无故
⑧无×不×：无孔不入、无微不至、无奇不有、无往不胜
⑨不×而×：不劳而获、不欢而散、不言而喻、不翼而飞
⑩自×自×：自作自受、自高自大、自给自足、自怨自艾
⑪不×之×：不祥之兆、不速之客、不白之冤、不毛之地
⑫无所××：无所畏惧、无所作为、无所顾忌、无所用心
⑬ABCC：神采奕奕、大名鼎鼎、人心惶惶、温情脉脉
⑭AABC：落落大方、惴惴不安、咄咄逼人、窃窃私语
⑮AABB：洋洋洒洒、兢兢业业、期期艾艾、郁郁葱葱

4. 正确使用成语

（1）使用成语必须抓住成语意义上的整体性和结构上的定型性这两个特点。首先要了解成语的实际含义，不能望文生义。如：

①他写的文章都是一些不刊之论，因此埋头写作了几年，一篇文章也没有发表。

这里把成语"不刊之论"理解为贬义的"不能刊登的文章"，其实，"刊"并不能按现代汉语的"刊登"来理解，而是"刊削"即"删改"的意思，古代把文字刻在竹简上，刻错了就要削掉。"不刊之论"意指一个字也不能动的无懈可击的言论，是一个极高的褒义成语。

②发令的枪声一响，运动员迅速地冲出了起跑线，他首当其冲地跑在最前面。

"首当其冲"的意思是首先面对要冲，即最先受到冲击和蒙受灾难。这里应改成"一马当先"。

（2）不要写错成语。成语中有些字因为字形或字音相混而写错。如：

相形见绌（"绌"不应写为"拙"）

草菅人命（"菅"不应写成"管"）

沧海一粟　火中取栗（"粟"与"栗"不应写混）

饮鸩止渴（"鸩"不应写成"鸠"）

怙恶不悛（"怙"、"悛"不应写成"估"、"俊"）

川流不息（"川"不应写成"穿"）

诡计多端（"诡"不应写成"鬼"）

原形毕露（"毕"不应写成"必"）

责无旁贷("贷"不应写成"代")
肆无忌惮("惮"不应写成"弹")
老奸巨猾("猾"不应写成"滑")
风尘仆仆("仆"不应写成"扑")
焕然一新("焕"不应写成"换")
唇焦口燥　少安毋躁("燥"、"躁"不应写混)
别出心裁("裁"不应写成"栽")
鬼蜮伎俩("蜮"、"伎"不应写成"域"、"技")

（3）不要读错成语。成语读音比较难,除了有些多音字选择正确读音外,还有古汉语残留的一些特殊读音。

深恶痛绝("恶"读 wù 不读 è)
乳臭未干("臭"读 xiù 不读 chòu)
审时度势("度"读 duó 不读 dù)
力能扛鼎("扛"读 gāng 不读 káng)
余勇可贾("贾"读 gǔ 不读 jiǎ)
自怨自艾("艾"读 yì 不读 ài)
虚与委蛇("委蛇"读 wēiyí 不读 wěishé)
暴殄天物("殄"读 tiǎn 不读 zhēn)

(二)谚语

1. 什么是谚语

谚语是反映自然、社会规律,表现人们的实践经验,流传在人们口头的一种固定语句。比如:

灯不拨不亮,理不辩不明。
宝剑锋从磨砺出,梅花香自苦寒来。
庄稼一枝花,全靠粪当家。
不受苦中苦,难得甜上甜。
上有天堂,下有苏杭。
病来如山倒,病去如抽丝。

这些谚语,经过长期口口相传和众人的加工,不仅朗朗上口,简洁凝练,而且通俗易懂,意味隽永,给人以极大的启迪。

谚语跟成语一样寓意深刻,但谚语是口头语,可独立成句。成语则是书面语,多为四字格。成语形式要求固定,谚语形式可有变化,比较活泼生动。如同一个谚语,几种表达形式都可以。

三个臭皮匠,顶个诸葛亮。

三个臭皮匠,赛过诸葛亮。
三个臭皮匠,就是诸葛亮。

2. 谚语的特点

谚语在内容、形式、风格、表现手法上都具有一系列特点,这里我们主要谈一谈谚语的经验性、思想性、艺术性等特点。

(1) 谚语都具有鲜明的经验性

谚语往往是人们生产或生活经验的概括。所以,谚语中必然地要反映人们的政治和经济生活、自然社会环境、特定的典章制度、心理定式及文学艺术等文化内容,从而表现特定民族特定社会的价值观念及心理取向,以及各种经验。比如,取材于历史故事或事件的谚语有:"只要功夫深,铁杵磨成针"、"大意失荆州,骄傲丢街亭"、"只许州官放火,不许百姓点灯";取材于气候季节的有:"瑞雪兆丰年"、"谷雨前后,种瓜点豆"、"过了芒种,不可强种"、"春分秋分,昼夜平分"、"冷在三九,热在三伏"、"打春别欢喜,还有四十天冷天气";反映汉民族风俗习惯的有:"送行的饺子,接风的面"、"冬至馄饨,夏至面"、"一把栗子,一把枣,小的跟着大的跑"(婚俗)、"初一饺子,初二面,初三合子团团转";反映风土人情的谚语有:"桂林山水甲天下,阳朔山水甲桂林"、"五岳归来不看山,黄山归来不看岳"、"南甜北咸,东辣西酸"、"天下黄河富宁夏"、"关东三宗宝:人参貂皮鹿茸角"、"丽江骏马大理石,云南白药宝中宝"。此外,还有很多谚语与我国的山水名胜、风味特点、传统节令、地方掌故等都有着密切的联系,所以学习、运用谚语时,一定要准确地把握谚语的民族特色,深切体会特定谚语中所包含的各种丰富的经验。

(2) 谚语一般还具有特定的思想性

很多谚语往往包含着朴素的真理,闪烁着智慧的光芒。比如,"真金不怕火炼"、"人正不怕影斜"、"要想小儿安,三分饥饿三分寒"、"一寸光阴一寸金,寸金难买寸光阴"、"巧妇难为无米之炊"、"流静水深,人静心深"、"水滴石穿,绳锯木断"、"不怕路难,就怕志短"、"良药苦口利于病,忠言逆耳利于行"、"良言一句三冬暖,恶语伤人六月寒"等。这些谚语具有极强的哲理性,言近旨远,语浅意深,发人深思,耐人寻味,给人以极大的启迪。

但也有一些流传下来的谚语,反映了封建统治阶级的思想,在使用中应注意其思想性。如:"人不为己,天诛地灭"、"生死有命,富贵在天"等。

(3) 谚语一般也都具有通俗生动的艺术审美性

谚语由人们口口相传,通俗生动,表现力极强。如"脚正不怕鞋歪"、"众人拾柴火焰高"、"鸟美在羽毛,人美在勤劳"、"宁吃鲜桃一口,不吃烂杏一筐"、"天下乌鸦一般黑"、"吃水不忘打井人"、"纸里包不住火"、"穷在闹市无人问,富在深山有远亲",这些谚语都用十分生动形象的语言表达了深刻的事理,给人的印象十分深刻。有些谚语风趣俏皮,饶有趣味。比如,"三个臭皮匠,顶个诸葛亮"、"萝卜白菜,各有所爱"、"老乡见老乡,两眼泪汪汪"、"黑猫白猫,拿着耗子就是好猫"、"狗嘴里吐不出象牙"、"鸡窝里飞不出金凤凰"、"赶鸭子上架"等,这些谚语既活泼幽默,又意味深长,引人入胜,巧妙运用,能极大地增加表达情趣。

(三)惯用语

1. 什么是惯用语

惯用语是在表意上具有整体性、结构上具有定型性的习用词组。惯用语形式上多呈三音节,比如:

吃小灶	背黑锅	穿小鞋	抱佛脚
背包袱	吹喇叭	唱高调	露马脚
小广播	绊脚石	闭门羹	过河卒
半瓶醋	墙头草	下马威	马后炮

超过三个音节的比较少,如:

| 钻牛角尖 | 吃哑巴亏 | 过河卒子 | 绣花枕头 |
| 一推二六五 | 八九不离十 | 不管三七二十一 | |

2. 惯用语的特点

(1)惯用语的意义不是构成词意义的简单相加,而是多为通过引申、比喻产生的新义,如:

他学习得正起劲,不要给他泼冷水。

公司说了半天,也没有发奖金,原来开的是一张空头支票。

你说话太厉害了,也就是你的领导人好,否则,定会给你穿小鞋。

(2)惯用语的形式相对固定,但又较灵活多变

在不同的语境下,惯用语内部成分可以根据表达需要做相应的灵活变动,有时用三音节,有时用多音节。如"抱不平——打抱不平"、"抱佛脚——临时抱佛脚"有时整体运用,有时拆开运用,如"占上风——占一点上风"、"敲竹杠——敲他的竹杠"、"泼冷水——泼一泼冷水"。有时还可换用其中的成分,如"泼冷水——浇冷水"、"抓辫子——揪辫子"。

(3)惯用语的感情色彩多为贬义

惯用语的感情色彩,常见的多为贬义,也有一部分中性的。中性的惯用语,主要是客观地说明事物或动作。如"费唇舌"、"跑龙套"、"打交道"、"君子协定"、"开话匣子"、"勒腰带"、"捏把汗"、"清一色"等,这些惯用语往往不包含表达者的态度,比较客观。

大部分惯用语具有贬义,或是所指的事物缺乏积极意义,这就要求我们使用时要辨清使用对象和使用场合。而且惯用语贬抑的程度有轻有重。比如,"事后诸

葛亮"、"马后炮",前者贬的程度轻一些,后者贬的程度就重一点。

(4)惯用语生动形象,通俗易懂

惯用语的表现力十分强烈,形象鲜明,能给人身临其境的感受。比如,"跑龙套、钻空子、连轴转、攀高枝、捅马蜂窝、唱红脸儿、唱白脸儿、上眼药、嚼舌头、和稀泥、滚刀肉、半瓶醋"等。这些惯用语,可使人产生丰富的联想,动感强烈,新鲜活泼,能给人留下深刻的印象。语言形式通俗易懂,为广大群众喜闻乐见。

(四)歇后语

1. 什么是歇后语

歇后语是由"具体事物——说明解释语"两部分组成的"俏皮话儿",比如"韩信将兵——多多益善"。前一部分是一个具体的事件,后一部分对"韩信将兵"的具体含义进行解释、说明,是歇后语的本义所在。有时,只说前一部分,后一部分"歇"住不说,让对方体会,所以叫"歇后语"。

2. 歇后语的类型

(1)喻意型

前一部分用一个具体事物打比方,后一部分从字面或字外对前一部分进行解释、说明。比如:

芝麻开花——节节高

猪八戒照镜子——里外不是人

猴子吃麻花——满拧

千里送鹅毛——礼轻情意重

徐庶进曹营——一语不发

大水冲了龙王庙——一家人不认一家人

茶壶煮饺子——肚里有货倒不出

看"三国"掉泪——替古人担忧

(2)谐音双关型

后一部分利用同音、近音的条件,构成表面和字外两层意思,并以字外意思为主。比如:

窗外吹喇叭——鸣(名)声在外

门神卷灶王爷——画(话)里有画(话)

梁山泊上的军师——吴(无)用

老虎拉车——谁赶(敢)

和尚打伞——无发(法)无天

纳鞋不用锥子——针(真)好

猪鼻子插葱——装象(相)

外甥打灯笼——照舅(旧)

3. 歇后语的作用

巧妙运用歇后语,可以使表达幽默风趣。幽默风趣是歇后语的风格基调,很多歇后语都轻松、俏皮,具有较强的喜剧效果。比如,"狗撵鸭子——呱呱叫"、"黑瞎子叫门——熊到家了"等,这些歇后语活泼、巧妙,表现力极强。

歇后语还可以使表达生动、形象。歇后语两部分的联系大部分新颖、巧妙,它所表达的意义,往往富有浓郁的生活气息,通俗、浅显,具有鲜明的形象感。比如,"小葱拌豆腐——一清二白"、"泥菩萨过江——自身难保"、"哑巴吃黄连——有苦说不出",十分生动、形象,给人留下的印象十分深刻。

歇后语还可以表达嘲弄讥讽的感情态度,而且比一般的表达更加有力。有些歇后语具有谐谑、贬斥的感情色彩,用于对丑恶现象的讽刺、揭露和鞭笞,往往一针见血,锐不可当。比如,"兔子尾巴——长不了"、"水仙不开花——装蒜"、"沙锅捣蒜——一锤子买卖"等,真可谓犀利尖锐,淋漓尽致。

第四节 词语的运用

语言运用实践对词语的运用提出了很高的要求,或准确妥帖,或鲜明生动,或简洁精练,或多方照应等。为了达到这些要求,必须在掌握现代汉语词汇系统的基础上,对词语的运用作进一步的探讨和掌握。

一、辨析词语的意义

辨析词语的意义,主要是指辨析同义词之间的各种意义上的细微差别。辨析可以从识别不同义项、衡量语意轻重、掌握范围大小、分清使用对象等几个方面进行。

(一)辨析不同的义项

对同义词,应识别它的不同义项,恰当使用每一个词。如"珍惜"、"珍爱"、"珍视"、"珍重"都是说对有价值的东西特别看重的意思,但它们在具体义项上又有差别,例如:

①书是花布面黄色道林纸精装本,可以想象我是多么珍惜它。

(孙犁《装书小记》)

②这七位女同志还献出了她们各人珍爱的物品。

(巴金《金刚山上发生的事情》)

③这幅令人喜爱的古老帛画,它所体现的艺术手法,值得我们珍视。

(秦牧《一幅古画的风味》)

④他们离别时,都互道珍重。

在这几个例子里,"珍惜"是特别爱惜之意,"珍爱"是特别喜爱之意,"珍视"是特别看重之意,"珍重"是特别保重之意,它们有不同意义的义项,不能互相换用。

(二)衡量语意的轻重

汉语中许多同义词在语意表达上的轻重不同,有的语意分量程度重些,有的轻些。比如,"可惜/惋惜",比较起来,"惋惜"的语意重些,显得比较严肃,而"可惜"语意就轻些。再如,"希望/盼望/渴望",虽然都有想要达到某种目的的意思,但"希望"只是一般地表示愿望;"盼望"就加强了主观的意愿;"渴望"则进一步表示主观意愿的强烈程度。又如下列几组同义词,都是前者语意较轻,后者语意较重。

损坏/毁坏　　　　轻视/鄙视
揭露/揭穿　　　　欺负/欺压
秘密/机密/绝密　　优良/优秀/优异

(三)掌握范围的大小

有些同义词,词义范围大小不同,有的使用范围大,有的使用范围小。比如,"灾难/灾害","灾难"既用于社会的,又用于自然的;"灾害"则只用于指自然方面的。再如,"表彰/表扬",都有"对好人好事加以赞扬"的意思,但"表扬"用的范围比较广泛,而"表彰"的语意重得多,范围却也狭窄得多。又如,"物资/物品"、"战争/战役"、"性质/品质"、"节约/节俭"、"生命/性命"、"事情/事件"等同义词,都是前者的词义范围比较大,后者的词义范围比较小。

(四)分清使用的对象

有些同义词,适用对象不同。比如,"摧残/摧毁","摧残"多用于有生物,"摧毁"多用于非生物。再如,"改正/改进","改正"在于使什么由不正确到正确,"改进"在于从原基础上进一步提高。还有"阻挡/阻碍"、"华丽/壮丽"、"宏伟/宏大"、"发觉/发现"等,都有不同的适用对象。

(五)词义辨析正误举例

许多优秀文章在词义的辨析与挑选方面都是十分下工夫的,为我们提供了一些学习的范例。例如:

①他们抗战,我们是赞成的;如果有成绩,我们也赞扬的;但如果抗战不积极,我们就应该批评。如果有人要反共反人民,要一天一天走上反动的道路,那我们就要坚决反对。

(毛泽东《在延安文艺座谈会上的讲话》)

②子女对父母有赡养扶助的义务,父母对子女有抚养教育的义务;夫妻有互相

扶养的义务。

(根据《婚姻法》条款摘录整理而成)

①例中"赞成"、"赞扬"、"批评"、"反对"按表达内容的需要,恰当地使用了轻重不同的词语。

②例中根据对象的不同,分清上对下、下对上、平等相对几种关系,挑选了最准确的词语。

词义误用,是指一些同义词在语意轻重、使用范围大小、适用对象异同等方面有着各种细微的差别,使用中因分辨不清而错用的现象。比如:

＊①经过卫生工作者们多年的努力,鼠疫、霍乱已经在我国消失了。

＊②市政府最近分别授予一批优秀的导游、旅游管理人员以模范导游、模范旅游工作者的称号,并颁发奖章,以表扬他们为旅游事业作出的贡献。

＊③在杭州这一段幸福的阅历,我将终生铭刻在心里。

例＊①"消失"的语意过轻,用语意较重的"灭绝"比较合适;例＊②"表扬"的语意轻些,使用范围也较大,改用语意重些而使用范围也较小的"表彰"更合适些;例＊③"阅历"只适用于客观的情况,改用不但适用于客观情况,也适用于主观感受的"经历"比较好。

二、区分词语的色彩

(一)词语的感情色彩

有些同义词,感情色彩不同,有的具有褒义色彩,有的具有贬义色彩,有的具有中性色彩。比如"名誉/荣誉","名誉"有好有坏,色彩是中性;"荣誉"则是褒义词。再如"果断/武断"、"保护/庇护"等同义词,前者为褒义,后者为贬义;而"积存/积压"、"结合/团结"、"结果/后果"等同义词,前者色彩是中性,后者的感情色彩有的是贬义,有的是褒义。

(二)词语的语体色彩

有些同义词,语体色彩不同,有的具有口语色彩,有的具有书面语色彩,有的呈现介于口语、书面语之间的中性色彩。口语色彩的词多用于日常口语,比较通俗、平易,具有浓郁的生活气息。书面语色彩的词,一般经过一定的加工,显得文雅、庄重。比如"吓唬/恐吓"、"溜达/散步"、"痨病/肺结核"、"干脆/索性"、"害怕/畏惧"、"下巴/下腭"、"惦记/思念"等同义词,前者都为口语色彩的词,后者是书面语色彩的词。再如"脑袋/脑瓜子/头颅"、"午饭/晌饭/午餐"、"家乡/老家/故乡"、"烟/烟卷儿/香烟",这些同义词语体色彩的排列顺序分别是中性色彩、口语色彩、书面语色彩。

(三) 词语的情景色彩

情景色彩,主要是指一些完全没有感情色彩的词语或有特定感情色彩(褒、贬)的词语,在特定语言环境中临时赋予其感情色彩或改变其原特定感情色彩的现象。

有些词语完全没有感情色彩,但在特定语言环境中可以临时产生感情色彩。例如:

①四周是泥土、树叶和青草的芳香,四周是滚滚的雷声,四周是忽明、忽青、忽黄、忽白、忽黑的闪电,似乎整个世界都在旋转、塌陷、升起。

(王蒙《无言的树》)

"忽",本来没有什么色彩,但由于它的反复出现,连贯锁结,使表达中心突出,给人以一气呵成的美感,具有相当积极的表现力。

有些具有褒义色彩的词语,在一定语境中可用于消极事物,具有讥讽、嘲弄的意味。例如:

②假若当时也已经能够记事,我必会把联军的罪行写得更具体,更"伟大",更"文明"。

(老舍《小花朵集》)

用"伟大"、"文明"等褒义词,讽刺联军的罪恶行径,入木三分,具有极强的战斗力。

有些具有贬义色彩的词语,在语言应用中也可以临时赋予其积极的意义,使表达产生幽默效果。例如:

③在接下来的秋高气爽的日子里,大凌河河滩地上的柳树林显得格外地宽宏大量,茂密的枝叶袒护了无数次极端幸福的阴谋。终于有一天,阴谋停止了。人们看到韩家的大门上贴出了两张大红的"喜"字。

(徐宝琦《大凌河》)

用"袒护"、"阴谋"描写恋人的约会,真是生动、幽默、出奇制胜。

(四) 色彩辨析正误举例

用词时辨析词语的色彩、挑选恰当的词语十分重要。一些作家为我们作出了范例。例如:

①终于这流言消灭了,干事却又竭力运动,要收回那一封匿名信去。

(鲁迅《藤野先生》)

(原文初稿"流言"作"事情")

②"比去年都不如,只有五块钱!"伴着一副懊丧到无可奈何的神色。

(叶圣陶《多收了三五斗》)

(原文初稿"神色"作"嘴脸")

以上两位作家修改原文初稿的词语,都是从感情色彩上考虑。"事情"是中性的,"流言"是贬义的,改用贬义词能更好地表达作者对造谣生事者的愤慨心情。"嘴脸"是贬义的,"神色"是中性的,此处是描写失望的农民,用贬义词不合适。

色彩不对,是指在语言运用中混淆或搞错同义词在感情色彩、语体色彩等方面的差异。例如:

＊①这样的导游词往往内容庞大,结构松散,文脉不清。

＊②守候在候机室里的游客们,焦躁地等着,又担心,又充满希望。

＊③这一噩耗也是过了好久以后,由同情我们的一些工作人员悄悄透露给我们的。听后,我们感到十分悲痛,十分可惜。

例＊①将中性的"庞大"改为有贬义色彩的"庞杂"更好一些;例＊②应该将贬义词"焦躁"改为中性词"焦急";例＊③"可惜"语意轻些,多用于口语,宜改用语意重些、多用于书面语的"惋惜"。

三、注意词语的音调

(一)音节的搭配

音节的搭配,主要使音节、音步匀称、平稳,有节奏感,给人以整齐和谐的美感。要达到这些要求,至少应注意以下两点。

(1)在词语的搭配上要尽量做到音节匀称,一般说,单音节与单音节、双音节与双音节、多音节与多音节互相搭配,使音节互相对应。比如:

深信——深深地相信

整党——整顿党风

乘兴而来,败兴而去——满怀希望而来,扫尽欢喜而去

这些词语的搭配都是考虑到相同的音节,这样,读起来上口,有节奏感。如果我们说"整顿党"、"整党风"、"蔚蓝天"意思上没有什么问题,但音节搭配不当,念起来就很别扭。一些意思差不多的词语,有单音节、双音节、多音节形式,我们在使用时,根据上下文挑选合适的音节。如:

见树不见林　　　　只见树木不见森林

这种作风,拿来律己,则害了自己;拿来教人,则害了别人

"树"和"树木"、"林"和"森林"、"己"和"自己"、"人"和"别人",单音节和双音节换着用。

(2)尽量多用双音节和四音节的词语。汉语的词语趋向双音节和四音节化,这种音节结构比较整齐,有节奏感,故刘勰《文心雕龙·丽词篇》有"偶语易安,奇字难适"之说。在汉语的词汇中,成语绝大部分是四个音节的,有些词语也向双音节和四音节发展,比如:

落花生——花生　　　　芝麻酱——麻酱

龙井茶——龙井　　　　　　外国语——外语
同意不同意——同不同意　　知道不知道——知不知道
仁者见仁,智者见智——见仁见智
为他人作嫁衣裳——为人作嫁

还有,"绸缎布匹"、"桌椅板凳"明明是三件东西,非用四个音节,完全是为了衬音节。

(二)平仄的相谐

平仄是声调的再分类,在现代汉语中,第一、二声是平声,三、四声是仄声。古典韵文对平仄的要求十分考究,现代散文对平仄的要求自然宽松多了,但也应注意一句中平仄相间、对应句中平仄相对的搭配,这样,才会使语音低昂互节,抑扬有致,铿锵响亮。老舍在《对话浅谈》中说:"在汉语中,字分平仄。调动平仄,在我国诗歌形式发展上起过不小的作用。我们今天既用散文写戏,自然容易忽略这一端,只顾写话,而忘了注意声音之美。其实,即使写散文,平仄的排列也还应该考究。'张三李四'好听,'张三王八'就不好听。前者是二平二仄,有起有落;后者是四字皆平,缺乏抑扬。四个字尚且如此,那么连说几句就更该好好安排一下了。'张三去了,李四去了,老王也去了,会开成了',这样一顺边的句子,大概不如'张三、李四、老王都去参加,会开成了'简单好听。前者有一顺边的四个'了',后者'加'是平声,'了'是仄声,抑扬有致。"例如:

一滴滴热泪洒在天安门广场上,一朵朵白花系在天安门苍松翠柏上。

这是悼念周总理电视解说词的两句话,做到了一句中平仄相间,对应句中平仄相对,不仅音节照应平稳,而且平仄起伏顿挫,铿锵响亮,优美和谐。

(三)适当的押韵

在每句或隔句末尾的音节上,使用韵母相同或相近的字,叫押韵。押韵的字叫韵脚,韵脚一般用平声韵,有时也有用仄声韵的。押韵可以使音律回环往复,节奏优美和谐,流畅自如。

古代诗词,一般称为旧体诗,在押韵方面其要求十分严格。在现代诗歌中,押韵比较自由,但也十分讲究。例如:

我如果爱你——
绝不像攀援的凌霄花,
借你的高枝炫耀自己;
我如果爱你——
绝不学痴情的鸟儿,
为绿荫重复单调的歌曲;

也不止像泉源,
常年送来清凉的慰藉;
也不止像险峰,增加你的高度,衬托你的威仪。
甚至日光。
甚至春雨。
不,这些都还不够!
我必须是你近旁的一株木棉,
作为树的形象和你站在一起。
根,紧握在地下,
叶,相触在云里。
每一阵风过,
我们都互相致意,
但没有人
听懂我们的言语。
你有你的铜枝铁干,
像刀,像剑,
也像戟,
我有我的红硕花朵,
像沉重的叹息,
又像英勇的火炬,
我们分担寒潮、风雷、霹雳;
我们共享雾霭、流岚、虹霓,
仿佛永远分离,
却又终身相依,
这才是伟大的爱情,
坚贞就在这里:
不仅爱你伟岸的身躯,
也爱你坚持的位置,脚下的土地。

(舒婷《致橡树》)

这首诗主要是押"i"的韵,相近的"u"韵也有几个字,加点的字都是押韵的。

除诗歌等韵文外,非韵文一般不押韵,有时抒情散文为增加文采也刻意追求韵脚。但是如果在一般表达中,特别是在导游词中,巧妙妥帖地使用一些押韵技巧,表达不仅音律谐美,而且复叠萦回、流彩飞扬。例如:

①后来,改五洲公园为玄武湖公园,清除湖中淤泥,修筑环湖大道,路面铺以柏油,沿湖植柳栽桃。现在玄武湖已是芳草满地,四季常青,百花含笑,细柳摇风。

(南京市博物馆《南京风物志》)

②当我们从历史的回顾转为现实的时候,矗立在我们面前的长城,就显得格外亲切了。因为它是我们这个多民族国家从分裂走向统一的历史见证;是中华各族人民血汗的结晶;是祖国各族人民更加团结的象征。我们登临长城,面对如画的江山,怎能不倍增奋发图强的激情。

(郭述祖《山海关长城志》)

(四)词语运用中音调不美的病例分析

音调不美,主要是指声调缺乏起伏变化、不讲究押韵等现象。比如:

*①若乘兴荡轻舟于碧波,从水中仰望崂山,更富有诗情画意,群山起伏,青苍不断;如逢秋叶正红,置身峰巅,俯瞰山中山下,只见红中映绿,绿中泛蓝,松竹、山茶、榆、槐、角枫更是色彩斑斓。

*②打立夏起就断断续续地下雨。

*③四周群山环抱,巍峨叠翠,白云袅袅;低处岵岭逶迤,松竹并茂,茶园葱绿。山间溪水潺湲,两岸芳草萋萋。

例*①"俯瞰山中山下"句的上下文,基本是以四个音节为一个音步,中间突然出现六个音节,与前后句不太协调,如果改成"俯瞰山峦"就既协调了节奏,又照顾了韵脚。"榆、槐"的上下文都是以两个音节为一个音步,将它们合为一个音步"榆槐"就协调了。例*②通句是仄声字,缺乏变化,如果改成"从立夏以来就一直不停地下雨",就有了平仄的抑扬起伏。例*③将"茶园葱绿"调到"松竹并茂"句之前,就协调了"抱"、"袅"、"茂"的三个韵脚;将"萋萋"改为"芊芊",就与"湲"押上了韵,这样会使表达更具美感,而原句忽略了这一点。

四、注意词语的规范

现代汉语词汇,从古汉语词汇、方言词汇、外来语词汇、行业语词汇中吸取有表现力的词语,来丰富自己,还随着社会的变化不断产生新词。词汇是语言中变化最快的,我们既要看到词汇的发展,又要对词汇加以规范。

(一)古语词的规范

古语词的规范要注意两点。

(1)一些古语词,有与之对应的现代汉语词汇,在白话语体中,一般用现代汉语词汇。有时虽有同义词,但它们在词义轻重、宽窄、感情色彩、语体色彩等方面有细微的差别,就是说有不同的语言运用功能,这时可以根据表达的需要选用恰当的古语词表情达意。比如,诞辰/生日,葱郁/茂盛,豁壑/山谷,罅漏(xiàlòu)/缝隙,逶迤/远近,盘桓/逗留、停留等。

(2)还有一些古语词,现代汉语里没有对应的词语,这时就只能用古语词。比如,饕餮(tāotiè)、纨绔(wánkù)、婆娑(pósuō)、觊觎(jìyú)、逍遥(xiāoyáo)、酝酿(yùnniàng)、涓埃(juān'āi)、龃龉(jǔyǔ)等。

这些词语比较生僻,使用时一定要弄清楚意义。现把已提到的几个词解释如下:

饕餮:本为传说中的一种凶恶贪吃的野兽,现比喻凶恶贪婪的人或贪吃的人。

纨绔:旧指富贵人家的子弟穿的细绢做成的裤子,泛指贵族子弟华美的衣着。经常用"纨绔子弟"指贵族子弟。

婆娑:盘旋起舞的样子。

觊觎:希望得到不应该得到的东西。

逍遥:不受什么约束,自由自在。

酝酿:原为造酒发酵的过程,比喻做准备工作。

涓埃:细小的流水和尘埃,比喻微小。

龃龉:指上下牙齿不齐,比喻意见不合。

文言词语具有典雅含蓄的特点,可用在一些正式场合的书面语中,使表达庄重凝练;也可用在一些杂文中,传达出一种幽默讽刺的意味。例如:

大好河山,沦于敌手,你们不急,你们不忙,而却急于进攻边区,忙于打倒共产党,可痛也夫!可耻也夫!

(毛泽东《质问国民党》)

例句嘲弄有加,古语词的使用使表达具有了特殊的感染力。

运用古语词要注意场合和风格,有必要才用;还要避免文白夹杂的毛病,否则就不协调、自然、规范。例如:

躲在洞里的猴子,悉被我们捕获了。

将"悉"改为"都"或"全"等一般现代汉语词,就避免了文白夹杂的毛病。

(二)方言词的规范

方言词一般是指只在各自的方言区域内使用的词语。在语言的发展中,普通话为了丰富自己的表现力,往往吸收一些方言词,使它的使用范围不再局限于原来窄小的方言区域,而成为现代汉语词汇系统中的一员。

被吸收到普通话中以弥补普通话的一些表达欠缺的方言词是很多的。比如,尴尬、瘪三、蹩脚、亭子间、垃圾、把戏、触霉头、识相、晓得、搞、名堂、唠嗑、鼓捣、草包、二把刀、刺儿头、生猛、跳楼货、发烧友、窝囊、棒、哥们儿,等等。在表达中,巧妙妥帖地使用这些方言词,往往极为生动形象,充满浓郁的生活气息。例如:

我们很多人没有学好语言,所以我们在写文章做演说时没有几句生动活泼切实有力的话,只有死板板的几条筋,像瘪三一样,瘦得难看,不像一个健康的人。

(毛泽东《反对党八股》)

运用方言词,要注意其通行的范围,如果太狭小,就不符合规范化要求。例如:

再者,电视剧的"精品意识"也不能单纯依靠名剧作家、名演员,再"火"的"大腕"也有歇菜的时候。

(《电视剧创作要有精品意识》,《中国电视报》1993.6.5⑤)

"火"、"歇菜"是当代北京青年的流行用语,1993年的《中国电视报》中还出现了"面瓜"、"瞎菜"、"切"等流行语,这些词如果出现在《北京晚报》上是很正常的,但出现在面向全国发行的《中国电视报》上就不太规范了。"火"、"大腕"等词字面上还比较好理解,而别的词就只能使非北京地区的人莫名其妙了。

(三)外来词的规范

外来词也叫借词,是某一民族语言从外国或其他民族语言吸收的词。汉语中的外来词主要有两种表现形式:①音译式:雷达、沙发、扑克、逻辑、菩萨、刹那、幽默、摩登、休克、歇斯底里、奥林匹克、蒙太奇、冬不拉、萨其玛,等等;②半音半译式:啤酒、卡车、沙丁鱼、伦巴舞、芭蕾舞、霓虹灯、摩托车、法兰绒、金鸡纳霜,等等。

外国和外民族词汇进入汉语的原因和情况可能会有所不同,但只有在其语音、词义、词的结构等各方面符合汉语系统的种种规律,即汉民族化,并且汉语确实需要,又有较大的使用范围后,才能真正在汉语词汇系统中扎下根,成为汉语词汇系统的有机组成部分,也才是规范的。比如,"葡萄、玻璃、菩萨"等词完全汉族化了,一般的人已看不出它们是外来词了。像"沙发、咖啡、拷贝、可口可乐"等词,虽有明显的外来词特点,但汉语确实需要,它们也是规范的。

有些外来词不符合上述条件,是不规范的,所以在语言运用中逐渐被淘汰了。如:水门汀——水泥,维他命——维生素,德律风——电话,梵阿铃——小提琴,等等,前者都是不规范的外来词,应该被淘汰。

此外,有些外来词,由于是从不同地区或在不同时期音译过来的,同一个意思往往有几种书写形式,如:巧克力/朱古力、富兰克林/弗兰克林,等等,这些词要根据词典规范其书写形式。上面两例都要用前一个译名。

运用外来词,要看有没有必要。汉语中如果有相应的词语,就没有必要引进外来词,汉语中很多外来词在语言运用中逐渐被淘汰的事实,就说明了这一点。比如"迷你",引进初期,几乎是风靡一时,到处可见"迷你裙"、"迷你电脑"、"迷你字典"等字样,而这几个意思汉语都有十分贴切精当的对应词,所以"迷你"逐渐被淘汰,人们还是用原来的词语表达成"超短裙"、"微型电脑"、"袖珍字典"。

(四)新词的规范

随着社会的发展,大量的新词语不断产生,使现代汉语词汇系统日益充实丰富。一个词能否取得新词的资格,就是说它会不会被社会接受,能不能在语言里扎下根,一般要经过时间的检验,经得起检验的就是新词。如参与意识、超生、计生、误导、打假、快餐、道·琼斯指数、厄尔尼诺现象等,都是新词。

如果不考虑上述要求,不加讲究地滥用,就是生造,是不规范的。生造词有的是把两个单音节词硬凑成一个词,如擦划、轰响等;有的是把两个词任意简减后再拼凑成一个词,如,打问(打听、询问)、凝简(凝练、简洁)、通浅(通俗、浅显)、通胀(通货膨胀)、精绝(精彩绝伦),等等。再如:

老实告诉你,你当年是我心中的春偶,别稀里马哈的。

(王朔《无人喝彩》)

"春偶"是"青春偶像"的任意简减,作者精心安排笔下人物犯生造词语的错误,显然具有一定的嘲弄意味。

总之,生造词语,不考虑社会是否需要,既破坏语言的纯洁健康,又妨碍交际的正常进行,应该杜绝使用。

第五节 句子的组织与句式的选择

我们写文章、说话都是一句一句地写,一句一句地说。从语言表达的角度看,词和词组只是语言的备用单位,句子才是语言表达的使用单位。运用好句子,是提高语言表达能力的关键,而组织好句子和挑选好句式,则是运用好句子的关键,本节将谈谈如何正确地组织句子和恰当地挑选句式。

一、正确地组织句子

要正确地组织句子,必须注意各种句子成分的完整,要关注句子成分之间的搭配,常见的语病就出现在这两方面。

(一) 句子成分的残缺

残缺指句子中缺少了某些必不可少的成分,常见的错误有以下几种。

1. 主语残缺

句子中缺少了必要的主语,经常是因为省略或滥用介词造成主语残缺。例如:

*①从大量的生动例子中告诉我们,必须进一步提高旅游系统职工的汉语水平。

*②在我们一些旅游景点中,某些旅游资源开发的盲目主义,不能因地制宜,缺乏统一规划,急于追求经济效益。

*③这次游览张家界,我们不但看到了奇特的山水风光,而且也给了我们极大的锻炼。

例＊①"从……中"是一个介词词组,不能作主语,因此句子缺少主语,应去掉"从"、"中",让"大量的生动例子"作主语。例＊②主语应该是"某些旅游资源开发",才能与后面的谓语搭配,句中成了定语,使句子缺乏主语。可去掉"的",在"盲目主义"后加"严重",让"某些资源开发"成为主语。例＊③最后一个分句的主语不是"我们",不能省略。修改时最好使几个分句主语一致,可把后一句改为"也受到了极大的锻炼"。

2. 谓语残缺

谓语是句子的重要成分,如果残缺了,句子就有语病,例如:

＊①由于实行了改革与开放,这个古老的山村的农民在省旅游局的领导下,旅游事业获得了很大的发展。

＊②这个旅行社的经理们,在执行自己制定的这些规定时,难能可贵的是他们不管任何特殊情况,都不违反。

例＊①主语"农民"后面没有谓语相搭配,又出现另一个主语"旅游事业",可在"在……下"后加谓语"努力开发旅游景点"。例＊②前面的主语"经理"后面没有谓语陈述,接着又换了主语,造成谓语残缺,可在"在……时"后加谓语"十分自觉",并去掉"难能可贵的是"。

3. 宾语残缺

有些动词谓语要求带名词性宾语,但如果宾语前定语太长,往往把宾语中心词丢失而造成宾语残缺。例如:

＊①在桂林如画的风景里,有一座拔地而起,苍翠秀丽,直入青云,宛如南天一柱。

＊②旅行社的导游服务应达到想游客之所想,急游客之所急,吃透景点山川古迹、风土人情,摸透游客心理状态、喜好要求。

例＊①"有"后面没有宾语,可在"一柱"后加"的独秀峰"。例＊②"达到"后没有宾语,可在"要求"后加"的水平"。

(二) 句子成分搭配不当

1. 主谓搭配问题

主语和谓语在意义上紧密相关,语法结构上互相照应,如果搭配不好,就会造成语病。例如:

＊①在经理的带领下,全社员工勤俭办事的风气已蔚然成风。

＊②请通知山水旅行社的导游,他们的第二次考试已经被录取。

＊③我们仔细研究的结果,认为他应负完全责任。

例＊①中"蔚然成风"是说逐渐形成了一种风气,再说"风气蔚然成风"就搭配不当了,应去掉"的风气"。例＊②句中的主语是"考试",与谓语中心词"录取"搭配不当,应该让"他们"当主语,改成:"他们经过第二次考试,已被录取了。"例*③主语中心词"结果"与谓语中心词"认为"搭配不当,可去掉"的结果",在"仔细"前加"经过",让"我们"担任主语。或把"认为"换成"证明",与"结果"搭配。

联合词组充当主语和谓语时,主语和谓语的搭配更应全面考虑,以免顾此失彼,造成主谓搭配不当。例如:

*①武夷山九曲溪潺潺的水声和美丽清幽的景色,至今还在我耳边回响。

*②只有这样,导游的感觉才会敏锐、强烈和把握住游客的心理状态。

例*①中主语是联合词组,中心词是"水声"、"景色",谓语中心词"回响",只能与"水声"搭配,而不能与"景色"搭配。可分开来说,或去掉"和美丽清幽的景色"。例*②主语中心词"感觉"只能与谓语中心词"敏锐"、"强烈"配合,而不能与"把握"配合。可删去"把握"和它后面的词语,或在"把握"前加"导游才能"。

2. 宾语与谓语及主语的搭配

宾语是谓语动词关涉的对象,两者必须互相搭配得当,否则,就会出现语病。例如:

*①他经过多次实践,努力探求消除游客疲劳的措施。

*②尽管旅行社的经营有了起色,但总经理并未放松加强适应市场经济需要的手段。

例*①谓语中心词"探求"与宾语中心词"措施"搭配不当,应把"措施"改为"方法"。例*②"加强"与"手段"不能搭配,应把"手段"改为"管理"。

如果谓语与宾语为联合词组时,也应全面照顾,不能顾此失彼。例如:

*①要发展旅游事业,必须采取一切办法,努力培养和提高导游水平。

*②我们要尽量节约不必要的开支和铺张浪费。

例*①中谓语是联合词组,"提高水平"可以说,"培养水平"不能说。应改为:"培养导游提高导游水平。"例*②宾语是一个联合词组,"节约开支"可以说,"节约铺张浪费"不能说。可改为"杜绝铺张浪费"。

谓语为"是"或"有"一类动词时,宾语应与主语相适应,否则就会有语病。例如:

*①在中国最后一天的旅游,是我们最愉快、最有意义、最难忘的一天。

*②她那优美的富有民族特色的演唱,宛如著名歌唱家郭兰英。

*③经过多种培训,我们饭店工作人员的文化水平和服务态度都有了不同程度的提高。

例*①主语中心词"旅游"与宾语中心词"一天"不能搭配,可改成"在中国旅游的最后一天"。例*②主语中心词"演唱"与宾语中心词"郭兰英"不能搭配,可在句末加"的表演"。例*③主语是一个联合词组,其中"水平"可以"提高","态度"不能"提高"。可分开来说,改为:"文化水平有了不同程度的提高,服务态度有了很大的改善。"

在组织句子方面还有一些其他的应注意的问题,在这里不一一叙说了。

二、恰当地选择句式

我们在运用语言时挑选好恰当的句式,会提高表达效果;句式运用不当,会使表达效果减弱。挑选句式的问题,实际上是组句成段的问题,要注意的是句子与句子之间的配合。下面从几个方面指出一些句式选择中的问题。

1. 句式搭配不当

在语言运用中,有时为了使语意更加贯通,语气更加顺畅,往往采用一组结构较为整齐一致或语气一致的句式来表达,如果不顾语境的要求,随意使用不一致的句式,就会造成句式的搭配不当。例如:

*①桂林的山,多从平地拔起,巍然矗立,形态万千。有的像南天一柱,有的像北斗七星,有的像翠屏并列,像彩锦堆叠的也有,有的像骆驼大象,有的像净瓶玉簪。

*②我,伴着风走,走在咖啡屋前的小巷上,走到夜市拥挤的灯光下,又在有海腥味的小食摊前停留,走在微雨中,也走在撑着伞的人群中并听见这风声与笑声融合在一起。

例 *①"像彩锦堆叠的也有"这一句式的运用,与上下文"有的像……"句式很不协调,可改成和谐一致的句式:"有的像彩锦堆叠。"

例 *②在由"走在……"句式构成的上下文中,夹进一结构不一致的句式,可改为"走在有海腥味的小食摊间";另外,最后的"并听见"句也不宜与"走在"句糅合在一起,最好断开,另成一句。

2. 句序不当

在表达中,句子之间的先后顺序应该按照一般的逻辑事理顺序进行排列,如果缺乏这种意识,表达时,东一榔头,西一棒子,必然会造成句序混乱,从而影响表意的完整贯通。例如:

*①现在,矶头临江处装有铁栏,凭栏眺望:扬子江涛,奔腾万里;下游,江天一色如碧海茫茫;上游长江大桥似彩虹飞架;对岸沙洲翠绿若丹青宛然。

*②他四十来岁。阴险狡猾,诡计多端,总是干些唯利是图的勾当。下巴尖尖的,有些上翘,头发过早地凋零了,剩下薄薄的几撮,贴在又窄又小的额头上,眼睛圆圆的,闪着阴阴的冷光。

例 *①最好按"扬子江"、"对岸"、"上游"、"下游"等一般应具有的观察顺序调整句序。例 *②是描写一个人,对人的描写虽然没有定规,但就这句看,最好调整成:"他四十来岁,总是喜欢干些唯利是图的事。眼睛……下巴……头发……显得阴险狡猾,诡计多端。"看来,句序问题,是认识问题,也是思路问题。表达时,只有根据特定语境中的事理逻辑顺序来调整思路,才能避免句序混乱的毛病。

3. 句意不顺

语言运用中,如果要把一个中心意思完整、清楚地表达出来,几个句子必须顺着一个共同的思路展开,如果突然偏离中心意思,或搞混句子的意义,或随意改变叙述角度,都会使表意受阻,影响语意的贯通。例如:

＊①在这里,我们向观众稍微介绍一下这些年轻人在亚运新闻大战中所表现出来的能量。他们的第一手是利用电话进行现场播报。第二手是采用字幕传递信息。他们的第三手是利用插播的方式,扩大和加深亚运报道对观众的影响。第四手是利用口播方式报道最新的比赛消息。

＊②传说,挂壁的这条大鲤鱼,本是天宫瑶池里的鱼精。因嫌瑶池太小,生活单调,跑出来游览人间的山水。当它游到漓江的时候,美丽的风景迷住了它,不愿再返回天堂。

＊③中国各旅游景点的文化资源,许多来自古代,不可否认它一点也没有带有封建社会的文化色彩。

例＊①是说"能量",下面的表达就应该顺着这个思路展开,可是所说的四个方面却转到了"方式",偏离了"能量"的话题。例＊②说"大鲤鱼",后来转到"美丽的风景",以后又转回"鲤鱼",叙述角度来回改变,使句意不顺。如果将"美丽的风景"句改为被动句,"被美丽的风景迷住了",叙说角度就一致了,句意也顺了。例＊③使用了三重否定句,表达出来的是否定的意思,即肯定"一点也没有带封建社会的文化色彩",与原句意相反,搞混了句子的意义。

第4章 汉语表达

人类社会离不开交际。交际是人与人之间相互联系的一种行为,是人们运用一定的方式和手段传递信息、交流思想感情、以求达到某种目的的一种社会活动。人类的交际从结构上看,它是由交际主体、交际手段和交际对象构成的。交际手段是联系交际主体与交际对象的中介体。而交际手段中最重要的是口头语言和书面语言两种表达方式。本章就围绕口头语言表达和书面语言表达的一些问题进行介绍。

口头语言表达,通俗地讲就是说话。说话是人类社会最直接、最便利、最频繁的交际工具。要把话说得好,说得巧,话出人服,言到事成,并不是一件容易的事。只有掌握说话这门艺术的特点和规律,掌握一定的表达技巧,才能使口头表达具有强烈的感染力和说服力。而对我们旅游工作者来说,这一点显得更加重要。本章第一节就主要介绍口头语言交际的一般特点,以及旅游工作者日常交际中常用的几种社交语言艺术。

书面语言表达,有着口头语言表达不能代替的特殊功能。它可以突破时间和空间的限制,延长交际的时间,拓展交际的空间距离,从而扩大人们的交际范围,因此,也是旅游工作者必须掌握并应运用自如的一种表达手段。本章第二节主要介绍旅游工作者常用的几种文体。

旅游工作者无时不在与人打交道,充分发挥语言的表达功能,促进旅游工作的发展,提高旅游服务质量,是我们旅游工作者义不容辞的责任和义务。因此,每个旅游工作者都应该努力学习并能熟练驾驭一定的语言表达技巧。

第一节　口头语言表达

一、口语表达的一般特点

(一)有声性

口语表达,一般是面对面或同时同步进行的。因此,口语表达的最大特点是以有声语言来传情达义,口头语言的丰富性和生动性也都体现在这方面。

有声语言,字有字音,句有句调,表达中能给有声语言创造出"声音的表情"是一种艺术技巧。我们应该从下面几个方面努力。

1. 声音要上口顺耳,悦耳动听

①调整平仄:汉语的声调可分为平声(阴平、阳平)与仄声,平声字悠长,传音较远;仄声字短促,传音不远,在口语中应该使平仄交错对立,抑扬相间,声音就会跌宕起伏,铿锵悦耳。

②谐和节奏:节奏是由语音速度、停顿、轻重、长短词等多种因素构成的。速度要根据交际的具体要求来控制。在一般场合或情绪正常的情况下,一般用中速表达;在庄重场合或情绪比较冷静时,一般用慢速;而在情绪大起大落的情况下,语速就快一些。口语的停顿,比较灵活,为了调节呼吸,表示强调,可以与各种语音因素结合起来施行适当妥帖的停顿。词语读音的轻重长短,可根据表义的需要来调节。

③音色、音量的控制:口语表达,音色要和谐,不要太尖利,也不要多用鼻音。太尖,使人神经紧张,使谈话气氛难以和谐;多用鼻音,则会给人以无精打采的感受,使人厌烦。另外,音量的大小,要根据内容、场合而定。大声疾呼、轻声细语都有特定的表达效果,如果使二者协调配合,就会收到理想的表达效果。

2. 语气的丰富多变,可以通过调遣语调、停顿、语气词等因素来实现

表达时,语调要根据说话的情态千变万化,同样的意思,语调要根据表达情态进行高低、升降的调节,从而传达出或夸赞、或埋怨、或惊奇、或惋惜、或欢快、或哀伤、或叹服、或谴责的各种语气。表达语气的词有多种,像"啦、哪、了、呢、吧"等类;还有"却、可"等类;也有"嗨、喂、喝、咳、唉"等类,这些词都可以生动准确地传情达意。此外,还可以用轻读、重说来表达各种语气。

(二)通俗自然性

口语表达具有通俗易懂、朴实自然的特点,这是由口头交际方式决定的。这种风格特征的语言,朴实无华,简单明了,生动流畅,亲切自如,容易表达真情实感,缩短交际双方的心理距离,从而吸引对方的注意力,加深对方的理解,使表达收到最佳效果。

要使表达具有通俗自然的特点,除了调遣上述语音各方面的因素外,词语方面也要少用文言词、行话、术语、方言词等各种生冷艰僻的词语,而要多用平易朴素的基本词、常用词、口语词,以及一些为人们所喜闻乐见的谚语、格言,总之要多用大众化词语,既易于上口,又易于理解;句式方面要多用短小松散、灵活自如、变化多端的口语句式。比如重复式:"你们搅得我们打乱仗,老的老的闹离婚,小的小的结不成婚。""你磨叨、磨叨!我不比你烦?"再如缀附式:"你把刚才打的酱油什么的,给四婶匀点去。"又如拆用式:"不用着他的急,他误不了。""赶紧说个媳妇,叫你妈好享几天福吧!"

大众化的词语、句式,看似平淡,但要灵活自如地驾驭也并非易事。苏轼曾说:"凡文字,少小时须令气象峥嵘,彩色绚烂,渐老成熟,乃造平淡;其实不是平淡,乃绚烂之极也。"毛泽东的诸多演讲就是这方面的典范。再如,爱因斯坦创立相对论后,引起了民众的广泛兴趣,可是大家又看不懂他的学术论文。于是有一次,群众围住了爱因斯坦,要他用"最简单的话"解释他的相对论。爱因斯坦说:"比如说,你同你最亲密的人坐在火炉边,一个钟头过去了,你觉得好像只过了五分钟。反过来,你一个人孤孤单单地坐在热气逼人的火炉边,只过了五分钟,但你却像坐了一个小时。这就是相对论。"爱因斯坦从生活中取例,深入浅出,将相对论的基本原理讲得这么通俗易懂,真是运用通俗语言的高手。

导游语言更要通俗浅白,因为口语声过即逝,讲解时,有时游客没有更多的文字材料可以参考,讲解语言只有浅显易懂,才能便于游客理解并接受。

(三)灵活多变性

以声音为媒介的口语,一般情况下须有交际双方同时参加,大多数情况下交际是同时同步的,表达者可以直接控制交际环境,亲自监听自己的话语,观察交际对方的种种反应及各种突变,在表达中随机应变,灵活调整,从而达到或调节交际气氛,或强化表达的感染力的目的。

表达中,有时会有失言或口误的情况,根据具体情形可以及时巧妙地加以纠正,也可以沉稳地装出若无其事的样子继续下去。有时发现表达效果不理想时,还可以灵活应变,另辟蹊径。例如:

1988年10月,一位我国台湾客人,来到金陵饭店公关部售票台前。"早上好!"公关小姐很有礼貌地站起来招呼。"我要三张后天去上海的91次软座票。"客人不耐烦地说。见客人情绪不好,公关小姐立即将订票单取出,帮客人登记,当写到车次时,公关小姐习惯性地发问:"先生,万一这趟车订不到,311、305可以吗?它们的始发时间是……"没等公关小姐说完,客人连说:"不行!不行!我就要91次。"公关小姐又强调:"万一……"这番好心反而把客人惹火了,"什么万一万一,你们是为客人服务的,就不能这么说。"这时公关小姐立即意识到自己说话方法不妥,根据对方反馈的信息,立即调整话语,转换语气说:"我们一定尽最大努力设法给您买到。"这时客人脸上才露出了笑容。第二天客人来取票,根据头天打交道的情况,公关小姐改变了公事公办的态度,笑眯眯地说:"先生,您的运气真好,车站售票处明天91次车票好紧张,只剩下三张票,全给我拿来了。看来先生你要发财了。"客人闻听此言,立即转身跑去买了一大包糖请公关小姐吃,临走时高兴地说:"下次来南京,一定还住金陵。"

(引自方世南等主编《公共关系学》第225页)

表达中,经常会遇到一些猝不及防的发问、谈论,或一些突发事件,表达者要善于因势利导,随机应变,借题发挥。比如,刚就任美国总统的里根第一次访问加拿大并发表演说时,许多反美示威的人不时用口号打断他的演说。陪同的加拿大总统皮埃尔·特鲁多深感不安,里根面带笑容地说:"这种事情在美国经常发生。我想这些人一定是特意从美国来到贵国的,他们想使我有一种宾至如归的感觉。"顿时使一筹莫展的加拿大总统放下心来。

这种根据交际场合、对象、话题等具体情形,察言观色,随机应变的能力,与人们的知识、阅历、涵养、语言能力等各种因素密切相关,只要多用心,多实践,是会驾驭自如的。

(四)辅助手段多样性

口头表达中,表达者除了可以积极利用语言的各种因素外,还可以积极调动各种非语言性的辅助手段。非语言辅助手段,有类语言、体态语等形式。

1. 类语言

也叫副语言,是指有声音但无固定意义的各种手段,比如发音、音质、音调的高低、强弱、音量的大小,语速的快慢、停顿、沉默、叹息、咳嗽,等等,这些类语言现象是人际沟通的重要工具,有时成为感情密码,能传达出暗示、制止、号召、鼓励、赞扬、怀疑、讽刺、惊讶、申诉、坚决、自信、祝愿、庄重、悲痛、冷淡、喜悦、热情、自豪、警告等各种情感。比如停顿,在哪儿停、什么时候停、怎么停是很有讲究的,如果不注意,就会影响表达效果。如有一位女顾客到商店买鱼,说:"姑娘多少钱一斤?"售货员一听不高兴了,模仿女顾客的口气回了一句:"大嫂一斤九毛八!"女顾客讲话,过于急促,该停的地方不停,导致交际的失败。再如声调,被称为声音的表情,口语表达,特别是导游词中,如果能够根据表达的具体需要对声调进行创造性地巧妙处理,必然会使表达声情并茂。前苏联教育家马卡连柯说过:"只有在学会用15种至20种声调说'到这里来'的时候,只有学会在脸色、姿态和声音的运用上能作出20种风格韵调的时候,我才变成一个真正有技巧的人。"周恩来总理就十分讲究使用语调。1956年的一天,周恩来总理在重庆参加市委举办的舞会。舞会上有一些市话剧团的演员,当他得知市话剧团演过《北京人》时,就对曾扮演愫芳的演员说:"愫芳台词中有八个'嗯',每个'嗯'的念法都不应该一样,你能念吗?"那位演员一时答不上来,总理和蔼地说:"好,我念给你听。"接着他用不同的语调念出了八个"嗯"的台词。可见,周恩来总理对言语腔调传情达意的技巧有着高超的应用能力。再如意大利影星罗西,有一次出席有外宾参加的宴会,当客人请他即席表演一段悲剧时,只见他用意大利语念了一段话,客人虽听不懂,但听到他悲伤的声调,看到他痛苦的表情,都禁不住流下眼泪。席间一位意大利人却借故跑出餐厅,偷偷地笑起来。原来,罗西朗诵的是宴会的菜谱。可见,语音腔调传情达意的作用是多么重要。导游语言更要讲究语调变化,一篇讲解词,语调安排上要有高潮、低潮的升降起伏。高潮时,声音要明亮圆润;低潮时,声音应深沉平稳。抑扬高低的语调能增加表达的节奏感,使讲解声情并茂。

2. 体态语

是指口语表达中借助表情、体态动作等手段准确、迅速地表情达意的一系列方式,主要有表情语、体势语、装饰语等。

(1)表情语,是指人的面部表情,由脸色变化、肌肉的收展以及眼、眉、鼻、嘴的动作所传递出的信息。其中最重要的是目光。眼睛是心灵的窗户,各种各样的表情中,最能微妙、细腻、深邃地表达感情的莫过于各种眼神目光了。人们通过这扇窗户,既可以表达自己的情感,又可以捕捉、追踪、洞察对方的内心世界。眼神纯正有神,是正直坦荡的反映;眼神柔和亲切,显得平易可亲;眼神坚毅果敢,显得自强自信,具有威慑力;眼神正直敏锐,会给人可信赖之感。反之,眼神浮动游移,就显得心神不宁或轻薄浅陋;眼神呆滞无光,就显得愚笨无能;眼神狡黠多变,则显得虚伪奸诈;等等。高尔基曾生动地描述列宁演讲时的目光:"在他那蒙古型的脸上,一双锐利的眼睛在熠熠发光,表现出一个不屈不挠的战士对谎言的反对和对生活的忠实;他那双眯缝着的眼睛在燃烧着,使着眼色,讽刺地微笑着,闪耀着愤怒。这双眼睛的光泽使得他的演说更加强烈,更加清新,有时仿佛是他精神上有一种不可战胜的力量,从他的眼睛里喷射出来。"可见,列宁是很善于运用"目光语"的。运用目光时要注意得体适度,不要老盯着对方,也不能完全不看对方。比如,1985年第9期《旅游时代》曾刊载了这样一个故事:"欧美国家的人们,对于干杯是很讲究的。在一次宴会上,我同外国客人们一一干杯后,便回到了自己的座位上。这时,一位中年夫人走到我的身旁,轻声对我说:'先生,你还得重新同我干杯。'看到我脸上露出不解的神色,她连忙向我解释说:'刚才同我干杯时,您的眼睛望着别处。按照我们的习惯,同别人干杯时,应该注视着对方的眼睛,以表示自己是出于真挚的友谊,否则,就是失礼。'听到这里,我连忙俏皮地说道:'对不起!我刚才没好意思看您,因为您的眼睛实在太美丽了!'"这段陈述中的"我"虽然随机应变,巧妙地化解了尴尬的处境,但也说明运用眼神要得体,说明运用眼神不但要遵守一般的交际规则,而且要照顾到不同民族、不同社会的特殊习惯。

导游人员在导游中经常与游客进行视觉交流,导游人员要通过目光与游客联结,目光的移动和分配应该能统摄游客,不断与游客进行目光的沟通,从而使讲解收到理想的效果。

除了眼神,笑的表情也是很重要的。笑有很多种,其中,微笑是最有吸引力的,既微妙而又永恒,不管它的内涵多么丰富,诸如友好、甜蜜、愉悦、欢快、乐意、欣赏、拒绝、否定、尴尬、无可奈何等,但它给予人们的信息却往往都是愉快的,让人理解的。在交际中,微笑几乎成了调和剂,成了制胜的法宝。国外一位著名的政治家说过:"一个人的微笑价值百万元。"可见,交际中的微笑是多么具有魅力,它永远会给交际带来融洽平和的气氛。导游人员的微笑更加重要。它有助于导游人员树立良好的职业形象。笑容可掬的导游人员总是会给人以亲切、友好、热情礼貌的印象。

(2)体势语,包括手势、身体各躯干动作以及各种身姿。手势主要是指手的位置及手部的各种动作。口语表达中,常用特定的手位表达特定的感情,成语中就有很多这样的词,如额手称庆、扼腕叹息、袖手旁观等,此外还有挠头、支颐、搓脸、双手交叉、双手背后、双手置膝上等各种动作。手部动作,如握手、鼓掌、挥手及手指的各种动作。比如,汉民族,伸出大拇指,表示赞赏;伸出小拇指表示轻视等。身体各躯干的动作包括头部、颈部、肩部、胸部、背部、腹部、腰部、下肢等各种部位的动作,在交际中,这些部位的特定动作伴随着有声的语言表达可以传达出各种微妙的意义。身姿语,是指整体的身姿形象,如站相、坐姿、走式、做态等,这些身姿,往往反映着一个人的仪态、风度、气质等。中国传统仪态规范的说法很多,例如"坐有坐相,站有站相"、"静若处子,动若脱兔"、"站如松,坐如钟,走如风"等,可见身姿也是各种情感的外化形式,在交际中传递着各种特殊的信息。这里举一个体态的例子,19世纪意大利有一个著名的作曲家罗西尼,一次一个作曲家带了份七拼八凑的乐曲手稿去向罗西尼请教。在听那个作曲家演奏时,罗西尼不停地脱帽。作曲家奇怪地问:"是不是屋子里太热了呢?"罗西尼回答说:"不,我有个见到熟人就脱帽的习惯。在阁下的曲子里,我碰到了那么多的熟人,不得不连连脱帽。"这里,罗西尼以脱帽的动作辅助自己的表达,使批评风趣而委婉,并成为佳话流传至今。

(3)装饰语,包括服装、美容、饰物及各种实物等。就是说,口头交际中,人的衣服、美容化妆、装饰物等都能"说话",而且它们传递信息的速度往往比言语还要快,它们给人的第一印象是十分重要的。美国著名的传播学家韦伯说:"衣服也能说话,不管我们穿的是工作服、便服、礼服、军服,可以说都是穿着某种制服,可以无形中透露我们的性格和意向。"可见服装能显示出人的职业、爱好、社会地位、信仰观念、文化修养、生活习惯等各种信息。请看法国作家都德《最后一课》中韩麦尔先生的形象:"……我们的老师今天穿上了他那件漂亮的绿色礼服,打着皱边的领结,戴着那顶绣边的小黑丝帽。这套衣帽,他只在督学来视察或发奖的日子才穿戴……可怜的人! 他穿上那套漂亮的礼服,原来是为了纪念这最后的一课!"韩麦尔先生穿上礼服,庄严、郑重地上法国沦陷后的最后一堂法语课,表现了他的悲愤情绪和爱国精神。此外,与交际有关的各种实物也很重要,其中最常见的是鲜花。鲜花寓意十分丰富多彩,什么人、什么场合用什么花也很有讲究。在我国婚庆时多用万年青、吉祥草、百合花、水仙花等;祝寿时多用常春花、虎刺、万年青等;热恋时多用玫瑰、蔷薇、红豆等;离别时多送杨柳、芍药等。可见,与交际有关的各种实物也是一种交际"语言",对人际的沟通有着十分重要的作用。

装饰语能传达出这么多的信息,因此导游人员更要讲究服饰的得体。导游人员在着装上必须符合国际上公认的"T(时间)P(地点)O(目的)"原则,并佩戴导游标志。导游人员的饰品,应该美观、大方、得体。体态语具有民族性与时代性,导游人员使用体态语时要特别注意。

二、日常社交语言艺术

(一)招呼语言艺术

打招呼是人际交往中最基本的礼节之一,它是一个人讲礼貌的表示,有修养的表现。一般讲,招呼用语比较简洁,有时一走一过,话到即可,有时甚至连语言也不用,一个眼神,一个手势,一个头部动作也可以代替招呼用语。打招呼,看似简单,其实很有讲究。旅游工作者,特别是导游,更要讲究对游客的招呼语,以积极促进旅游中各项工作的进展。打招呼特别要讲究称呼和寒暄用语。

1. 称呼得体

要使招呼中的称呼得体,主要是要根据不同的对象和场合选择恰当的称呼,使称呼因时而变,因地而异,因人而殊。被称呼对象包括对方的年龄、身份、地位、与称呼者关系的亲疏远近等因素,所以称呼要丰富些、准确些、标准些。尽量避免不分阶层、行业,不分老少、性别,不分亲疏、内外,不管场合、地点,模糊、笼统地使用称呼语。在北京,有一段时间流行无论对什么人都称为"师傅",引起很多人的反感。此外,如果打招呼时不用称呼,那更是交际中的大忌,有一个故事充分地说明了这一点:一个小伙子向一个老农问路:"喂,到李家庄怎么走哇?"老农想了想说:"走大路一万丈,走小路七八千。"小伙子奇怪了:"你们这儿怎么论'丈'不论'里'呢?"老农笑着说:"原来你也会讲'里'(礼)呀。"小伙子恍然大悟,连忙道歉。这里老人用委婉的方式批评了小伙子不使用称呼语的不礼貌行为。旅游团中有各国各民族各种各样的人,导游人员与接待人员一定要仔细琢磨,使用得体的称呼。

2. 寒暄热情有礼

打招呼,除了称呼,还要注意相应的寒暄用语。寒暄话,也要看对象、时间、地点,特别是在一些特殊场合,寒暄话一定要自然、合情合理。寒暄的方法有很多,常见的有问候式,如:"您好,累了吧?"显得亲切而自然。询问式,多用来询问职业、姓名等,切忌询问对方私人生活方面的事。夸赞式,如:"您这套衣服太漂亮了。""您的气色真好。"总之,寒暄是为了突破陌生界限,缩小双方的心理距离,为进一步交际打下良好的基础。

寒暄话,还要注意不同民族、不同国家的不同文化习惯。比如,西方人的寒暄话多以天气、季节、自然环境等一些无关紧要的事情作为话题。寒暄中,如果能充分注意到这一点,往往会使交际取得极大的成功。请看一例,1986 年 10 月 15 日,《北京日报》报道了邓小平会见英国女王伊丽莎白二世和她的丈夫爱丁堡公爵菲利普斯亲王的消息,文中写道:在亲切友好的会见中,邓小平谈笑风生。他说:"这几天北京的天气很好,这也是对贵宾的欢迎。当然,北京天气比较干燥,要是能'借'一点伦敦的雾,就更好了……"爱丁堡公爵说:"伦敦的雾是工业革命的产物,现在没有了。"邓小平风趣地说:"那么,'借'你们的雾就更困难了。"公爵说:"可以'借'点雨给你们,雨比雾好。你们可以'借'点阳光给我们。"这段谈话,双方都在谈"天气"、"雾"、"雨"、"阳光",是标准的寒暄。但是在这寒暄之中,双方已开始融洽气氛,联络感情,并且委婉而巧妙地传达了双方互助互利、友好合作的诚意,为进一步会谈打下了良好的基础。

总之,打招呼,直接反映着一个人的道德修养,要做到俗而不陋,雅而不腐,适时得体,却也不是一件容易的事。

(二)自我介绍的语言艺术

介绍是人际交往中相互结识的一种最初方式。自我介绍是自己介绍自己,以使对方对自己能有初步的了解,为继续交际做准备。导游往往需要主动向游客介绍自己。自我介绍要注意以下几点。

1. 镇定自信而谦虚有礼

自我介绍要镇定自信,重要的是克服羞怯心理,勇于向对方展示自己。而微笑,往往是最有效的通行证,自我介绍时,始终保持微笑,随时点头致意。自我介绍时还要谦虚有礼,既要使对方通过你的介绍对你有所了解,又不能给人以炫耀夸饰的感觉。

2. 繁简得当

初次交往的双方,都有要了解对方的愿望,如果一见面能及时、准确地进行自我介绍,就会为进一步的交往做好铺垫。所以自我介绍要根据交际的具体要求或简洁或繁复,使对方能充分了解你的有关情况,并能从中找到继续交际的话题。

3. 适当的诙谐幽默

自我介绍时,不能一味平铺直叙,还要讲究一些技巧。诙谐幽默的技巧就常被用于自我介绍,它有活跃气氛、引起注意、突出要点等一系列功能。其中较常用的方式,是巧妙地在自己的名字上或在自己的一些特征上做文章,从而给人以特殊的印象。比如,一位叫康而丽的小姐,介绍自己的名字时说:"我叫康而丽,健康而美丽的意思。"虽很简短,却能给人留下深刻的印象。如果说成:"我叫康而丽,健康的康,而且的而,美丽的丽。"就显得平淡一般,没有什么特殊之处了。

4. 名片的运用

在现代交往中,名片的作用是十分重要的。特别是在自我介绍中,名片更是不可缺少的媒介。首先,它使用方便,又能使自我介绍简明扼要,重点突出,因为递上名片就会省去一些不必要的解说,更详细的内容都清清楚楚地写在名片上了。另外,用名片辅助自我介绍,还能在一定程度上避免夸耀自己的嫌疑。特别是对一些职务、学衔较高的而又比较谦虚的人来说,名片所带来的方便更是无可比拟的。

名片的运用一定要得体、适时。自我介绍时,随身若带有名片,可不失时机递上名片;另外,当别人主动向自己递来名片时,一般情况下要还递名片,若身边没有名片,应表示歉意,以后再寻找合适的时机补递名片。在名片的运用中,特别要避免不分场合、不管是否有必要而滥发名片的行为。此外,接名片时,一般应双手接,并致谢,还要当面把对方的名片读或看一遍,之后适当寒暄一下。切忌接过名片不看就收起来,或随便放在一旁。旅游工作者有很多涉外交际,对不同国家的人递接名片的习惯与动作也要有所了解。比如,西方人、亚洲一些国家(日本、印度、阿拉伯等)的人多用一只手递名片,一只手接名片。对这些情况,在交际时,要尊重人家的习惯,以争取主动权。

(三)交谈语言艺术

1. 提问法

在人际交往中,问是一种十分常见的表达形式,有时它往往成为打开交谈之门的钥匙。可见,提问是一种语言艺术,要想善于交谈,必须首先善于提问。提问的基本目的主要有两个:一是通过发问解除疑惑,投石问路,获取必要信息;二是通过发问引导、规范对方的言路,巧妙地不着痕迹地规定交谈的方向。

发问的方式主要有有疑提问式、无疑暗示式、无疑反驳式三种。

(1)有疑提问式,主要以解疑求知为目的。这类疑问一定要简明扼要,问题一目了然,疑点鲜明突出,这样便于对方抓住要点,有针对性地回答。如果发问笼统模糊,必然会达不到目的。例如,《光明日报》一位记者采访比利时抽象画大师德拉奥时,是这样提出问题的:

问:"恕我冒昧,在画布上简单地画几根线条、几个图形,何须劳画家大驾?不是谁都可以胜任吗?"

答:"不错,画花草、动物,以至人,谁都可以胜任。孩子们不也都在画吗?但个人的艺术素养不同、水平不同,画出的画就有了高低粗细之分。在某种程度上,抽象画比形象画更难,因为没有任何实物可作依据,完全要靠虚构。"

问:"感谢您回答了我的问题。但怎样才能看懂抽象画呢?"

答:"为什么要懂呢?重要的不是懂不懂一幅画,而是喜欢不喜欢一幅画。"

可以看到,这位记者直率、简洁地摆出了疑点,也得到了有的放矢的应答。

这类有疑提问式,多用于求教、调研、采访、谈判等场合。

(2)无疑暗示式发问,主要目的是把握交谈的主动权,使交谈向着事先预设好的有利于自己的方向发展。这类发问往往反映着一个人的应变能力与驾驭语言的能力,需要更高的技巧。比如,战国著名思想家孟子就是用这种发问方式来批评齐宣王不会治国的:

孟子问:"假如您有一个臣子,他把妻室儿女托付给朋友照顾,自己到楚国去了。等他回来时,他的妻子儿子却在挨饿受冻。对这样的朋友,该怎么办呢?"

王答:"和他绝交!"

孟子接着问:"假若管刑罚的长官不能管理他的部下,那该怎么办?"

王答:"撤掉他!"

孟子又问:"假若一个国家里政治搞得不好,那又该怎么办?"

这一下问到要害之处了,齐宣王只好王顾左右而言他了。

在这段交谈中,第三个问题是孟子要问的问题,但若直接发问,势必失败。于是孟子"声东击西","避重就轻",诱使齐宣王步步入瓮,虽然齐宣王未做回答,但孟子毕竟达到了提醒齐宣王思考的目的了。

此外,还可以用更复杂的预设圈套的方式来发问,最终使对方就范。比如,美国第一任总统华盛顿年轻时就用这种方法智胜过一个偷马人。有一次,一个人偷了华盛顿家的一匹马,华盛顿同一位警官去讨还,但那人拒绝归还,声称那是他的马。华盛顿立即用双手蒙住了马的两眼,对那人说:"如果这马是你的,那么请你告诉我们,马的哪只眼睛是瞎的?""右眼。"邻人回答说,华盛顿放开一只手,马的右眼并不瞎。"我说错了,马的左眼才是瞎的。"邻人改口说。华盛顿放开另一只手,马的左眼也不瞎。偷马人中了华盛顿的圈套,只好乖乖地把马还给了华盛顿。

这类无疑暗示式发问,或诱导、或提醒,总能顺利地达到交谈目的。

(3)无疑反驳式发问,用反问句表示肯定或否定的感情,往往比正面发问更有力量,或更具幽默感,或更有讽刺意味。比如,萧伯纳的剧本《武器与人》首次公演,获得了很大成功。剧终时,萧伯纳走上舞台与观众见面。突然台下有人喊:"萧伯纳,你的剧本糟透了,谁要看,收回去,停演吧!"萧不但没有生气,反而满面笑容地向那人深深鞠了一躬,彬彬有礼地说:"我的朋友,你说得好,我完全同意你的意见。但遗憾的是,我们两个人反对这么多观众有什么用呢?难道我们能禁止这个剧本演出吗?"

批驳性反问,能够表达强烈的情感,灵活巧妙的发问,既可以维护自己,又可以反击对方。

提问的要求有很多,主要是要胸有全局,根据交谈的基本目的,针对不同场合、对象,灵活巧妙地采用不同的提问方式。提出的问题要尽可能抓住谈话要点或迂回抓住对方的兴奋点,以使对方有话可谈,使交谈顺利进行。如果遇到冷场,千万不要生硬地追问,要及时地转变话题,巧妙地化解紧张气氛。

2. 应对法

在交谈中,人们往往会遇到各种各样的情况,碰到形形色色的问题,应对时,就要讲究技巧,自如操纵。交谈中的应对要义主要是遵循灵活的原则。灵活,就是要根据具体场合、对象以及个人的各种实际情况灵活采取应对方式,比如或直言相告,或诱言否定,或借言发挥,或反言驳斥,或妙言回避,等等。

(1)直言相告,就是坦诚相见,直接应对。比如,一批西方游客在参观河北承德时,有游客问:"承德以前是蒙古人住的地方,因为它在长城以外,对吗?"导游员:"是的。现在还有一些村落是蒙古名字。"又问:"那么是不是可以说,现在汉人侵略了蒙古人的地盘呢?"导游员答:"不应该这么讲,应该叫民族融合。中国的北方有汉人,同样南方也有蒙古人。就像法国的阿拉伯人一样,是由于历史的原因形成的,并不是侵占。现在的中国不是哪一个民族的中国,而是一个统一的多民族的中国。"游客们听了,都连连点头。这里,导游人员对游客的问题直言相告,是非分明,澄清了对方的误解和模糊认识。

(2)诱言否定,就是对一些难题或错误的问题,先不回答,而是绕一个弯子,诱使对方自我否定原来的问题。比如,有一次,一位法国游客对导游员说:"我认为西藏应该是一个独立的国家,你怎么看?"这位导游员说:"您知道西藏政教领袖班禅、达赖的名字是怎么来的吗?"游客表示不知道。导游员说:"是清朝皇帝册封的。由此可见,西藏早就是中国的一部分了。比如说,布列塔尼是法国的一部分,却有许多自己的风俗,你认为它应该是一个独立的国家吗?"客人边摇头边笑,陷入了自我否定之中。

(3)借言发挥,常常是因为对方的问题不怀好意,或情况复杂。这种借言发挥往往需要更高的技巧。春秋末期,齐国晏子出使楚国,因晏子身材矮小,楚王想乘机侮辱晏子,以显楚国威风。他先让人在城边开一个小门,让晏子从此门过,晏子说:这是狗门,只有出使狗国,才从狗门入。这样,晏子胜了第一回合,堂而皇之地走了大门。晏子见了楚王。楚王发难:齐王派你来,难道齐国没有人了吗?晏子对道:敝国有个规矩,访问上等国家,就派上等人去;访问下等国家就派下等人去。我最不中用,就派到这儿来了。晏子胜了第二回合。一天楚王安排酒席招待晏子。有两个武士押着犯人从堂下走过,王问什么人,犯了什么罪?武士说:齐国人,犯了盗窃罪。楚王对晏子说:齐国人怎么这样没出息?楚国的大臣们也都得意洋洋,以为晏子丢尽了脸。晏子对道:大王怎么不知道哇?淮南的柑橘又大又甜,可是这种橘树一到淮北,就只能结又小又苦的枳,这是因为水土不同。同样道理,齐国人在齐国能安居乐业,好好地劳动,一到楚国,就做起盗贼来了,这也许是两国的水土不同吧。晏子胜了第三回合。从此,楚王就不敢不尊重晏子了。晏子一系列借言发挥灵活巧妙地应对,既维护了自己的自尊,又为齐国赢得了尊严,真是一个外交高手。

（4）反言驳斥,就是在交谈中,对对方的错误的或不合适的说法、看法给予反驳,从而表明自己的态度和看法。比如,在宗教神学占据统治地位的欧洲中世纪,有一天,当神学家正在津津乐道地宣扬上帝万能的时候,一位智者质问道:"既然上帝是万能的,那么请问,上帝能否创造一块连他自己也举不起来的石头。""上帝是万能的,当然能够创造这样的石头。"神学家不假思索地说。智者反问:"既然上帝创造出这块石头,自己又举不起来,怎么能是万能的呢?"神学家马上改口说:"上帝不能创造出这块石头。"智者驳道:"上帝连块石头都创造不出来,你怎么能说它是万能的呢?"神学家被问得张口结舌,无言以对。智者通过两次反驳,证明了上帝并不是万能的。

（5）妙言回避,是指在交谈中,遇到不便回答或不能直接回答的问题,又不能使交谈陷入僵局,往往采用回避正面答对而予以迂回应对的方式:回避既要巧妙又要及时;既要避开难题,又不影响交谈气氛。比如,记者问球王贝利:你踢得最好的一个球是哪一个?贝利答:下一个。再如,一位美国游客问导游:"你认为是毛泽东好,还是邓小平好?"导游人员机智地以曲语回避道:"您是否能先告诉我,是华盛顿好,还是林肯好?"这种回避十分巧妙,为自己赢得了主动权。

3. 拒绝法

交谈时,会遇到各种各样的要求,不可能都使之满足,因此拒绝是难免的。遭到拒绝总是一件不愉快的事,所以,要善于说"不",要善于用技巧语言表达拒绝之意,以尽量不使对方失望,将对方的不快减少到最小限度。拒绝的方法有很多种,常见的有借故推脱、模糊多解、巧设圈套、先扬后抑、避实就虚等几种方式。

（1）借故推脱,常常是借他人之口,或推延时间来加以拒绝。比如,营业员小王的朋友来买摩托车,店面陈列的车都没看中,提出要小王领他去库里看看的请求,小王笑着说:"前几天总经理刚宣布过,任何顾客不得进仓库。"这种方式的拒绝就比简单地说"不"要让人好接受得多。

(2)模糊多解的拒绝言辞,利用某些语言材料或表达的模糊性、多义性巧妙地遮掩拒绝的锋芒。比如,一个旅行团正按预定的日程观光游览,有几个客人途中要求增加几个观光点,但时间不够,要求不能给予满足。这位导游员说:"这个建议非常好,也非常重要。如果有时间,我们将尽量予以安排。"巧妙地暗示了拒绝之意。再如,一位时髦的富商妻子拜访一位名作家,并说她也想成为一个作家,不知进退地一味追问写作的最好方法。作家不露痕迹地回答说:"从左到右。"这样的拒绝也很有艺术性。

(3)巧设圈套法,是诱导对方进行自我否定,借对方之口说出自己想说的看法,以此达到拒绝的目的。比如,罗斯福当美国总统之前,曾在海军担任要职。一天,一位朋友问起海军在加勒比海一个岛建立潜艇基地的计划。罗斯福向四面看了看,压低声音问:"你能保密吗?""当然能。"罗斯福接着说:"我也能。"

(4)先扬后抑,是在拒绝之前先表示同情、理解甚至同意,而后再巧妙拒绝,使拒绝之辞委婉而含蓄。比如,有一次,马克·吐温向邻居借阅一本书,邻居说:"可以,可以。但我定了一条规则:从我的图书室借的书必须当场阅读。"一个星期后,这位邻居向马克·吐温借割草机用,马克·吐温笑着说:"当然可以,毫无问题。不过我定了一条规则:从我家借的割草机只能在我的草地上使用。"再如,在故宫博物院,一批美国客人纷纷向导游提出摄像拍照的请求,导游员诚恳地说:"从感情上讲,我非常愿意帮助大家,但在严格的规章制度面前,我又实在无能为力。"虽然是拒绝,但游客在心理上还是容易接受的。

(5)避实就虚,避开实质性问题,使拒绝既有弹性,又显得明确。比如,英国著名文学家萧伯纳成名后,收到了一位女演员的求爱信:"……假如我们结婚,我们将有一个长相像我,头脑像你的孩子,那该是多么美好呀!"萧伯纳则以其特有的风趣,避开了实质性的话题,巧妙地回绝了女演员的求婚:"……假如往往是靠不住的,要是我们的孩子长相像我一样难看,头脑像你一样简单,那又该怎么办呢?"

可见,以上种种拒绝方法,恰当、得体、灵活、巧妙,是使交际获得成功的重要手段。

(四)电话语言艺术

电话交谈也要讲究语言艺术。电话交谈从内容方面看,有公务性和非公务性两种;从形式上看,有打电话和接电话两种。无论哪种电话交谈,都要清晰准确,亲切礼貌,注意时间。

1. 清晰准确

电话交际虽然是同步进行的口语交谈,但不能面对面,需要由线路传递声音,因此,比面对面说话要求更为清晰准确一些。电话内容一般按招呼——正题——结语的程序进行。招呼语除了向对方问好外,要讲清本人的姓名单位,打电话者和接电话者都应如此。例如：

(1)喂,您好！您是国家旅游局成教处吗？我是国际旅行社的王起明,找陈向峰处长讲话,请您找一下,谢谢。(打电话)

(2)喂,您好！我是北京旅游学院人事处张小明,您找准？(接电话)

这样能很顺利找到人并进入正题,否则来回问"你是谁"、"你找谁"误时误事,而且一接电话,或一打电话就问"你是谁"也是不礼貌的。正题的内容表述一定要清楚,信息传递要准确,不要在讲正题时扯闲话,冲淡了正题的表达。如果告诉对方一些关键的数字或电话、邮编、电报、电传号码时,最好要求对方复述一遍,以便校正。

结束语应询问对方还有什么事没有,并客气地互道"再见",切不可正题讲完之后,便"啪"地挂上电话,缺乏必要的结束语,使对方不愉快。

为了使电话交谈的内容清晰,还要注意充分利用语音修辞手段,使用普通话,语速不宜过快,节奏要鲜明,声音要适中,不要大喊大叫,也不要小得使对方听不清。语调要抑扬顿挫,重要的词语可用重音,还可适当重复,注意适当的停顿。还要注意认真听对方讲话,不要抢着打断对方。

2. 亲切礼貌

电话交谈语言特别要注意亲切礼貌,首先要注意用得体的称呼,多用敬语等礼貌用语,如"谢谢"、"麻烦"、"请"、"对不起"、"打扰了"、"别客气"、"再见"等。不能采取生硬的命令式的口气。例如：

喂,给我叫英语系的李方听电话。

应该说：

喂,您好！请您帮我找一下英语系李方老师接电话,谢谢！

不同的语调流露不同的情感,对方可从你的语调中听出你的态度。电话交谈中应使用亲切自然的语调、不高不低的声音、不急不慢的语速表示说话人的诚心、和蔼和亲切。比如,美国贝尔电话公司从 1880 年开始,就注意到电话交谈的语调问题。当时的接线员是 20 岁左右的小伙子,说起话来粗声大气,令人受不了。后来全由年轻的姑娘充当接线员,并提出用"带着微笑的声音去接电话"的要求,姑娘们接线时态度和蔼,声音清楚,语气亲切,深受广大用户的欢迎。无独有偶,日本一家大公司的电话总机房给每一位接线员面前挂上一面镜子,也要求他们微笑着接线,从而大大提高了公司的利润。可见,电话交谈中亲切柔和的语气是多么具有魅力。

此外,电话交谈中,还要多用敬语等礼貌用语。礼貌用语也要讲究得体、适时,要根据不同交谈内容、不同情况加以灵活选择。特别是在讨论性的电话交谈中,要耐心、温和地交换意见,千万不要生硬尖刻,固执武断。还要不失时机地道谢、致歉、表态,使电话交谈顺利圆满。

3. 时间的控制

用电话交谈比较方便,但电话交谈要注意控制时间,讲究简洁。切忌啰哩啰唆、可有可无的闲扯,甚至于说废话。首先,要求自己尽量不打这样的电话;其次,接到这类电话,也要用委婉含蓄的表达加以回绝,或巧妙地打住对方的话头,从而使电话交谈时间恰到好处,适可而止。

三、导引语言艺术

导游语言,堪称旅游的第二风景。游客通过精彩的导游语言,可以增强游览的兴致,加深观光的印象,减轻旅途的疲劳和寂寞,了解到在风景名胜区看不到的许多知识,感受到宾至如归的浓郁人情味,从而留下深刻美好的记忆。没有导游人员的语言艺术,游客们就不可能真正了解珍贵旅游资源重要价值,有的客人甚至还会产生"乘兴而来,败兴而归"之感。正所谓:景点美不美,全靠导游一张嘴。所以,掌握导游语言的艺术,是做好导游的关键。对导游语言的要求是很多的,下面分几点介绍一下。

(一)导游语言艺术

1. 正确丰富的知识性

导游语言主要是指导游词。好的导游词不仅能使游客得到美的享受,激发游客的兴趣,而且能够给游客传递丰富的知识,导游词的知识必须准确无误,令人信服。导游词不能只满足于一般性介绍,还要注重深层次的内容,如同类事物的鉴赏、有关诗词的点缀、名家的评论等。这些知识,会提高导游词的档次水准。导游词要涵盖被游览客体有关的种种信息。被游览对象是很多的,自然的、人文的,其范围相当宽泛,可以说有多少被游览客体,也就有多少与它们有关的知识信息;从神话到现实,从历史到眼前,从现在到将来,从自然到社会,从文学艺术到宗教建筑。导游人员对沿途各景点的名胜古迹、历史文化、民情风俗必须非常熟悉,在整个导游的过程中贯穿种种知识的介绍。有一些专项的旅游更需要较深的专业知识,如"佛教导游"、"唐诗之旅导游"等。下面举一段郑州黄河游览区的导游词:

据说,日本也有"人类起源于河流"的说法,黄河自古就被称为中华民族的母亲。她与悠久的历史同流至今,与中国人的生活密切相关,象征着中国的文化、政治和社会。历史上曾有多少文人骚客以诗描写黄河的汹涌澎湃之势,唐朝诗人李白在他的《将进酒》一诗中以铿锵有力的句子这样赞喻黄河:

君不见黄河之水天上来,奔流到海不复回。

在近代,日本人士也非常熟悉郭沫若先生留下的"黄河之水通江户,珠穆朗玛连富士"的名句,用黄河来比喻中日两国之间的友好关系。另外,中国还有一个广为人们所使用的谚语,叫做"不到黄河心不死"。基于上述意思,我想,今天务必请诸位到黄河边上一游,面对气势磅礴的黄河,回想对比一下我们两国间过去的那种关系和今日的友好关系,希望大家能从黄河中吸取进一步发展我们之间的友谊的力量。

(引自《怎样做好导游工作》)

  这一段出色的导游词包含了古今中外的知识,又密切结合被导游者的身份和游览景点的特点,并寓政治宣传于导游之中。又如,上海世博会导游的介绍:

  中国与世博会也有着深厚的渊源,1851年,中国就参加了英国世博会,不过,那次不是官方参与,而是一个商人,那位商人叫徐荣村。那次参展的物品不是很多,"荣记湖丝",却获得了金奖,中国在那次世博的展品让老外大开眼界。英国女皇也接见了徐荣村,可以说是以非常高的礼节来对待我们的。何为"荣记湖丝"呢?就是我们所熟知的江南蚕丝。之后,中国也参加了多届世博会,特别是1915年,中国在美国举办的世博会上共获得1211个奖项,并有"摔破茅台酒,酒香四溢,名声大震"的佳话。

  如今的世博会,是随着我国国力的增强、对外开放大门的打开,更多的是与世界各国探讨可持续发展的道路而召开的,我们在世博会上"看世界",也是文明发展到一定程度的一个标志。

  好了,各位朋友,我们现在在卢浦大桥上远远就可以看到世博园区,其共分为A、B、C、D、E五个园区,三个在浦东,两个在浦西,我们现在就可以看见有这个代表性的中国国家馆了。其外形取自我国古代木结构建筑中的元素——斗拱,名为"东方之冠",高达69米。大气、沉稳的"故宫红"作为建筑物的主色调,而平卧在国家馆之下的就是地区馆,它有个很优美的名字——新九州清晏。取自于圆明园四十景的"九州清晏"。国家馆位于"新九州清晏"之首,取义"和谐"、"本宗"之意。而我们今天要参观的重点就是这里。

  而在各地,我们都看到了上海世博会的吉祥物——海宝,意即"四海之宝"。"海宝"的名字朗朗上口,也和它身体的色彩呼应,符合中国民俗的吉祥称谓原则。"海宝"的名字与吉祥物的形象密不可分,寓意吉祥。

  这一段话把中国参加世博会的历史,中国馆的特色,上海世博的吉祥物都介绍得正确、丰富、形象。

  但旅游毕竟不同于专门学习,所以导游词中给游客提供的有关知识信息量一定要适度。什么叫适度?虽然不可能有十分具体的衡量标准,但大致讲,应该以游客不感到有负担、不感到枯燥厌烦为佳。导游词中,所涉及的特定知识信息应伴以轻松的气氛、有趣的话题,在游客的好奇心被激发起来之后,不知不觉地输送给游客。

比如，在济南趵突泉公园有一块玲珑剔透的假山石。导游人员是这样开始讲解的:"我们大家一定都知道中国园林选择假山石的标准吧?"等游客们议论了一会儿以后她继续道:"对,这就是透、瘦、漏、皱。"然后她又详细介绍了它们丰富的内涵。有关中国园林选择假山石标准的知识信息就是这样在游客的好奇心被激发起来之后,在轻松的气氛中被巧妙地传递给游客。

知识信息的传递,以具有揣度语气的间接疑问句开始有很多好处。其一,可以提醒游客,把游客的注意力转移到特定话题上来。其二,可以激发游客的兴趣和好奇心,引起他们进一步知其然的欲望。其三,可以给游客以一定的思考时间,使他们顺利理解并接受特定的知识信息。

2. 幽默浓厚的趣味性

导游语言的趣味性,是指导游词具有使人感到轻松、愉快,引人入胜的特性。导游语言的幽默趣味性,还可以通过各种语言技巧来实现。比如设身处地法、引人入胜法等。

为了突出导游词的趣味性,可以注意以下几个方面的问题。

(1)编织故事情节。讲解一个景点,要不失时机的穿插趣味盎然的传说和民间故事,以激起游客的兴趣和好奇心理。但是,选用的传说故事必须是健康的,并与景点密切相连。

(2)语言生动形象,用词丰富多变。生动形象的语言能将游客导入意境,给他们留下深刻的印象。

(3)恰当地运用修辞方法。导游词中,恰当地运用比喻、比拟、夸张、象征等手法,可使静止的景观深化为生动鲜活的画面,揭示出事物的内在美,使游客沉浸陶醉。

设身处地法,是把游客与被游览客体直接联系起来,反客为主,使二者水乳交融,浑然一体,使表达妙趣横生。例如:

"参观完仁寿殿后,一直向北就来到了被称为'后山后湖'的地方。沿着幽静的小路向右拐时,路过一棵苍劲的白皮松之后,来到一座城关式的建筑面前。门洞的两侧上方分别写着'紫气东来'、'赤城霞起'之句。'紫气东来'出自传说中老子过函谷关的故事,函谷关的官员登上城楼时看到东方有紫色的云气,认为要有圣人由此经过。果然老子骑着青牛缓缓地来到此地。今天有没有圣人来呢?请大家向东方看一下便知道了。我想大家都是贵客,所以一定会看到吉祥的云彩的。"

(李翠霞、秦明吾等《北京揽胜·颐和园》)

这一例,用明快动人的话语把游客与被游览客体巧妙地联系起来,虽然没有连珠的妙语,但仍然风趣无比,给人留下了深刻的印象。

引人入胜法是想法把游客引入对景点的关心与爱好之中,激起游客兴趣。如游无锡蠡园时,导游员让游客先看春、夏、秋、冬四个亭中的春亭,指着匾说:"春亭挂的匾额是'滴翠',表达了春天的形象,有特色。那么,夏、秋、冬三个亭子会用什么题匾呢?各位朋友是否能猜中?"一石激起千层浪,游客边走边猜,然后急切地看景点,猜中的笑逐颜开,未猜中的纷纷敬佩题匾者的文笔之妙。气氛热烈欢乐。

此外,还有双关法、移接法、借题发挥法等多种方法能够增加导游语言的趣味性。

3. 灵活多样的变化性

导游语言的编排与表达,并不仅仅与被游览客体有关,也与游客有着十分密切的关系。所以导游语言的灵活变化主要表现在两方面:根据游客的具体背景灵活应变;根据环境中的具体情况灵活发挥。

(1)根据游客的具体背景、要求及反应灵活编排并调整导游词。游客有种种具体背景,比如特定的民族、国籍、社会地位、年龄、行业、受教育情况、兴趣爱好等,导游人员要根据这些具体因素,选择使用游客最容易理解、接受的语言表达方式,灵活安排讲解特定的导游内容,或平铺直叙,或跌宕起伏,或大力渲染,或一带而过,或委婉避讳,或直截显明……从而引起游客的共鸣,以和游客达到最大限度的沟通。比如,不同民族和国籍的人对颜色的心理偏向很不相同。中国人喜欢红色,泰国人忌红色,日本人忌黄色,比利时人忌蓝色,巴西人忌绿色,欧美等国的人忌黑色。所以,导游词中颜色词的运用以及对颜色的渲染,要因游客的文化心理背景而异。再如,文化背景不同的游客对一些具体事物,如花鸟虫鱼、飞禽走兽,以及文物古玩、园林建筑,甚至坟墓式样等,也都有着不同的文化心理倾向,导游词就要充分考虑到游客的文化心理倾向加以灵活调整,以使表达收到最佳效果。

(2)根据具体环境中的具体情况进行灵活发挥,特别是要善于借一些突发性的、消极的情况来随机应变。比如,旅行车在一段坑坑洼洼的道路上行驶,游客中有人抱怨。这时导游员说:"请大家稍微放松一下,我们的汽车正在给大家做身体按摩,按摩时间大约为10分钟,不另收费。"引得游客哄然大笑。这位导游以巧妙的语言借题发挥,化解了不利因素,赢得了主动。再如,由于气候原因,客人乘坐的飞机改为第二天从上海飞往西安,游客们都很扫兴。这时导游对游客说:"这下可好了,我们可以利用这个机会到苏州去一次,这样在您的旅程上又增加了一个城市,在您的记忆和相册上还可以留下'东方威尼斯'的倩影。"结果深得游客的称赞。还有一个例子,一个香港旅行团一到杭州就遇上绵绵阴雨,因此游客的情绪十分低落。导游员说:"天公真是太作美了。一听说远道而来的客人要游览西湖,就连忙下起蒙蒙细雨。大家还记得苏东坡的那首诗吗?'水光潋滟晴方好,山色空濛雨亦奇。若把西湖比西子,淡妆浓抹总相宜。'今天我们有幸能亲自感受一下雨中西湖的诗情画意,真是天赐良机啊!"这种机智的表达,使游客的情绪顿时高涨起来。

4. 亲切谦恭的礼貌性

导游语言要表现出对游客的充分尊敬与友好,给游客留下良好的印象。礼貌与亲切应该很好地结合,不能用虚假的客套,表面上有礼,而实际上拒人于千里之外;也不能为了套近乎,庸俗地与游客打成一片,而忘了对游客应有的尊敬。欢迎词与欢送词都应该亲切谦恭,在景点讲解中也要注意尊重游客。

在导游过程中介绍景点知识时,绝不能自以为是,用说教的语气来说话。传递知识信息的表达方式,最好以具有揣度、推测的语气的间接疑问句开始,多用"吧"收尾,间用"可能"、"大概"、"也许"、"恐怕"等词语,使语气亲切委婉。

例如,庐山白鹿洞书院有"紫阳手植丹桂"的碑。导游员要介绍出"紫阳"是谁,又要不以说教者自居,充分尊重游客,可以这样说:"我们来看这块碑上刻的字,大家一定知道紫阳是谁?"在游客议论一下之后,导游说:"对了,朱熹修缮白鹿洞并在此讲学,传说桂树是他种的。紫阳是朱熹的号,朱熹号晦庵,别号紫阳。"

这里还需讲究导游词的称谓,导游人员最好多使用第一人称复数"我们",或者用不分彼此的"大家",而应少用显得有些生硬、冷淡的第二人称"你们"。这样有助于缩短导游人员与游客的心理距离,使游客感到亲切。

导游员要与被导游者取得感情上的共鸣。讲解的景点往往是导游人员去过多次的地方,而游客却是第一次,这就会有一个感受上的差距。导游人员应调动自己的情绪与游客一同游览。否则导游员只顾背诵导游词,不关心游客的反应,一定引不起感情上的共鸣,游客也会感到冷漠,而不会产生亲切感。

(二)导购语言艺术

导购语言艺术,是导购员引导顾客购买商品时的表达技巧。营销人员只有掌握导购语言艺术,才能把握营销过程的主要手段,提高营销效益。下面主要介绍导购语言中招呼、应对、介绍三方面的技巧。

1. 招呼得体入微

有人把招呼语比做导购语言的先锋官,说它是生意成败的关键,可见招呼的重要性。得体入微、恰到好处的招呼,往往会使买、卖双方的关系一开始就融洽自然,为生意的继续进行营造良好的气氛。得体入微的招呼主要体现在两个方面:①因人而异,用好称谓语;②察言观色,驾驭好招呼语。

称谓语要因人而异,灵活多变。有些顾客对称谓语恰当与否常常十分敏感,如果导购人员称谓不当,会影响双方接近,甚至会导致买卖失败。所以导购人员要根据不同对象使用不同的称谓语,同志、师傅、先生、小姐、夫人、大爷、大娘、小朋友等称谓语的选择使用,要充分重视顾客的地位和尊严,尽可能通过称谓语与顾客进行感情上的联络。如果不分对象地统呼"同志",或千篇一律地称呼"师傅",或盲目追赶时髦,对什么人都叫"先生"、"小姐"、"太太",都是不合适的,有时会引起顾客的反感,与顾客产生隔膜。

除称谓语外,招呼语也要讲究。打不打招呼、怎样打招呼要视顾客的具体情形灵活处理。有的顾客是专程购物,导购人员要主动热情地及时前去打招呼;有的顾客没有明确的购物目的,走走看看,有合适的就买,没有合适的就走,对这类顾客,导购人员不要急于去打招呼,要给顾客以充分的挑选时间,如果过早地招呼,会打扰顾客,甚至会打消顾客的购买兴致。还有一种顾客,属于游逛型,几乎没有购买目的,对这类顾客,导购人员不要打招呼,如果随意招呼他们,会引起他们的反感,使他们产生逆反心理。总之,不管哪类顾客,都要给他们留有自由选择的余地,而导购人员要安详、平易地保持"随时为您服务"的良好身势语,等顾客传递出来某种购买信息时,再适时招呼。另外,招呼语要讲究礼貌,多用有利于销售的语言:一是要多用"您"、"请"、"别客气"等礼貌用语,二是要从顾客角度出发,多使用一些积极促销语言,如:"我能帮您忙吗?""我能为您做点什么?""别着急,慢慢看。"等等。总之,礼貌的招呼语,要"和气、文雅、谦逊",以树立良好的经营形象。

2. 应对热情周到

应对,是导购活动中不可缺少的一个环节,顾客的问题一提出,导购人员就要进行简洁明了、热情周到的回答。

应对首先要简洁明了。对顾客的问题,要直接回答,切忌无理拒答或答非所问;此外,还要诚恳耐心,热情周到,为促进销售创造积极条件。另外,应对时,还要讲究使用一些委婉表达法,特别是要多用一些恰当的词语代替那些可能会招致顾客不快的说法。例如,"胖"说成"富态","瘦"说成"苗条","矮小"说成"小巧","肥大"说成"舒展、宽松",等等。如果确实不知道,回答不上来,要表示歉意,解释原因,并尽量设法弥补。如果正忙于接待别的顾客,抽不出时间应对,可以采取省略的办法,用语气、适当的表情、动作等进行弥补,以最大的热情体现出导购人员为顾客着想、以顾客为上帝的高尚情操。

3. 介绍灵活多变

在导购过程中,对商品介绍什么,怎么介绍,也是导购人员必须掌握的技巧。介绍的基本要求是灵活多变,就是根据不同类型顾客的不同要求,根据不同类型商品的不同情况,进行恰当的介绍。常见的介绍方法有以下几种。

(1)实事求是

实事求是,就是以中肯、诚实的态度和语言介绍商品,当好顾客的参谋,而切忌虚假、夸大的言辞。比如,北京有家书画古玩门市部,一次来了两位顾客,接待他们的营业员凭经验立即断定他们是两位港商。当他问明他们是挑货回港去卖时,他对他们说:"我们一定使您满意,从我们商店买回去的商品赚了钱,我们也高兴。"顾客听了觉得很亲切,心理距离一下就缩短了,他们选了一种绿色玉炉。营业员却对他们说:"据我所知,这种货在香港销路不大好,我给你们挑一种粉红色的,既便宜,又好销。"顾客见他诚心诚意,又是内行,就信任地委托他选了7000元的商品。因这些商品回港后仅4天就一销而空,顾客又打来电话,托他再代选2万元商品,速发香港。此例说明,实事求是,热诚当好顾客的参谋,就能使销售活动成功。

(2)迎合需要

顾客的购物需求及购物心理是多种多样的,也是十分微妙的,或趋新,或趋同,或求实,或求名,或求快,或求疵,各不相同;购物个性或是习惯型,或是冲动型,或是奢侈型,或是经济型,或是理智型,或是感情型,导购人员要根据种种具体情况采取相应的介绍方法,以迎合各种顾客需求。例如,日本中村卯一郎在他的《接待顾客的技巧》一书中举了这样一个例子:在一条有名的食品街上,一位妇女走进一家海味商店,店主按惯例说:"您来啦?"妇女没有任何反应,扭头离开了,转身走进一家点心店,店主说:"您买点心吗?"妇女马上退了出去。她又走进一家饼干店,营业员没有立即打招呼,而是仔细地观察,发现她开始注意一种罐装酥脆饼干,这时营业员才热情地介绍说:"这种酥脆饼干,外形漂亮,味道也很特别,很多人都爱买这种,卖得特别好。"女顾客赞许地点了点头说:"我要这种。"第三家的成功是在于营业员的介绍抓住了顾客趋同求名的心理,激发了顾客的购买欲望。

(3)诱导暗示

为了促进销售,促使顾客作出购买行动,介绍时,要用一些具有引导、诱导、暗示性的表达,如选择性疑问句等,这些表达具有一定的张力,具有极强的沟通作用。比如,一家饭店招聘服务员,有两个人应聘,经理分别对他们进行考核。第一个问进来的顾客:"先生,您吃鸡蛋吗?"顾客摆了摆手,事情就这样结束了。第二个人问进来的顾客:"先生,您吃一个鸡蛋还是吃两个?"顾客笑了笑,犹豫了一会儿,还是说:"吃一个吧!"第二个人之所以获得成功,是因为他的表达具有强烈的诱导性,顾客感到盛情难却,只好顺着服务员的意思作出答复。

第二节 书面语言表达

一、书面语言表达的一般特点

(一)时间和空间上的广延性

书面语言与口头语言的交际条件完全不同,所以它们的特点也各不相同。书面语言克服了口语稍纵即逝、不能留于异时、传于异地的时空局限,丰富、扩大了人们的交际手段和交际范围,使语言具有了时间和空间上的广延性。人类有了以文字为载体的书面语言,人类社会也就有了历史。书面语言记载了人类的文明史,使人类社会的政治、经济、艺术等文化传统得以流传;书面语言还可以使不同地域的人们进行交流。任何一个发达的文明社会,都不可能没有自己的书面语言。

(二)用词造句的规范性

口语由于它本身固有的一些特点,不可能把语言的规范标准巩固下来,推广开去。而书面语既可以使一些合乎语言发展规律的、具有普遍使用性的词、句成为规范,又可以把这种规范标准巩固下来,推广开去。由于书面语在一个民族共同语的发展过程中具有这些重要作用,所以书面语的用词造句就具有较强的规范性。又因为采用书面语言进行交际,避免了口语交际的仓促性,表达者也不怕被打断,有充分的时间进行字斟句酌,反复推敲,所以书面语言能够充分选择规范的字句进行表达,也可以删除或者修改一些不规范的说法,从而促进语言的健康发展。

二、记叙文写作

记叙文是以叙述和描写为主的文章。凡是记人、叙事、写景、状物的文章,都可以叫做记叙文。

(一)记叙文的特点

记叙文的特点,可以从构成记叙文的一般要素、表达方式和表达作用等方面予以说明。

构成记叙文的要素主要有人物、事件、时间、地点、原因、结果,被称为记叙文六要素。例如:

元丰六年十月十二日夜,解衣欲睡,月色入户,欣然起行。念无与乐者,遂至承天寺寻张怀民。怀民亦未寝,相与步于中庭。庭下如积水空明,水中藻荇交横,概竹柏影也。何夜无月,何处无竹柏,但少闲人如吾两人耳。

(《东坡志林·记承天夜游》)

这是一篇记叙文。其中,人:苏轼、张怀民;事:月下散步;时:元丰六年(1083)十月十二日之夜;地:承天寺(在今湖北省黄冈县南);因:月色入户;果:约友夜游。

记叙文的主要表达方式是叙述、描写和抒情。但在写作过程中,不妨偶尔穿插其他表达方式,譬如插入些议论,加上点点评,如果用得不生硬,不喧宾夺主,就有可能为记叙文增光添彩。以《记承天夜游》为例:

元丰六年……步于中庭,占全文篇幅之半,叙述;

庭下如积水……竹柏影也,占全文篇幅四分之一,描写;

何夜无月……如吾两人耳,占全文篇幅四分之一,议论。

美的自然景物在文中,美的精神境界在言外。80多字的记叙短篇,堪称绝妙好辞。

当然,记叙文是靠叙述、描写和抒情来表现社会生活,表达思想感情的。叙述得可信,描写得生动,抒情得真挚,就会给人以教益,给人以美的享受,从而发挥了记叙文的积极作用。记叙文一般不以直抒胸臆的方式打动人去接受什么,也不通过逻辑推理迫使人去相信什么;优秀的记叙文是以其生动的形象、新颖的见解和有趣味的文笔引导、感召读者自己去领悟和欣赏些什么。

(二)记叙文的手法

一般记叙文,主要是写人、状物和叙事。下面分别说明:

(1)写人:是通过描写人物的外貌、行为、语言及其思想感情,向读者展现人物的形象风采和性格特征,揭示其某方面的精神蕴涵和社会意义。一些细节描写,往往能把人物展现出来。

《藤野先生》是鲁迅回忆自己在日本仙台医学专门学校生活片断的记叙文。文章通过一些典型事例,描写了解剖学教师藤野严九郎的为人。文中先写留学生眼中的藤野:

穿衣服太模胡了,有时竟会忘记带领结;冬天是一件旧外套,寒颤颤的,有一回上火车去,致使管车的人疑心他是扒手,叫车里的客人大家小心些。

衣着马虎、寒碜,正表现出藤野对物质生活不太重视的性格。而藤野更多的性格侧面和精神蕴涵当然还是表现在作者和他的直接交往过程中。文章写藤野对鲁迅学业的关心,例如:

我交出所抄的讲义去,他收下了,第二三天便还我,并且说,此后每一星期要送给他看一回。我拿下来打开看时,很吃了一惊,同时也感到一种不安和感激。原来我的讲义已经从头到末,都用红笔添改过了,不但增加了许多脱漏的地方,连文法的错误,也都一一订正……

再如:

解剖实习了大概一星期,他又叫我去了,很高兴地,仍用了极有抑扬的声调对我说道:——

"我因为听说中国人是很敬重鬼的,所以很担心,怕你不肯解剖尸体,现在总算放心了,没有这回事。"

又如:

……还记得有一回藤野先生将我叫到他的研究室里去,翻出我那讲义上的一个图来,是下臂的血管,指着,向我和蔼的说道:

"你看,你将这条血管移了一点位置了。——自然,这样一移,的确比较好看些,然而解剖图不是美术,实物是那么样的,我们没法改换它。现在我给你改好了,以后你要全照着黑板上那样的画。"

这些典型的细节描写,都充分表现出藤野简朴的生活作风、认真的教学态度和对待科学事业的实事求是的精神。

藤野和鲁迅分别的细节更进一步体现了藤野对中国人的友好情谊。得知鲁迅决定放弃医学、并将离开仙台的决定时,藤野"脸色仿佛有些悲哀,似乎想说话,但竟没有说"。不言之中的心情是沉重的,既有惋惜,又有无奈;但又尊重鲁迅自己的再选择。鲁迅离开之前,藤野把自己的一张照片送给了鲁迅,后面题"惜别"二字,并嘱咐日后保持联系。表现了先生对学生的深情厚谊。

本文点明了藤野对鲁迅的关怀和悉心教诲的深远用心:是为了中国的进步,为了学术的发展。本文歌颂了藤野先生正直、质朴、友善——特别是没有民族偏见的崇高品质。

鲁迅写章太炎的狂放,写范爱农的率真,虽着墨不多,但也都写得非常传神。

(2)状物:描写生物或非生物性质和状态。写风、花、雪、月,写动物、植物、矿物,写文物,写工艺品等。

茅盾的《白杨礼赞》就是富有抒情气息的状物记叙名篇。文章是按三个层次写作的:首先写白杨生长的环境;其次写白杨的形象;最后由此及彼,由物及人,写出白杨的象征意义。作者以"笔直的干,笔直的枝"作为白杨形象的基础,通过拟人的手法,赋予白杨以伟岸、正直、朴质、严肃、温和以及坚强不屈的性格。作者赞美白杨,因为它不仅象征着北方的农民,更象征着中华民族百折不挠的精神。

陈蔚德的《大足宝顶山石刻·千手观音》(《中国优秀导游词精选》一,第345页)既是一篇优秀的导游词,又是一篇优秀的状物记叙文。全文分四段:第一段,解释千手观音命名的由来。第二段,介绍千手观音造像的体制、所在的第8号石龛以及善男信女供香火的情况。第三段,讲述千手观音造像的艺术成就:

……对这1000只手的处理采取了孔雀开屏的方式,层层叠叠,既有章法,又不板滞,使人一看上去就觉得难以胜数。这比有规律的排列,如一排100只手、十排1000只手要高明得多。这样就达到了无穷无尽的效果。这些手的造型也很美。佛经上说,菩萨有32像,手指柔软,足以满实。这些手十指若葱,修长细嫩,质感很强,看上去就是美人特有的娇柔的手指。有的戏剧舞蹈演员,特地到这里来观摩学习观音菩萨的兰花手,把它移植到舞台上,产生了良好的艺术效果。

第四段,是前段的补充:

观音手上的上千种器物,既有佛经上的法器,也有人们日常生活中使用的东西,这为研究宋代社会生活提供了丰富的实物依据。观音头上竖着一只眼睛,这是密宗造像的特点,显宗是没有的。这只眼睛能洞察人们内心的奥秘,俗称"慧眼"……

短文深入浅出地介绍了佛教文化,重点在于对宋代的千手观音石刻艺术作了精湛的评述。言简意赅,极富情趣。

在一些记叙文中经常出现的景物描写、场面描写,都是状物,它们服从于文章的主题需要,更好地衬托人物与事件。

(3)叙事:说明事件的始末,交代事件的因果,揭示事件的本质,是记叙文的主体。吴伯箫的《记一辆纺车》是一篇以回忆延安艰苦斗争生活为题材的记事文。文章写了与纺车有关的许多事情。文章不仅真实生动地反映了当年延安军民纺线的劳动生活事件,而且还通过事件本身表现了一种积极昂扬的斗志和发自内心的真情实感。

徐霞客是我国明代杰出的旅游探险家,其具有很高文学价值的巨著《徐霞客游记》中不乏叙述、描写旅途所见所闻的记事文佳作。崇祯十年二月十一日(1637年3月7日),徐霞客在湖南衡阳湘江船上第二次遇盗。《徐霞客游记》对这次遇盗的始末,作了层次分明、情景交融的描述。他写道:这天晚上,舟泊新塘附近。久雨初晴,月色颇明,"余念入春以来尚未见月,及入舟前晚则潇湘夜雨,此夕则湘浦月明。两夕之间,各擅一胜,为之跃然。已而忽闻岸上涯边有啼号声,若幼童,又若妇女,更余不止。众舟寂然,皆不敢问。余闻之,不能寐。枕上方作诗怜之,有'箫管孤舟悲赤壁,琵琶两袖湿青衫','滩惊回雁天方一,月叫杜鹃更已三'等句"。不久"群盗喊杀入舟,火炬刀剑交丛而下"。徐霞客"力掀篷隙,莽投之江中","足为竹纤所绊,竟同篷倒翻而下,首先及江底,耳鼻灌水一口,急踊而起,幸水浅止及腰,乃逆流行江中"。接着又叙述他如何避入邻舟,怎样和同伴静闻、顾仆相遇,以及静闻为守护经籍留在船上,"舍命乞哀",以致受伤的详细经过。徐霞客用两天的日记来写这件事,文词娓娓动听。既有遭到意外事变的惊恐与慌忙,也有劫后余生的庆幸,堪称一篇上乘的记事文。

叙事可以采取顺叙,即按时间的顺序来讲述事件,如前面举的例子。也可以采取倒叙,先交代结果,再回过头来叙说事情的由来,如鲁迅先生的《祝福》。还可以用插叙,顺着主线讲叙的同时,插入一段别的叙述,如鲁迅先生的《故乡》中插入了一段对少年闰土的叙述。叙事中用第一人称,一切由"我"亲身经历,使人感到亲切可信,如前面的例子,也可以用第三人称,从第三者的角度观察陈述,不局限一个人的目光,不受时间、空间限制。

写人、状物、叙事三者是结合起来的,在一篇记叙文中,往往同时并用,有时还要加上一些抒情与议论。

三、论说文写作

论说文也叫议论文、说理文,有根据地提出自己的主张、观点,有理由地赞同或反对别人的主张、观点,表现在笔下,都可以写成论说文。

(一)论说文的特点(与记叙文比较)

论说文是"摆事实,讲道理"的书面表现,是一种专门议论、说理的文体。论事说理的目的在于让自己的道理讲得通、立得住，让别人驳它不倒、信它不疑。它和记叙文的记述人物事件，存在明显的差异。

记叙文经常间接表现作者的思想。例如，龚自珍的记叙文《病梅馆记》虽然感情色彩浓郁，但仍把思想解放的追求隐藏在文章的言辞背后。论说文则必须直接宣扬作者的主张。还如龚自珍的论说文《明良论》，就把见解推到文章的前面，并尖锐地指出"士不知耻，为国家大耻"，大声疾呼官吏要知耻，君主要用知耻的人。

记叙文常用叙述、描写和抒情的手法去感染人，感染是凭形象的作用。例如，柳宗元的《小石潭记》写潭水的明净、小鱼的活泼和作者心情的孤凄，就是通过对形象的巧妙描写而使人受到感染。论说文则常用分析、判断和推理的手法去说服人，说服是靠逻辑的作用。再如，柳宗元的论说文《天说》，写天也是一种物，且与世上草木、痈痔等物并无贵贱之别，从宇宙观上反驳了韩愈的天有灵、有知的唯心之论。

记叙文必须借助形象思维，因而需要人物、事件、时间、地点；论说文必须依靠逻辑思维，因而需要论点、论据、论证。

（二）论说文的构成要素

论点、论据和论证在任何一篇论说文里都是不可或缺的，三者是构成论说文的基本要素。

1. 论点

是论说文的基本观点，是论题的主要支架。论点有的单纯，有的复杂。复杂的必须有层次，次要论点必须统系于中心论点。以老舍的论说文《散文重要》为例，文章的中心论点是：散文重要，我们都有写好散文的责任。次要论点有两个：一个是写散文不可怕；另一个是散文不可轻视。两个论点都有助于中心论点的确立。

2. 论据

是确立论点的依据。论据可取自事实，也可取自公理，还可以取自经典的或伟人的言论。以鲁迅的论说文《拿来主义》为例，文章的论据都取自事实，有历史上的事实，也有20世纪30年代的事实，从而证明，只有拿来，为我所用，即"拿来主义"，才是有益于中国发展的办法。

3. 论证

是运用论据证明论点的论理（逻辑）过程和方法。论证有许多方法，如例证法、引证法、类比法、对比法、喻证法、反证法、引申法……都是从归纳、演绎和类比三种逻辑推理形式衍生出来的。下面列举几种：

（1）例证法 以事例进行论证的方法。例如，《议论文选析·谈谈"我行我素"》（上海教育出版社，后同）的论点是：我行我素是一种可贵的精神。论文简单说明这里的"我行我素"并没有独持偏见、一意孤行等含义之后，便举出充分的例证，以支持自己的论点：思想家鲁迅的"直面惨淡的人生"、商王盘庚的迁都于殷、政治家王安石的变法、当代画家曹今奇的专门画猫……都是不肯人云亦云,不肯随波逐流,而以其"我行我素"在不同层次上取得了成就,作出了贡献。

(2)引证法 征引经典、伟人言论或公理进行论证的方法。例如,《议论文选析·逆境与造人》的论点是:逆境可以造就人才。论文除列举逆境中的人(孙膑、屈原、司马迁、塞万提斯、哥白尼等)取得重大成就外,还引用杰出人物的言论进行论证。例如:

奇迹多是在厄运中出现的。(培根)

不幸是一所最好的大学。(别林斯基)

(3)类比法 用同类事物的某些相同或相似方面作比较并进行推论的论证方法。例如,《庄子·列御寇》:

宋国人有个叫曹商的,为宋王到秦国出使。临走时,从宋王那里得到好几辆车。来到秦国,秦王喜欢曹商,又给他增加了一百辆。曹商回到宋国就去见庄子……(曹商极得意,说了许多自吹自擂的话。略)

庄子说:"秦王曾有病,把医师召来。能吮破肿块、吸开脓疮的人,可以得到一辆车;舔痔疮的人,可得五辆车;所作所为越卑下不堪,得到的车就越多。您大概不只是舔了秦王的痔疮吧?为什么得到这么多的车呀?"(译文)

得车一辆、得车五辆,都是人格大受屈辱的结果,按照"所治愈下,得车愈多"的规则来比较、来类推,那么能够得车百辆的人,他干的事该会卑下得无法想象。

(4)喻证法 是用与论点有一定联系的比喻为论据而进行推论的论证方法。例如,《议论文选析·谈"大材小用"》,论点是反对大材小用。论据是:某君懂得三门外国语却在小小的里弄生产组里糊了十年火柴盒。论证则打比方:用大吊车只吊起一颗小小的螺丝钉来比喻某君懂三门外国语却糊火柴盒。由于吊车和人都处在"大材"而被"小用"的境地,因而两者有构成比喻的可能。这一比喻就生动、形象地支持了反对"大材小用"的论点。

不过,比喻在事实上是与论点没有关系的,因而喻证只能是起辅助作用的论证方法。但它有生动、形象、易于理解的优点,若能配合其他论证法使用,则会收到很好的论证效果。

(三)论说文的类型

(1)按论说文的内容,通常把论说文划分为论文、评论、杂文三个类型

①论文,包括政治论文和学术论文。政治论文是指有关国家、政党的路线、方针、政策等问题的论述。例如,毛泽东的《关于正确处理人民内部矛盾的问题》就是典型的政治论文。学术论文是指自然科学、社会科学学术研究的书面成果。例如马寅初的《新人口论》就是典型的学术论文。

②评论,按评论的对象分类,有时事评论、文艺评论、体育评论等;按评论的作者分类,有社论、评论员文章、编者按语等。这是在报刊上出现得最多的论说文。

③杂文,是针对社会生活、人间百态有感而发的文艺性论文,包括随笔、小品文等。鲁迅的杂文为这一文类的独立存在奠定了基础。

就一般情况而言,论文的理论性最为突出,评论、杂文的现实性比较显著。

(2)按论说文的作用,可以把论说文分成立论文和驳论文

①立论文,是以阐述、确立己方论点为目的的论说文。在阐述己方论点的过程中,尽管可能反驳已知的或推知的对立论点,但那只是为更好地确立己方论点而采取的手段。柳宗元的《封建论》是一篇非常重要的学术论文,也是一篇典型的立论文。文中的立论是:封建是"势"(形势)造成的,而非出于"圣人"(最高统治者)的意志。

②驳论文,作用与立论文相反,它是以反驳推倒对方论点为目的的论说文。在反驳对方论点的过程中,尽管可能己方有立论的表现,但也只是为了更好地驳倒对方论点和收束篇章的需要而采取的手段。韩愈的《讳辩》就是一篇典型的驳论文。文中针对李贺的父亲名晋肃,李贺就该避家讳而不参加进士考试的谬论,条分缕析地加以驳斥,驳得淋漓痛快。

不过,有的论说文驳、立并驾,难以分清侧重于立,还是侧重于驳。

四、应用文写作

(一)应用文的特点

应用文是一类规定性写作文体。包括机关行政公文、机关事务文书、财经文书、司法文书、科技文书、礼仪文书、日常应用文等多类。应用文行文有惯用体式,强调行文的政策意识、法律意识、求实意识、单位意识、职业意识。

应用文有如下特点。

1. 鲜明的求实性

应用文是用来处理各种公务和私事的,必须注重实用,讲求实效。写作中要特别强调务实,不要有任何的夸张与虚构。

在内容上要做到:

(1)材料应该真实可靠,不能有任何的想象和虚构。

(2)在分析和推断上要符合实际,不能主观臆断。

(3)采取的措施办法必须切合实际,不能脱离实际。

在形式上必须质朴平实,不务藻饰,做到文实相符。

2. 切实的合体性

应用文是为解决实际问题而写的,要收到实际的效果,必须注意体式。从应用文送发的对象来说,可以分为三类。

（1）上行文：由下级机关或晚辈对上级机关或长辈发出的。
（2）下行文：由上级机关或长辈对下级机关或晚辈发出的。
（3）平行文：由级别相等的机关或长幼相当的平辈之间互相交往用的。

这三种不同的应用文在格式、问候语和措辞上都有不同的要求，写作时必须合体，才能收到好的效果。

另外，各种应用文都有固定的程式，包括标题、书写格式、习用语等，必须掌握这些程式。有些人不会写应用文，不是他不会写文章，而是不掌握应用文的程式。我们学习写应用文，主要也是了解应用文的程式。

3. 表达的明确性

明白、准确、通顺是应用文起码的也是最高的要求。叶圣陶说："公文不一定要好文章，可是必须写得一清二楚，十分明确，句稳词妥，通体通顺，让人家不折不扣地了解你说的是什么。"（《公文写得含糊草率的现象应当改变》）

应用文传递的信息一定要非常准确，才能达到交际的目的。哪怕错一个人名、地名，甚至一个标点，都可能引起很大的误会。行文一定要明白通顺，避免含糊、费解和歧义。如有一个旅游团原定9月29日到京，因故要推迟一天才能到，该团领队打电报给北京的接团的同志："因故推迟一日到。"但北京的同志就不明白这个团到底是9月30日到，还是10月1日到？因为电报没有标点，产生歧义。

4. 行文的简要性

应用文要提高交际的效率必须简明扼要。《国家行政机关公文处理办法》指出草拟公文应注意："文字要精练"，"篇幅要力求简短"。因此，应用文所述内容要精选，用词造句要惜墨如金。

（二）书信

书信是人们常用的一种应用文。人们经常用书信形式往来交谈、联系事务、交流信息、介绍情况、提出建议、予以证明、发出邀请，可见，书信具有多方面的功能。根据书信的用途，人们多将书信分为一般书信与专用书信两类。

1. 一般书信

一般性书信，多用于个人或单位之间的联系，由五部分组成：称呼或受信单位；正文；结尾；具名或发信单位；日期。

（1）称呼

用什么样的称呼，是由发信人与收信人的关系决定的，所以称呼要符合身份，要分清长辈、平辈、晚辈及亲疏远近，还要分清地位高低，总之称呼要得体地表明发信人的或尊敬、或亲切、或礼貌之意，有时还要加以"尊敬的"、"亲爱的"、"敬爱的"等敬语。

另外，称呼要写在第一行，顶格，后面用冒号，表示还有下文。

(2)正文

是书信的主要部分,内容是写信人要写的所有事情。无论是始发信还是复信,都要根据事情的轻重缓急,分段写清楚,就是说最好一事一段,眉清目楚。

正文开始时,要单起一行,空两个格。

(3)结尾

主要是写祝颂性的话,表示礼貌。祝颂语跟称呼语一样要得体,符合身份。就是说,祝颂语要根据收信人的身份、地位加以选择。祝颂语一般分两部分行文,前一部分可与正文连接,也可以另起一行,空两格写;后一部分另起一行,须顶格写。

比较正式的祝颂语有"此致/敬礼(布礼)"、"敬贺/年禧(过年用)";一般性的祝颂语有"祝您/愉快(幸福、健康、顺利、春安、夏安、秋安、冬安、教安、编安、文安、学安……)";对比发信人地位低的人的祝颂语有"祝(望)/向上(努力、进步、成功……)";对地位较高、年龄较长的人的祝颂语有"敬叩(敬请、敬颂、敬祝、恭祝、恭请、肃请、祇请、谨颂)/台安(金安、大安、福安、崇安、福绥、崇祺、泰安、兹安、教安、教祺、康安)"。写信人要根据不同的收信对象加以选择,以表示自己的谦恭有礼。

(4)具名

具名写在祝颂语后一部分的下一行右侧。

在发信人的名字前,一般要根据开头的称呼加上对应的谦称;有时,名字后面还写上具名语。给长辈的,多用"叩上、谨叩、谨详、谨肃、谨上"等;给平辈的,多用"谨启、手启、手书、拜、敬白、拜上"等;给晚辈的,多用"字、示、书、告、启、复"等。

(5)日期

在具名下一行写日期,最好年、月、日俱全,以备查考。

此外,还要注意:写信应当使用钢笔、毛笔或圆珠笔,不可用铅笔、红色笔。字迹要清楚,不可潦草。发现有遗漏,可以在具名后的空白处补充,标以"又及、附"等字样;信封有横式、竖式两种,要按照邮电部门的统一规定写;信封上收信人姓名后面的称呼,是供邮局工作人员称呼的,不要按写信人与收信人的关系写成"姐、同学、父亲"之类,而要用"同志"、"先生"等称呼。

【参考例文】

致宋庆龄

(一九三六年九月十八日)

庆龄先生左右:

　　武汉分别,忽近十年。每从报端及外来同志口中得知先生革命救国的言论行动,引起我们无限的敬爱。一九二七年后,真能继续孙中山先生革命救国之精神的,只有先生与我们的同志们。目前停止内战联合抗日之呼声虽已普及全国,然而统率大兵之蒋氏及国民党中央迄今尚无彻底悔祸之心。这种违反孙中山先生革命的三民主义与三大政策之行为,实为国民党大多数党员所不应容许而应立起纠正才是。因此,我想到要唤醒国民党中枢诸负责人员,觉悟于亡国之可怕与民意之不可侮,迅速改变其错误政策,是尚有赖于先生利用国民党中委之资格作具体实际之活动。兹派潘汉年同志前来面申具体组织统一战线之意见,并与先生商酌公开活动之办法,到时敬求接洽,予以指导。附上我们致国民党中央的信以作参考。同时请先生介绍与先生比较接近的诸国民党中枢人员,如吴稚晖、孔祥熙、宋子文、李石曾、蔡元培、孙科诸先生,与汉年同志一谈,不胜感幸。

  顺问

近安

毛泽东

"九·一八"五周年纪念日

(选自《毛泽东书信选集》第61—62页)

2. 专用书信

  专用书信是指用于某种事务联系、具有专门用途的书信。如:贺信、咨询信、感谢信、表扬信、介绍信、证明信、慰问信、申请书、邀请信(请柬)、聘请书、倡议书等。

  专用书信的写法大致与一般书信相同,但不同的是专用书信往往有特定的要求及格式。写专用书信,特别要求将事宜、地址、联系方式等写清楚,语言要简洁精练、通俗清晰、准确无误,格式要程式化。下面分别进行介绍、示例。

  (1)咨询信

  咨询信,主要是询问事情,征求意见。询问,要求要清楚,不可笼统。例如:

×××旅行社负责人:

  您好!

  我是一个农民。

  我想参加国内旅行社组团的境外团体旅游,不知需要办哪些手续?怎样办手续?请拨冗给予答复为盼。

  此致

敬礼

×××

××××年××月××日

(2) 贺信（贺电、贺词）

贺信，是对成绩、节日、生日等喜庆事物表示庆贺的专用文体。用书信形式寄发，叫贺信；面对面陈述叫贺词；以电讯形式发出，叫贺电。

贺信，主要写明祝贺的事由，包括向谁祝贺、祝贺什么、为什么祝贺等。语言要简练，感情要饱满，充分表现热情洋溢、喜悦赞美的感情。祝贺和颂扬之语要恰当，不可溢美。请看一例贺电：

中国女子排球队：

在第三届世界杯女子排球赛中，你们刻苦锻炼，顽强战斗，获得了冠军，为祖国争了光，为人民立了功，国务院向你们表示热烈的祝贺！

你们的胜利，鼓舞了全国人民奋发图强、振兴中华的爱国主义热忱。我们希望全国人民都来学习你们团结战斗、艰苦创业的精神，为把我国建设成为具有高度物质文明和精神文明的伟大社会主义国家而努力奋斗！

中华人民共和国国务院
1981 年 11 月 16 日

(3) 感谢信

感谢信，侧重于表达谢意，主要要写明：在什么时候，因为什么事由，得到了对方什么帮助，最后表示感谢。例如：

×××：

为进一步提高我社导游人员的业务水平，贵校两年来派来数位教师，先后为我社培训班开设了导游业务、旅游法规常识、导游基础知识、汉语言文学知识等课程。贵校教师授课效果极好，受到导游员们的一致好评。通过两年来的系统培训，我社导游人员的业务水平有了很大的提高。

在本期培训班即将结束之时，我们代表旅行社全体工作人员向贵校表示衷心的感谢。并且希望今后与贵校继续合作，请你们大力支持。

此致

敬礼

×××旅行社
××××年××月××日

(4) 介绍信

介绍信是介绍本单位的有关人员到另一单位联系接洽事由时使用的一种信件，有介绍和证明的双重作用。现在，公务介绍信一般都是预先印制好的，只需填上姓名和具体事由即可；另外，还要加盖骑缝公章，填好有效日期。例如：

××饭店：

　　兹介绍我校学生处×××同志等二人，前往贵处联系学生实习事宜，请予接洽并大力协助为盼。

　　顺致

敬礼

×××大学（公章）
××××年××月××日

（5）证明信

证明信是个人、机关或团体，为某些对象证明身份、学历、事件等所需要证明的各种真实情况的信件。证明信要求言必有据，证明确凿，经得起各种推敲。证明信上正常的涂改之处要加盖印章。证明信无论个人或单位出具的，都最好加盖上公章。例如：

×××大学：

　　贵校教师×××，借调到×××旅行社工作期间，兢兢业业，任劳任怨，成绩显著，被评为我社××××年度先进工作者。情况属实，特此证明。

　　此致

敬礼

××旅行社（公章）
××××年××月××日

（6）邀请信

邀请信，也叫请柬、请帖，是请对方来参加某种特定活动的信件。邀请信隆重而正式，要正确地书写被邀请对象的姓名或全称、邀请事由及注意事项；如果是赴会邀请，还要写明时间、地点、日期等事项及其他注意事项。

　　例一：

×××先生：

　　我社定于××月××日上午九时在本社礼堂举行建社二十周年社庆纪念会。会后备有工作餐。敬请届时

莅临赐教

×××旅行社
××××年××月××日

　　例二：

×××先生：

　　新年伊始，春节临近。兹定于××××年××月××日下午×时在××饭店×层大厅举行迎春茶话会，备有薄酌招待。茶话会后举行迎春舞会。恭请×××先生并夫人

光临

（附舞会入场券两张）

$$×××公司谨邀$$
$$××××年××月××日$$

(7) 聘请书

聘请书，也叫聘书。聘书是聘请某人担任一定职务或职称或工作的信件，为了表示慎重和尊敬，用文字写成书信送给被聘请的人。

聘书一般要写明被聘请人的姓名、所担任的具体职务，有时还要写明担任职务或工作的期限。例如：

兹聘请×××先生为我社导游人员培训部副教授。聘期四年。报酬按有关文件规定付给。

$$×××旅行社$$
$$××××年××月××日$$

(8) 推荐信

推荐信，主要用于向别人推荐介绍人或物，以便别人采纳。推荐信一般由第三者写，也有自荐的。推荐信主要要把值得推荐的理由写充分，陈词应实事求是，不作溢美之辞。

推荐信，有时要写明推荐人与被推荐人的关系。如果有印成的表格，就先填完表格，然后写推荐语。例如：

×××旅行社负责人：

×××同志于××××年毕业于×××大学英语系。学习期间成绩优良，品学兼优。

×××同志毕业后一直从事导游工作，在英语导游工作中有显著成绩，我深信，他可以胜任×××旅游年中国民居旅游团的英语导游工作。特此推荐。

顺颂

大安

$$×××大学教授×××$$
$$××××年××月××日$$

(9) 慰问信

慰问信，是一种对他人表示慰藉、问候、鼓励、关切的专用信件。

慰问信正文一般是先写问候、安慰的话语，然后根据不同的对象及不同对象的具体情况，表示慰问。慰问信的表达，要亲切、热情、真挚、坦诚。

【参考例文】

致邹韬奋夫人沈粹缜的慰问信
（一九四五年九月十二日）

粹缜先生：

　　在抗战胜利的欢呼声中，想起毕生为民族的自由解放而奋斗的韬奋先生已经不能和我们同享欢喜，我们不能不感到无限的痛苦。您所感到的痛苦自然是更加深切的了。我们知道，韬奋先生生前尽瘁国事，由于您的协助和鼓励，才使他能够无所顾虑地为他的事业而努力。现在，他一生光辉的努力已经开始获得报偿了。在他的笔底，培育了中国人民的觉醒和团结，促成了现在中国人民的胜利。中国人民一定要继续努力，为实现韬奋先生全心向往的和平、团结、民主的新中国而奋斗不懈。韬奋先生的功业在中国人民心目中永垂不朽，他的名字将永远是引导中国人民前进的旗帜。想到这些，您，最亲切地了解韬奋先生的人，一定也会在苦痛中感到安慰的吧！您的孩子——嘉骝，在延安过得很好，他的品格和勤学，都使他能无负于他的父亲，这也一定是可以使您欣慰的事吧！谨向您致衷心的慰问，并祝您和您的孩子们健康！

周恩来启
卅四年九月十二日

（选自《周恩来选集》第 225 页）

（10）倡议书

　　倡议书是为了共同完成某项工作或开展某项活动而公开提出倡议，以期引起有关方面响应的专用书信。

　　倡议书可以由个人发起，也可以由部分人发起；可以由一个部门或单位发起，也可以由几个部门或单位联合发起。

　　倡议书的内容要写清楚在什么情况下、为了什么目的、发出什么倡议、自己打算怎么做、希望别人怎么做等。倡议书所提出的倡议既要有社会意义，又要切合实际，具有可行性。

　　倡议书可以公开张贴或广播，也可以在报刊上公开发表。

【参考例文】

教育部、中国文字改革委员会等十五个单位
提出大家都来说普通话的倡议书

　　我国幅员辽阔，人口众多，由于历史的原因，汉语至今仍存在着严重的方言分歧。不同地区人民之间在语言上存在隔阂，妨碍了相互交流。这种现象给人们的

工作、学习、生活带来了许多不便,给我国政治、经济、国防、教育、文化的发展带来不利影响。50年代和60年代初期,推广普通话曾经收到了很大的成效,可惜在十年内乱中受到破坏,停顿下来。在党的十一届三中全会以后,这项工作开始恢复,有了一些进展,但还不能适应形势发展的需要。党的十二大制定了开创社会主义现代化建设新局面的伟大纲领。现在,五届人大五次会议通过的新宪法已经载明"国家推广全国通用的普通话"的条款。全国人民正认真贯彻十二大精神,学习和执行新宪法,沿着十二大指引的方向,满腔热情地从事伟大的社会主义现代化建设。大力推广普通话,消除方言隔阂,已成为更加迫切的任务。它是关系到国家的统一、人民的团结、社会的进步的大事;是建设社会主义的物质文明和精神文明、建设社会主义的民主和法制必不可少的措施。周恩来同志生前曾经指出:"在我国汉族人民中努力推广以北京语音为标准音的普通话就是一项重要的政治任务。"因此,希望各地、各级领导部门都来关心推广普通话工作,各行各业的同志们,特别是青少年,都来学习普通话、说普通话、做推广普通话的促进派。

我们的倡议如下:

一、领导干部要重视宣传、提倡普通话,年轻干部要带头学习、使用普通话。

二、学校是推广普通话的重要基地,广大师生是推广普通话的重要力量。各级各类学校的师生都要积极学习和使用普通话。师范院校,教师进修院校,城镇中、小学和公社中心小学应当首先做到在校内普及普通话,其他学校也要逐步做到。各级各类学校的师生要形成使用普通话的风气。幼儿园也要积极推广普通话。汉语拼音是学习普通话的有效工具,各级学校都要认真教好、学好、用好。

三、中国人民解放军广大指战员来自全国各地。在部队中推广普通话,对于统一指挥,密切官兵关系和军政、军民关系,加强现代化、正规化的革命军队建设,提高部队的战斗力,具有重要的意义。部队机关和各军事院校都应当使用普通话。新兵入伍后,有关部门和连队应当采取有效措施,使不会普通话的战士,尽快学会普通话。整个部队要养成学习、使用和传播普通话的好风气。公安各级干部和人民警察也应学会普通话。

四、铁路、交通、邮电系统的列车员、售票员、广播员、电话员和其他服务人员,每日每时都要接触各地群众,应当把普通话作为工作用语。商业和服务行业的营业员和服务员要学会用普通话接待顾客,大城市和旅游区首先应该做到。应当把使用普通话看做是提高服务质量、开展文明礼貌活动的一项内容。

五、广播、电影、电视、话剧拥有广大的听众和观众,是推广普通话的重要方式。广播员、演员应当使用标准的普通话,为广大群众学习普通话作出示范。中央和各省、市、自治区的电台和电视台都应举办汉语拼音和普通话的教学讲座。各省、市、自治区的广播电台除有特殊情况外,都应当尽可能使用普通话播音(不包括地方戏曲)。地方广播站也要逐步增加普通话的播音节目。

六、报刊、书籍的作者和编辑人员应当注意出版物的语言规范化,除特殊需要外,要尽可能少用方言土语。

七、青年工人和青年农民应当努力学习普通话,各类业余文化技术学习班应当提倡使用普通话教学。

八、普通话是全国通用的语言。各兄弟民族中凡自愿要求学习普通话的,有关单位要给予积极支持和帮助。各兄弟民族学校中的汉语教学,应当以普通话为标准。

九、报刊图书名称、商标和商品包装以及商店招牌、街道路名牌上面的汉语拼音,拼式应当规范化并且符合普通话标准音。

倡议单位:
教育部
中国文字改革委员会
中国人民解放军总政治部
中国共产主义青年团中央委员会
中华全国总工会
中华全国妇女联合会
公安部
商业部
铁道部
交通部
邮电部
城乡建设环境保护部
文化部
广播电视部
国家旅游局

一九八二年十二月二十一日

(摘自《人民日报》1982年12月23日)

(三)计划和总结

计划是人们对未来一定时期内的工作、生产、学习等活动拟定实现目标、具体要求、措施、步骤及完成期限等并形成条理清楚、层次分明的文字的一种文书。计划的应用范围十分广泛,具有预期性、具体性、科学性等一系列特点。

总结,是人们对前一阶段活动的系统回顾,即对前一阶段的实践活动进行分析研究,找出经验教训,得出规律性认识,以明确今后实践方向的一种应用文体。

计划是总结的依据,总结是对计划的检验,二者相辅相成,互相制约而又互相促进。

1. 计划的作用与分类

（1）计划的作用

计划是工作的先导。切实可行的计划,对实际工作、生产和学习等活动具有重要的指导、推动和保证作用。它的主要作用在于:

①计划能够明确奋斗目标,更好地动员人们,鼓舞人们,调动人们的积极性和创造性。

②计划可以起到调节控制作用,以协调各个方面、各个部门,统一思想,统一行动,去实现预定的任务。

③在经济工作中,计划也是一种合理地安排人力、财力、物力,建立正常的生产经营秩序的有效的组织管理手段。

（2）计划的分类

计划的种类很多,按照不同的分类标准,可以划分出不同的种类。

①按性质分,有综合性计划、专题性计划。

②按内容分,有工作计划、学习计划、生产计划、教学计划、科研计划、财务计划等。

③按适用范围分,有国家计划、部门计划、单位计划、个人计划等。

④按适用时间分,有年度计划、季度计划、月份计划等;或长期计划、短期计划等。

⑤按形式分,有条文式计划、表格式计划、文件式计划等。

⑥按效力分,有指令性计划、指导性计划等。

2. 计划的格式与写法

（1）计划的格式

计划没有一定的格式,有条文式、表格式、文件式等多种形式。无论采用什么形式,一份计划都要由标题、正文、结尾等几部分组成,有时计划后还要有附表或附图。

（2）计划的写法

①标题

标题又叫做计划名称,通常由三部分组成:A. 制订计划的单位;B. 期限;C. 计划种类。如《××旅行社1995年度导游工作计划》。

如果单位名称放在结尾处,标题中也可以不出现。如果计划还未正式确定,是征求意见稿或讨论稿,要在标题后用括号注明"草案"、"初稿"、"未定稿"、"初步计划"、"供讨论用"等字样。

②正文

正文是计划的主体。应写明为什么订这份计划,要做些什么,为什么去做,怎样去做,什么时候完成等。正文的内容要写得具体明确、主次分明、条理清晰、言简意赅,以便执行。正文一般包括前言、计划事项、措施和步骤、其他事项等几部分内容。

前言:有时也叫序言,在计划中可以有,也可以没有。前言主要是说明编制计划的依据、目的,或概括回顾前一段时期内完成工作的基本情况,说明制订计划的基础。

在文字表述上,这一部分应力求简明扼要。大型的计划往往标出"序言",作为一个独立章节。一般的工作计划则只要把这一部分作为计划的开头段落就可以了。

计划的事项:计划事项就是计划的目的和任务。这一部分主要是提出计划完成时限、任务、应达到的要求,一般分条列写。任务和要求都应明确、具体,既要积极,又要留有余地。

措施和步骤:这一部分应就计划事项的任务和要求,拟定出具体的实施方法、工作程序、时间安排、分工和责任,为了条分缕析,可分条分项列写。

其他事项:其他事项可以分别写在各项条文里,也可以单列条文或在末尾专写一段。主要写明应注意的问题,以及检查、评比、修改计划的办法等。

③结尾

结尾主要是提出希望或号召。如果是需要上报或下达的计划,要分别写明,还要加盖公章。

结尾后要写明单位名称和日期,如标题中已写明单位名称,这里只要写明日期就可以了。

3. 总结的意义与分类

总结具有针对性、求实性、指导性。通过总结,可以全面、系统地了解工作情况,从成功中获得经验,从错误或失败中吸取教训,从而改进工作,促进工作的进展。通过总结,可以使人们提高认识,增长才干,因为总结能帮助人们对实际工作的认识由感性上升到理性。通过总结,还可以互通情况,共同提高,因为有的总结或上报,或下发,或在一定范围内传阅。

总结的分类也可以从不同角度进行:

①按总结的性质分,可分为全面总结、专题总结。

②按总结的内容分,可以分为工作总结、学习总结、思想总结等。

③按总结的时间分,可以分为阶段总结、年度总结、季度总结、月份总结等。

④按总结的范围分,可以分为个人总结、部门总结、单位总结等。

每一个具体总结与计划一样,都可以从不同的分类角度加以综合定类。如《××市国税局××××年度税收工作总结》,是全面的、工作方面的、年度的、单位的总结。

4. 总结的格式及写法

总结没有固定的格式,一般讲包括标题、正文和署名、日期三部分。

(1)标题

标题的拟定要有针对性,形式却可以多种多样。

①全面总结、工作总结多采取"单位名称+时间期限+总结种类"的格式,如《××市××××年度旅游工作总结》。

②专题性总结,多采用正副标题的格式,如《综合提高旅游院校学生的口头与书面表达能力——全国旅游院校教改总结》。

③经验性的总结,多用一般性文章标题的形式,如《巩固责任制,发展新农业》。

(2)正文

正文的结构形式主要有三种:条文式、小标题式、全文贯通式。

正文的内容,主要有基本情况概述、成绩和不足、经验与教训、今后努力方向等几个方面。就一篇总结而言,以上内容不一定面面俱到,要从实际出发,根据具体情况而有所侧重。

①基本情况概述

基本情况概述,也叫序言。主要是简要地综述工作的基本情况、过程及结果,以给人一个总体上的印象。

②成绩和缺点

这是总结的一个主要内容,要写得详细具体一些。成绩,要写清楚是什么成绩;缺点,要写明是什么缺点,重点写缺点的性质,或指出未解决或无法解决的问题。

③经验和教训

这是总结的重点和中心,也是总结的主要目的之所在。经验和教训,是对成绩和缺点的性质及原因进行科学分析,把感性认识上升到理性认识,从中引出一种规律性的东西。可见,这部分是一篇总结成功与否的关键,要花大力气写好。

④努力方向

努力方向,是在明确前一段时间工作的经验、教训的基础上,分析形势,提出任务,展望前景。

(3)署名、日期

署名要写全称,可以写在正文右下方,也可以写在标题之下。日期要另起一行,写在署名之下。

【参考例文】

××市旅游统计工作总结

过去,由于我市旅游管理机构不够健全,旅游统计渠道不够畅通,所以旅游统计工作未能全面开展。××××年××月××日,××市人民政府××号文件明确了我局是市政府主管旅游工作的行政管理机构,我们也及时配备了统计人员,统计工作开始逐步进入了正轨。我们根据工作的需要和上级的要求,认真地开展工作,摸索和建立了统计渠道。去年年底,我们和市统计局联合召开了全市旅游统计工作会议,明确了我市的旅游统计范围。在市统计局的支持和配合下,经过将近一年的努力,我们主要做了如下几方面的工作。

一、认真贯彻旅游统计工作会议精神。在当地统计部门的配合下,明确了旅游统计的归口和统计范围。去年××月××日省旅游统计工作会议结束后,我们便主动与市统计局商量研究,在××月××日即联合召开了全市旅游统计工作会议。在会上明确了我市的旅游统计工作归口市旅游局管理,明确了纳入旅游统计的具体单位,并布置了有关旅游统计的填报工作。会后,我们还正式印发了文件。由此,我市的旅游统计工作开始走上了正常的轨道。

二、宣讲旅游统计工作的重要性和必要性,不断提高统计人员对旅游统计工作的认识。开始,各有关单位负责统计工作的人员对旅游统计工作认识不一,有的认为这是增加企业的麻烦,普遍不很重视这项工作,有些单位没有指定专人负责。针对这个问题,我们和市统计局联合印发了文件。要求各统计单位要指定专人负责这项工作。此外,我们还把上级的有关文件精神和我市的一些统计信息及时向各单位转达,向统计人员宣传旅游统计工作的重要性。通过各种形式的宣传,各有关统计单位的领导对统计工作不断地重视起来,大多数单位的统计工作都有专人负责。有一家涉外宾馆开始时认为没有必要搞旅游统计,统计报表也不愿送给市旅游局。为此,我们多次向他们进行宣传解释,并且和市统计局有关负责同志亲自到该宾馆去进行面谈,使这家宾馆接受了意见,心悦诚服地指定了专人负责本单位统计工作,认真完成了统计报表任务。

三、及时督促指导,认真按时完成统计报表的填报任务。根据我市的具体情况,我们与市统计局商定,目前旅游统计报表暂实行季报制。由于旅游统计工作开展不久,大多数单位统计人员的基础知识和业务水平较差,工作生疏,在填报中错漏现象不少。对这个问题,我们采取热情帮助的态度,主动与他们联系,直接下到基层,一个单位一个单位地审核,边帮助统计边学习。在统计工作的实践中学,在实践中提高。一些统计人员见我们这样认真对待统计工作,也深受感动。有一个统计员诚恳地说:"你们负责全市的旅游统计工作,时间比较紧,还经常主动下到各单位核对报表,具体进行帮助指导,我们真不好意思。以后如果报表中有什么问题,你们打电话叫我们去就行了。"经过边"打"边练,经过几次统计工作实践,全市旅游统计人员的统计业务水平都有了明显的提高,报表中的差错现象减少了,准确度越来越高。

四、认真进行统计报表的汇总工作,在建立原始统计台账的基础上逐步搞好统计工作。我市的旅游统计基础还比较差。各单位送上来的报表数字出入比较大,我们在解决思想认识的前提下狠抓统计报表的质量,力求按时上报综合报表,通过这些过渡方法我们已经掌握了一定的数据和材料,可以作一些简单的旅游统计分析了。

五、开展旅游统计,利用统计资料供领导和有关部门及时了解全市的旅游情况,分析决策问题。经过一年来的工作实践,我市的旅游统计工作确实起了重要作用。从去年开展旅游统计工作以来,各有关企业和有关部门对统计工作在实际经济活动中的作用有了新的认识。有一家涉外宾馆的负责同志深有感触地说:"在今天各宾馆竞争激烈的情况下,需要运用科学的管理方法,尤其是需要运用统计分析的方法去指导宾馆的实际经营活动。"一年多来,市委政策办公室、市府办公室、市计委、市工商银行等有关部门纷纷要求我局提供旅游统计资料,以便对旅游工作作出决策和进行指导。

我们开展旅游统计工作的时间不长,经验不足,通过一年来的摸索和工作实践,有如下几点粗浅的体会。

1. 主管部门之间互相配合,加强协作。在"旅游系统"这个范围还没有很明确以前,我局在明确旅游统计归口问题和划分旅游统计单位范围以及布置有关旅游统计工作时,都主动与市统计局联系,联合主持召开有关会议,并共同下达文件。有时遇到比较棘手的问题,也是两个部门共同派员去解决。我们认为,能够顺利地开展这项工作,是与市统计局的大力配合和支持分不开的。

2. 工作严肃认真,把指导性和指令性有机地结合起来。统计工作准确性和及时性要求很强,如果统计有错误,不按时上报,势必影响综合统计,延误汇总上报时间。因此,我们在对统计单位积极进行宣传解释工作的同时,对一些重要问题都是两个部门联名以正式公文的形式下达的。通过一些指令性的工作,促使各统计单位对这项工作引起重视。

3. 从解决思想认识入手,提高统计人员的积极性。开始,不少负责统计工作的同志对这项工作认识不足,认为这是为他人服务,既枯燥,又对自身没有多大的作用。工作时随随便便,采取应付式的态度。针对这些问题,我们一方面积极地向他们做好宣传解释工作;另一方面我局经营管理科负责统计工作的同志还以积极主动、认真细致的工作精神去影响他们,带头做好统计工作。

4. 从实际出发,稳步开展旅游统计工作。旅游统计工作在我市起步较迟,包括我局的所有统计人员基本上都没有受过专门的培训。要搞好这项工作,我们认为应该稳步开展,先打好基础,在统计报表的时间制度上,可暂时实行半年报或季报,再过渡到月报;在统计范围上,可以先统计重点单位,然后再扩大范围;在统计各项指标时,可以先统计主要指标,其余指标作估算或逐步增加。这样,才会有利于今后旅游统计工作的全面开展。

我们的旅游统计工作虽然取得了一定的成绩,但也存在不少问题。主要的是,统计人员素质较差,缺乏统计知识,统计工作无法规范地进行,往往影响报表的质量和上报时间。为此建议上级部门对统计单位的负责同志和统计人员进行一些短期的培训。通过培训,使统计人员学会和掌握统计的基础知识,以适应当前统计工作的需要。同时还要做好统计工作的检查评比工作,有批评有表扬,促进旅游统计工作的全面开展。

××市旅游局
××××年××月××日

(四)请示和报告

1. 请示的分类

请示,是用于向上级机关请求指示、批准的公文。请示可分两类。

一类是政策请示。在工作中遇到一些特殊的情况,本部门限于权限,或由于政策把握不准,而向上级机关请求给予更为明确、具体的指示。如《上海市工商行政管理局关于商标及其包装、宣传品使用繁体字问题的请示》,就是对是否使用繁体字请求上级指示。

另一类是工作请示。在工作中遇到实际问题,提出某些应对措施,而又不能擅自做主,向上级机关请求予以审定批准。如《国家旅游局关于成立中国旅游饭店协会的请示》,从工作需要提出成立某协会的措施,呈报上级批准。

2. 请示和报告的区别

请示与报告颇易混淆,应注意区分。二者性质不同:报告是陈述性公文,不需要上级机关批复;请示是请求性公文,它一定要求上级机关批复。二者行文时限不同:报告在事前、事中、事后均可行文;请示则必须事前行文,不得先斩后奏。二者用途不同:报告是为了让上级机关知晓某项工作、某种情况或某种意见,其行文目的最终指向上级机关;而请示则是为了从上级机关那里求得对某个问题、某项工作、某种要求的指示、批准,其行文目的最终是落实到本机关、本部门的。报告可以一份中陈述多种内容;请示一定要坚持一文一事,即一份请示只就一件事项请求指示或批准,不可一文数事并陈,那样往往会因其中某一事项暂时难以解决而将整个请示搁置,耽误其他事情。

3. 请示的写作

请示的正文一般由三部分组成。开头写明请示缘由,这一部分要交代请示的原因或依据,可能因情形复杂、原因多样而形成较大篇幅,应注意条理分明,事理充分,简括而有力。主体,写明请示事项,这是全文的主旨与核心,要求上级机关给予哪些指示、批准哪些措施,都需写得清楚、明确、具体,不应含糊其辞和做不必要的客套。结尾,提出请示要求,收束全文。请示要求的结语应根据不同的事项分别使用,请求指示的,可以写"以上请示,当否,请批复"、"请指示"等;请求批准的,可以写"请予批准"、"所请当否,请予审批"等。

4. 报告的特点和分类

报告是下级机关、部门向上级反映情况,汇报工作,陈述问题,报送表册、物件和答复上级部门有关询问的陈述性公文。

报告主要是对上级使用的上行文,它有汇报性、总结性、建议性、间接指示性等一系列特点。上行报告中,下级常将工作情况总结汇报给上级,以利于上级了解情况,为制定新的方针政策提供依据。报告中,下级常对今后的工作提出打算、安排和建议,在上级未审批前只呈建议性,上级审批后,便具有了指示性。

报告的分类,也可以从以下几个角度进行。

(1)按报告行转方向,分为呈报性报告和呈转性报告两类。呈报性报告多以陈述存在问题为主,呈报后,不要求转发,只供领导参考。呈转性报告多以具体意见为主,一经上级批转,对有关部门的工作就有了指示性。

(2)按报告性质,分为综合性报告、专题性报告两种。综合性报告,一般全面反映情况,以期得到上级指导。专题性报告,只写一方面的情况,使用频率较高,大多数需要上级批转。

(3)按报告内容,分为工作报告、情况或事件报告、例行报告、报送文件的报告等。工作报告,主要是汇报某项工作的进展情况,并作出恰当的分析和判断,以便上级了解或指示。情况报告,主要是把某一问题或某一偶发情况向上级汇报,写清情况的原委,陈述基本看法,有时还要提出处理意见,便于上级指示。答复报告,是下级对上级的某一询问予以答复的报告,针对性较强,不要离题或节外生枝。例行报告,是按有关规定到时必送的报告。报送文件的报告,是随文件附写的报告,简明扼要,交代清楚即可。

5. 报告的写作要求

(1)报告的情况必须属实,有据可依。呈报性报告必须忠于事实,概括而具体。不可空洞无物;不可夸大成绩,缩小问题,报喜不报忧;更不能歪曲事实,欺骗上级。呈转性报告的建议、安排、措施等内容要符合国家的方针政策,具体明确,切实可行。

(2)报告中提出的要求要明确。尤其是呈转性报告,结束语的观点要鲜明,便于上级处理。特别要注意结束语不能用请示的请求语,如使用"报告当否,请批示"等字样是不妥的。

(3)报告的条理要清晰。突出重点,详略得当。如果内容较复杂,要围绕一个中心分项表述,以避免重复和交叉。

【参考例文】

教育部关于《高等教育自学考试试行办法》的报告

国务院:

为了调动广大群众学习积极性,通过多种途径发展高等教育,加速培养和选拔专门人才,更好地适应我国社会主义现代化建设事业发展的需要,我们制定了《高等教育自学考试试行办法》。这个办法征求了国务院有关部门意见,同时还在我部召开的部分省、市、自治区教育部门、部分高等学校负责人座谈会上进行了讨论。

高等教育自学考试在我国是一项新的工作,政策性很强,工作繁重、复杂,涉及劳动计划、工资待遇、干部管理等诸多方面,要认真做好这项工作。

(一)各级政府应当十分重视这项工作,省、市、自治区要由一位负责同志亲自抓,并组织有关部门成立高等教育自学考试委员会,分配精干的专职干部进行日常工作。

(二)要充分发挥普通高等学校的作用。普通高等学校要积极协助高等教育自学考试委员会做好自学考试工作。

(三)各省、市、自治区高等教育自学考试委员会要根据本地区对各种专业人才的需要确定考试专业,以便对考试合格的在职人员调整适当工作,对待业人员择优录用。

(四)考生经过高等教育自学考试合格,取得毕业证书的工资待遇,涉及整个业余高等学校毕业生的工资待遇问题,经与国家人事局、国家劳动总局协商,拟从一九七九年开始,凡经省、市、自治区人民政府和国务院各部委批准,并报教育部备案的高等学校所举办的函授、夜大学,企事业单位、地区所举办的业余大学的毕业生,其工资待遇,可按《高等教育自学考试试行办法》第四项规定执行。

(五)考虑到目前高等教育自学考试工作还没有经验,建议先在北京、天津、上海等少数地方试行,待取得经验后,再逐步推广。

以上报告如无不当,请批转各地遵照执行。

附件:《高等教育自学考试试行办法》(略)

教育部

一九八〇年十二月四日

第 5 章 对　联

第一节　对联基本知识

对联历史悠久,流传广泛,雅俗共赏,是体制短小、文字精练的一种文学形式。在我国众多的名胜古迹之中,对联随处可见,这些对联都和与景点相关的历史传说、人情风物有密切的联系,并与景点融为一体,往往成为景点的有机组成部分,也是景点的重要欣赏对象,常常给人知识,发人联想,助人游兴。下面从语言文学的角度出发,就几个方面介绍对联的基本知识。

一、对联的起源与发展

(一)先秦至唐孕育时期

1. 形成对联的文字条件

商周两汉以来诗文的对偶句、魏晋南北朝以来辞赋的骈俪句,为后代对联的形成,在文字上做了原始积累。汉语词义、汉字字形的特点决定了使用汉语、书写汉字的人对于"对偶"的修辞手法情有独钟;3000年前,先民就已使用对偶句了。例如:

满招损;
谦受益。

(《尚书·大禹谟》)

昔我往矣,杨柳依依;
今我来思,雨雪霏霏。

(《毛诗·小雅·采薇》)

写下这样的对偶句,只是为了需要,觉得叙事明白,读着顺口,便于记忆,就用文字固定下来。

　　奏陶唐氏之舞；
　　听葛天氏之歌。

（司马相如《上林赋》）

　　从俗浮沉；
　　与时俯仰。

（司马迁《报任安书》）

写成这样的对偶句，大概就出于有意无意之间了。例如：

　　心懔懔以怀霜；
　　志眇眇而临云。

（陆机《文赋》）

　　一寸二寸之鱼；
　　三竿两竿之竹。

（庾信《小园赋》）

已从有意而为的对偶句，逐步过渡为刻意求工的骈俪句了。

　　唐五代以来律句的形成与属对句的独立倾向，已为对联的来临铺平了道路。盛唐以后形成的格律诗、律赋，以其属对严格精密见长，各成为文学新品种的一支（例略）。属对之句还都是诗文的组成部分，但它们的独立性在渐渐加强。例如：

　　（唐诗人王湾）游吴中作《江南意》（常题为《次北固山下》）诗云："海日生残夜，江春入旧年。"诗人已来，少有此句。张燕公（张说）手题政事堂，每示能文，令为楷式。

（《河岳英灵集》下"王湾"）

这是读者把对仗句从诗中剥离出来。

　　李义山谓（庭筠）曰："近得一联云：'远比召公，三十六年宰辅。'未得偶句。"温曰："何不云：'近同郭令，二十四考中书。'"

（《全唐诗话》卷四"温庭筠"）

又载：

　　药名有"白头翁"，温以"苍耳子"为对。
　　尝有人举令云："马援以马革裹尸，死而后已。"答者云："李耳指李树为姓，生而知之。"

（李调元《雨村诗话》卷十五载唐人酒令）

此类已近于脱离诗文的对偶句，或本来就是独立的对偶句，只要把它们写成上下两联，对联就问世了。到这里，对联形成的文字条件业已完全成熟。

2. 形成对联的载体条件

古人早就认为鬼魅畏惧桃木和桃木制品。例如：

> 沧海之中，有度朔之山，上有大桃木，其曲蟠三千里，其枝间东北曰鬼门，万鬼所出入也，上有二神人，一曰神荼(shēnshū)，一曰郁垒(yùlǜ)，主阅领万鬼。恶害之鬼，执以食(sì)虎。于是黄帝乃作礼，以时驱之。立大桃人，门户画神荼、郁垒与虎，悬苇索御凶魅。
>
> （《论衡·订鬼》引《山海经》）

可知先秦就有人用桃木人、门上画神像驱灾除祸。

> 仲夏之月，万物方盛。日夏至，阴气萌作……以桃印长六寸，方三寸，五色书文如法，以施门户。
>
> （《后汉书·礼仪志》卷中）

> 岁旦，常设苇茭(jiāo，索)、桃梗(桃树枝)、磔(zhé，分裂肢体)鸡于官(办公地)及百寺(官署)之门，以禳(ráng，用祷告祭祀来消灾)恶气。
>
> （《晋书·礼志》卷上）

汉晋用桃木汤、桃木人、桃木印以及桃木枝条驱凶。到了南北朝隋唐，桃木制品的种类有所减少，突出了桃符板的作用。桃符板，简称桃符，一般是在岁末、元旦，把桃符用在门户上。这固然有辟邪驱鬼的用意，但更是烘托节日气氛的一种装饰。

> 门旁设二板，以桃木为之，而画神荼、郁垒像以压邪，谓之"桃符"。
>
> （南朝梁宗懔《荆楚岁时记》）

桃符、桃板（桃版）、仙木，异名而同实。辞旧岁迎新春之际，桃符也要以新代旧。制桃符，要在两块桃木板上重新分别画神荼、郁垒两神之像，挂在门边。后来不画神像了，而代之以书写两神之名。这时，只要用迎新贺岁的文字取代两神之名，那么对联就出世了。可见，对联产生的载体条件业已完全成熟。

（二）五代出现时期

对联出现的时间，当不早于晚唐、不晚于五代。晚唐的对偶句已开始从诗赋篇章中渐渐剥离，走向独立，但真正成为对联，并且挂在门边，还要略晚一些，那就是五代十国了。从文字的记载来看，一般的说法是，最早出现对联的地方是后蜀，保留下来的最早的对联是后蜀君主孟昶(chǎng)写的对联。

> 初，昶在蜀……每岁除，命学士为词，题桃符，置寝门左右。末年辛寅逊撰词，昶以其非工，自命笔题云："新年纳余庆，佳节号长春。"
>
> （《宋史·世家·西蜀孟氏》）

史文所说的"末年"，当指后蜀灭亡的前一年，即后蜀广政二十七年（宋乾德二年，964）；又说"每岁除"，可见开始写春联（"题桃符"）的时间必定早于广政二十七年。当时写了些什么,缺乏记载,已无法知道。这保留下来的"新年纳余庆,佳节号长春",就是我们现知的最早的春联。又,流传下来的最早题写园林景物的对联,也出于后蜀。后蜀的御花园在成都南郊,其中有百花潭,大臣王瑶曾为之题联:

　　十字水中分岛屿;
　　数重花外见楼台。
　　　　　　　　　　　　　　　　　　(曲滢生《宋代楹联辑要》)

可以认为,后蜀是对联的发祥地。

(三)宋元发展时期

后蜀的"题桃符"之举,并未因后蜀王朝的灭亡而衰歇。相反,北宋以后更把对联推广到宫廷之外,引起朝野上下的兴趣;不少学者、文学家,如梅尧臣、晏殊、王安石、苏轼、黄庭坚、楼钥、杨万里、朱熹等也参与此事。对联的应用范围也得到迅速扩大。例如:

　　门前莫约频来客;
　　坐上同观未见书。
　　　　　　　　　　　　　　　　　　(楼钥自书桃符)

　　爽气西来,云雾扫开天地憾;
　　大江东去,波涛洗尽古今愁。
　　　　　　　　　　　　　　　　　　(苏轼题黄鹤楼联)

　　天边将满一轮月;
　　世上还钟百岁人。
　　　　　　　　　　　　　　　　　(吴叔经为黄耕庚夫人寿联)

仅所列三副,只是当时诸多门类对联中的春联、游览联、寿联,宋代对联之丰富可见一斑;对联的作者众多,连僧人都不甘寂寞,也厕身其间了。

元代,对联的发展稍有滞缓,但仍有热心于此道的人留下一些优秀的作品。以赵子昂为例,除歌颂皇恩的奉命之作外,他也作过高品位的对联。例如:

　　龙涧风回,万壑松涛连海气;
　　鹫峰云敛,千年桂月印湖光。
　　　　　　　　　　　　　　　　　　(题杭州西湖灵隐寺联)

(四)明清鼎盛时期

1. 明代是对联发展的黄金季节

明朝的皇帝、王公大臣、文人学者,都喜欢对对子和写春联。《簪云楼杂说·春联》(清·陈尚古)记载:某年除夕,明太祖朱元璋下诏,要求金陵公卿士庶,家家都得贴春联。朱皇帝微服私访,发现有一家没贴春联,就去问原因。原来那家主人以阉猪为生,行业卑下,难以请人给他写春联。皇帝便一挥而就,写的是"双手劈开生死路,一刀割断是非根"。后来朱皇帝又去察看,见劁猪人家还没有贴出来,问故得知:主人听说是皇帝的题联,便把春联供奉在堂屋里了。朱皇帝很高兴,赐银五十两……这颇具传说色彩。但朱元璋写对联赐给大臣却是真的,例如赐给开国元勋徐达联:

  破虏平蛮,功冠古今人第一;
  出将入相,才兼文武世无双。

(明·周辉《金陵琐事》)

  由于皇帝的鼓吹和积极从事,明人的种种对联活动十分盛行;题联、赠联、联语对答等非常活跃。文人、才子,如祝允明、杨慎、徐渭、董其昌、陈继儒等都是题联能手;学者、志士,如王守仁、顾宪成、左光斗、史可法等也留下了优秀的对联。例如:

  日午凭栏,看几点落花,听数声啼鸟;
  夜深缓步,待半帘明月,来一榻清风。

(徐渭题书舍)

  霁月风光在怀秀;
  白云苍雪共襟期。

(左光斗手书联)

  对联的进一步普及,带来内容的进一步丰富;书写对联,也有了审美的要求。一二寸宽、五六寸长,作为文字载体的桃符板已显得不堪重任,何况是桃符驱鬼的观念已在人们心目里日见淡薄的时候。于是,便于题联、便于表现书法艺术的载体,譬如多种多样的纸、合适的木板或竹板等,就自然而然取代了桃符板。估计这种"取代"是渐进的,但其完成将不会晚于明中叶。

2. 清代是对联发展的巅峰阶段

  君臣的倡导、朝野的风靡,促成对联作者和对联作品大量涌现。金人瑞、李渔、归庄、顾炎武、王夫之、朱彝尊、王士祯、郑燮、翁方纲、金农、袁枚、纪昀、赵翼、梁章钜、何绍基、林则徐、曾国藩、龚自珍,以及康熙、乾隆皇帝等,都写出了有特色的对联。例如:

  尽收城郭归檐下;
  全贮湖山在目中。

(李渔题芥子园别墅联)

  不设樊篱,恐风月被他拘束;
  大开户牖,放江山入我襟怀。

(朱彝尊题山晓园联)

尧舜生,汤武净,五霸七雄丑末耳,汉祖唐宗,也算一时名角,其余拜相封侯,不过掮旗打伞跑龙套;

四书白,五经引,诸子百家杂曲也,杜甫李白,能唱几句乱弹,此外咬文嚼字,都是求钱乞食耍猴儿。

(纪昀题京师戏馆联)

清人的对联创作,无论在数量上或质量上,都超过了前代。一般对联的写作,基本上承袭了明代对联的艺术传统,但在表现技巧上更为成熟,更为灵活多样,在特殊的对联的创作上且有突破和发展。各种哲理联、格言联、讽刺联、劝世联,以及巧联、趣联大量涌现,并得到广泛流传。

长联也在清代中叶出现,使全联的字数猛增到一百多,乃至数百,最长的竟达1620言,极大地扩展了对联的容量。孙髯翁(大观楼联作者)、刘蕴良(甲秀楼联作者)、钟耘舫(望江楼联、江津县临江城楼联作者)等,都是此道上的能者。

对联的收集整理工作也在清代开始。有的诗人已把自己的对联创作附在诗后,这说明在人们的意识里,对联的地位已有所提高。这也引起一些学者的重视,梁章钜便是收集、整理对联较早的一位;《楹联丛话》就是梁氏研究对联的一部专著。清人保留下来的对联相当多,为后人欣赏与研究提供了丰富而可贵的资料。

二、对联的分类

清代文学家梁章钜在《楹联丛话》中把对联分为10个门类。

①故事;②应制;③庙祀;④廨宇;⑤胜迹;⑥格言;⑦佳话;⑧挽词;⑨集句(附集字);⑩杂缀(附谐语)。

今天看来,这个分类标准颇不统一。对联用不同的标准可以分出不同的类。比如,从内容分,可分叙事联、状景联、抒情联、晓理联、评论联等;从文字长短分,可分长联、短联;从写作方式分,可分自拟联、集句联等。我们现在按应用范围分春联、门联、堂联、喜联、寿联、挽联、交际联和名胜古迹联8类介绍一下。

(一)春联

这是我国最早出现的应用范围最广的对联,春节贴春联已成为我国人民的一种习俗。内容多表达人们除旧迎新的喜悦心情和继往开来的奋发精神。春联一般贴在门口,上有横批。如:

爆竹一声除旧;

桃符万户迎新。

新春大吉(横批)

瑞绕重门增百富；
春回甲地集千祥。
接福迎祥（横批）

（二）门联

门联也叫门贴、门对，我国明代就有贴门联的习惯，戴冠《濯缨亭笔记》记载："太宗命解缙书门联。"门联与春联不同，不是节日临时性的，而是长久刊缀在门旁。门联主要反映门第、功德、行业、教养，如山东曲阜孔府门联：

与国咸休，安富尊荣公府第；
同天并老，文章道德圣人家。

又如清代彭元瑞为其同学、好友文学家蒋士铨所书门联：

一代翰林风月手，
六朝兰绮谢王家。

不过也有用门联发牢骚的。例如，清代鲁亮侪粗豪任性，与人难于相处，其所居颇狭窄，遂书门联，以示不幸与不满：

两间东倒西歪屋，
一个南腔北调人。

还有人把门联当做斗争手段，揭发当权者的劣迹。据说，明崇祯朝一个老官僚，闯王军陷北京，大明覆灭，即降李闯，为大顺朝官；八旗军入北京，大顺败亡，又降满洲，为大清朝官。京城民众贱之、恶之，乃以门联一副赠之。联云：

一二三四五六七（隐指"忘八"）
孝悌忠信礼义廉（隐指"无耻"）

（三）堂联

堂联是一种装饰联，用于美化厅堂、居室的。内涵较广，往往寄托着作者的情怀、志趣和抱负。例如林则徐自撰堂联：

海纳百川，有容乃大；
壁立千仞，无欲则刚。

清代某人到晋州做官，看到土薄民困的景况，心为之动，遂自拟堂联云：

头上有青天，做事须循天理；
眼前皆瘠地，存心不刮地皮。

（四）喜联

又叫婚联，是婚嫁时专用的对联。内容多为喜庆祝愿等吉利话。可贴于大门或房门上，也可贴于箱柜等外面。如直接祝愿婚后添丁进口、家庭和睦的对联：

多福多寿多男子；
宜兄宜弟宜一家。

如借用"梅子、竹孙",间接祝愿婚后阖宅欢乐、儿孙满堂的对联:

> 喜见红梅多结子;
> 笑看绿竹又生孙。

(五) 寿联

这种对联是为尊者、长者和同辈祝贺寿诞用的。一般是称颂功德、祝愿长寿,但也有论事评人、抒情述志的。其间词陈调滥的固然居多,什么"福如东海,寿比南山"、"玄鹤千年寿,苍松万古春"之类;而意美辞精的却也不少。如陈独秀赠刘海粟的寿联:

> 行无愧怍心常坦;
> 身处艰难气若虹。

对艺术家行为的坦荡、意志的坚强表示赞许。又如某报社送给马寅初的寿联:

> 不屈不淫征气性;
> 敢言敢怒见精神。

对大学者的追求真理、不畏强权,给予高度评价。

为他人寿辰而祝颂他人的,在传统上该属于寿联的"正格",而与之颇有差异的"旁格"也早已存在。较突出的,可举出两式:

(1) 借他人生日而责骂他人的,如张太炎为慈禧太后七十寿辰而作的寿联,便是谴责、讥刺西太后卖国害民的:

> 今日到南苑,明日到北海,何日再到古长安?叹黎民膏血全枯,只为一人歌庆有;
> 五十割琉球,六十割台湾,而今又割东三省!痛赤县邦圻益蹙,每逢万寿祝疆无。

(2) 在自己寿辰而评估自己(包括自嘲、自伤)的,这种寿联也叫"自寿联",如郑板桥六十岁的自寿联:

> 常如作客,何问安宁?但使囊有馀钱,瓮有馀酿,釜有馀粮,取数页赏心旧纸,放浪吟哦——兴要阔,皮要顽,五官灵动胜千官,过到六旬犹少;
> 定欲成仙,空生烦恼,只令耳无俗声,眼无俗物,胸无俗事,将几枝随意新花,纵横穿插——睡得迟,起得早,一日清闲似两日,算来百岁已多。

(六) 挽联

这是用来哀悼死者、治丧祭祀的对联。内容大都是评价死者的业绩,颂扬死者的精神和情操,表达哀思。

"戊戌政变"失败,谭嗣同被杀,康有为挽之以联语:

>复生,不复生矣;(谭嗣同字复生)
>
>有为,安有为哉!

文极简短,意至沉痛;以死者之字、挽者之名入挽联,安排得自然巧妙,表达得恳切真挚。

还有一种自挽联,是对自己一生的总结,或对亲人的嘱托,如俞樾自挽联:

>生无补于时,死无关于数,辛辛苦苦著二百五十余卷书,流播四方,是亦足矣;
>
>仰不愧于天,俯不怍于人,浩浩荡荡数半生三十多年事,放怀一笑,吾其归欤。

(七)交际联

是双方经过"对对子"而构成的联语。双方"对对子"就是一种交际活动,因而把这种联语叫成交际联。交往中,人们有意或无意地用出句、对句来表达自己的认识和情感;有时文人也有意无意地把作交际联视为展现才智的一种方式。晋代荀隐、陆云并有高才,但不相识。一日同在张华家做客。张华为之引见,却请荀、陆各作自我介绍而避言辞平俗。陆拱手,对荀说:

>云间陆士龙;(陆云字士龙)

荀即答礼,对陆说:

>日下荀鸣鹤。(荀隐字鸣鹤)

言辞豪迈而不失雅致,两人高自标榜,且表现为文辞的抗衡。当时对联尚未问世,如今把两句排列起来,便可视为一副对仗严格的交际联了。据说,柳亚子和郭沫若谈及由文人而投身革命的经历时,柳亚子推重郭沫若,吟诵道:

>才子居然能革命;

郭沫若赞许柳亚子,应对说:

>诗人毕竟是英雄。

有人把这两句也看做一副交际联。(当然,对仗很宽松)

(八)名胜古迹联

悬挂、雕刻在风景优美的名胜地或历史名人、历史遗迹纪念地的对联。这一类对联与旅游关系密切,后面我们将选一些加以介绍。

三、对联的特点

对联是单独使用的对仗句。对仗的特点,表现在上下两句之间。

(一)出句与对句内容相关

对联的出句与对句不是孤立的,在内容上相连、相关。可分为正对、反对和串对。

正对,指出句与对句在意思上并列,从不同的角度表现主题,互相补充。例如《题莫愁湖联》(清·彭玉麟):

　　胜地是流传,直博得一代芳名,千秋艳说;
　　赏心多乐事,且看此半湖烟水,十顷荷花。

又如三峡联:

　　两崖如剑立,
　　一江似布悬。

两句同写三峡的险奇,出句从看山的角度写,对句从观水的角度写。

反对,指出句与对句在内容上一正一反,相互映衬。例如《岳坟前铁槛对联》(清·松江女史):

　　青山有幸埋忠骨;
　　白铁无辜铸佞臣。

串对也叫流水对,指出句与对句之间有一种递进、转折、条件、因果等关系,例如《武汉黄鹤楼太白亭联》:

　　此地饶千秋风月;
　　偶来作半日神仙。

又如泰山中天门酌泉亭联:

　　且依石栏观飞瀑,
　　再渡云海访爵松。

观瀑、访松的活动是先后连贯的。又如桂林叠彩山风洞联:

　　到清凉境,
　　生欢喜心。

出句是对句的条件,对句为出句的结果。

如果对联上下联不围绕一个中心意思,各说各的,就叫"对开",这是作对联的一忌。例如:

　　江山壮丽;
　　桃李芬芳。

此联上联写祖国江山壮丽,而下联则是实写春景,或喻写教师培养了许多学生,两联意思脱节。

但是,对联上下联如果意思完全相同,这就是所谓"合掌"(也叫"同对"),也是作对联的一忌。例如:

　　云泽清光满;
　　洞庭月色深。

此联中"云泽"即"洞庭"的古称。"清光"也是指月色,"满"和"深"都是表示月光充足。上下联意思完全一样,是一副典型的合掌联。

(二)出句与对句字数相等

对联常见的上下各一句,字数五、六、七字,也可以四、三、二字。三句以上,而每句字数较多,可称长联。对联无论长短,出句与对句的字数一定都是相等的,这是对联的起码要求。而且,对联的每一联内容、上下联之间尤其是其中对应的地方,一般不用重复的字。但这一点有时视内容的需要,可以灵活。例如湖南岳阳楼的一副对联:

洞庭天下水;

岳阳天下楼。

重复"天下",显示出洞庭湖与岳阳楼的无比气势。

(三)出句与对句语法结构相应一致

对联中需要上下联语法结构一致,互相对称,这是一般的要求。但在一些长联中,有时可以灵活,结构大体相同即可。下面举一个例子,分析一下对应的情况,这是《秦淮河水阁对联》(清·薛慰农):

六朝金粉,十里笙歌,裙展昔年游,最难忘北国豪情西园雅集;

九曲清波,一帘梦影,楼台依旧好,且消受东山丝竹南部烟花。

(偏正)　　(偏正)　　(主谓)　　(动宾—联合宾语)

上下联结构相同,对应词的词类也要相同,如联中第一句,数词对数词,名词对名词,形容词对形容词。对联中的词类是按照古人的认识划分的,可以归为九类,即:

①名词;②动词;③形容词;④颜色词;⑤方位词;⑥数词;⑦副词;⑧虚词;⑨代词。

其中名词还可分小类,如专有名词、人名、地名,更可细分为天文类、时令类、地理类、文学类等。动词中不及物动词,常与形容词相对。"之"、"其"等代词归入虚词。联绵字对联绵字。对联中工对要求词类对应工整,最好分小类相对,举《声律启蒙》中一节为例:

云对雨,雪对风,晚照对晴空。

来鸿对去雁,宿鸟对鸣虫。

三尺剑,六钧弓,岭北对江东。

人间清暑殿,天上广寒宫。

两岸晓烟杨柳绿,一园春雨杏花红。

两鬓风霜,途次早行之客。

一蓑烟雨,溪边晚钓之翁。

对联中的宽对只要求词类大类相同,不必分小类。有的宽对,默许一些词类相近,或不甚相同的情况。

（四）出句与对句平仄相谐

平仄是声调的再分类。古代汉语声调分平上去入四声，第一声为平声，上去入三声为仄声。发展到现代汉语普通话，古代的平声分阴平与阳平，古代上声中浊音声母字归去声，古去声仍为去声，古入声派入阴、阳、上、去中。现代汉语成为阴平、阳平、上声、去声四个声调，第一、第二声为平声，第三、第四声为仄声。现代汉语普通话没有入声，吴、粤等方言仍保存入声。古汉语的一些入声字（约200多）在现代汉语普通话中已变为平声字，这是我们分析对联时应该注意的。

在对联中，运用平仄规律，主要表现在两方面：一是每一联中各字之间平仄的安排应是有规则地交替，不能连续几个字都是平声或仄声，一般地说常常两个音节一转换；二是上下联之间，对应的音节，一般应该平仄相对。这样吟诵起来，抑扬顿挫，节奏鲜明，和谐悦耳。例如：

安庆大观楼联

秋色满东南，自赤壁以来，与客泛舟无此乐；

⊗仄仄平平 仄⊗仄⊗平 ⊗仄⊗平平仄仄

大江流日夜，问青莲而后，举杯邀月更何人？

⊗平平仄仄 平⊗平 ⊗仄 ⊗平⊗仄仄平平

例中字外有圈的可平可仄，对联的平仄多采用律句的平仄格式，但是概念更广一些，不仅是五、七言律句，也包括合乎律句平仄格式的三、四、六句。此例第一句是五字句，第二句去掉第一个领字，就是一个四字句，第三句是七字句。再举一个六字句对联：

南昌滕王阁联

依然极浦遥天，想见阁中帝子；

⊗平⊗仄⊗平，⊗仄⊗平⊗仄

安得长风巨浪，送来江上才人。

⊗仄⊗平⊗仄，⊗平⊗仄⊗平

这几种句式中平仄要求是一、三、五字可灵活，二、四、六字必须分明。每一种字数的句式中又可根据节奏分为几种格式，如六言可分为：二、四句式，三、三句式，四、二句式，二、二、二句式。每一种格式的平仄排列不一样，上例是二、二、二格式。总的来说，一句之内平仄相谐，两句之间平仄相对。长联也可由这几种句式组成，一般也可按这几种句式的平仄来分析，长联中一般短句多，长句少。

四、对联的格式

(一) 对联的横批

横批,是在内容上与对联紧密结合、附属于对联的横幅。横批的使用当不早于清代前期,最初它出现在民间。对联粘贴(或悬挂、雕刻)于门框,横批就粘贴(或悬挂、雕刻)于门楣;横批与对子的上下联就形成了"一横提两竖"的结构,俨然是对联不可缺少的一部分;这在近、现代几乎已成定式,且不限于民间。

横批的文字必须精粹凝练,以四个字的为多,也有多于四字或少于四字的。好的横批可起统领和协调上下联的作用,取得画龙点睛的效果,能与对联相映生辉。下面举郭沫若所题四川中江县黄继光纪念馆联为例,供读者揣摩:

　　血肉作干城,烈慨在火中长啸;(上联)
　　光荣归党国,英风使天下同钦。(下联)
　　凯歌百代(横批)

匾额也叫匾,不是横批。古代宫观楼馆、庙宇祠堂,门上檐下之间,一般都悬置匾额。匾额的存在与对联无关,对联尚未面世时,匾额就已出现了。但如匾额与对联内容相关,匾额就有可能起横批的作用,有助于理解对联,增添人们的游兴。例如无名氏所题某地关帝("伏魔大帝"关羽)庙联:

　　赤面秉赤心,骑赤兔追风,驰驱时无忘赤帝;(上联)
　　青灯观青史,仗青龙偃月,隐微处不愧青天。(下联)

没有横批,而门楣上方却早有巨匾一块,匾文是"义薄霄汉",视为横批似无不可。

景观的名目也不是横批,但其内涵与对联紧密相关时,也不妨当做横批,供游人探求联语中欣赏美景的角度,引导游人步入胜境。例如无锡梅园香雪海联:

　　七十二峰青未了(上联)
　　万八千株芳不孤(下联)

杭州西湖断桥残雪联:

　　断桥桥不断(上联)
　　残雪雪未残(下联)

两副对联都没有横批,(断桥头的东北,有"断桥残雪"碑亭)但联语与景观契合,那么就把"香雪梅"、"断桥残雪"当做横批了。其实,两副对联都是以景观的名目为题而作出的,与先成联语、后拟横批的顺序正好相反;某些地方把景观的名目当做横批使用,纯属"追认"。"平湖秋月"、"柳浪闻莺"等景观对联,情况也与"断桥残雪"之类相同。

(二)对联的书写格式

对联由上下两联组成,合称一副对子。书写应竖写,不用标点符号,上联在右,从右至左写;下联在左,从左到右写,最后一行要空几格,形成"门"字形,称为"龙门写法"。例如成都杜甫草堂联:

```
先生亦流寓有长  留天地月白风清  一草堂
```

```
异代不同时问如  此江山龙蟠虎卧  几诗客
```

按传统习惯,横批(下一例,假拟)是从右到左横写的,如:

雪残桥断 ←

当代,从左到右横写,已占多数,如:

凯歌百代 →

对联有时有题跋、落款,说明撰写的时间、作者、意图与背景,可写在正文的前后。如上面的对联,上联尾用小字写:题杜甫草堂;下联尾用小字写:顾复初(印)。上款也可写在对联的开头,贺联、挽联往往上款在开头,下款在结尾。

(三)对联的领词

领词在对联中用得十分广泛。领词往往引出一串排比句与骈文句,使联语衔接自然,层次分明。领词有一个字的,也有两个字的,还有三个字的。例如:

兴废总关情,看落霞孤鹜,秋水长天,幸此地湖山无恙;
古今才一瞬,问江上才人,阁中帝子,比当年风景如何?

(江西滕王阁题联)

其中"看"、"问"是两个领词,领起两个四字句,读的时候,在领词后有一个小的停顿。再看一个两字的领词:

古今来不少美人,问他瘦燕肥环,几个红颜成薄幸;
天地间尽多韵事,对此名笺旨酒,半江明月放高歌。

(成都望江楼吟诗楼下石刻联)

其中"问他"、"对此"为两个字的领词。再看三个字的领词:

杖策喜重来,看风涛滚滚,流不尽云影波光,天外更昂头,岂徒览南浦清江、西山白雪;
临轩空四顾,怅今古茫茫,历多少佳人才子,蜀中堪屈指,复何数吴宫花草,晋代衣冠。

(成都望江楼濯锦楼联)

其中"岂徒览"、"复何数"是三个字的领词,领起两个四字句。"怅"、"看"是一字的领词。下面介绍一些常见的领词:

一字的:

正、看、问、怅、爱、怕、想、料、算、待、凭、嗟、念、将、奈、对、叹、数、似、更、况、怎、若、方、已、应、尽、早、莫、渐、对、须,等等。

二字的:

看他、对此、休说、那堪、问他、看来、何须、何况、况是、未省、只是、无怪、何必、将次,等等。

三字的:

倒不如、最堪怜、只赢得、最无端、更能消、又却是、再休提、便怎的、复何数、岂徒览、讵怎料、消受得、莫辜负,等等。

(四)对联的断句

名胜古迹、庙宇祠堂上悬挂的对联都是没有标点符号的,要正确地诵读和理解,必须正确地断句。如何才能断好句呢?这首先要有一定的古汉语基础,熟悉古汉语语法与常用词的用法;其次运用一些对联的知识也能帮助我们断好句。下面分几点来谈。

(1)掌握长联短句多、长句少的特点。难以断句的多是长联,而长联中一般多用短句,又以三言、四言、五言、六言、七言最常见。其中三言、四言、七言的排比句大量使用,铺陈描述,抒发感慨。对偶句式也是长联中常用的。

(2)注意对联中的领词。对联中一些领词后面往往带有一组排比句或对偶句,抓住领词,能看清楚后面的句式。

(3)利用反复词。有些对联有反复词,可以根据反复词的位置来断句。例如江苏江阴双忠庙联:上联"童可烹妾可杀城不可亡矢志保江淮半壁",下联"生同岁死同年神亦同祀精忠比日月双辉"。这是写唐代抵抗安史之乱的两位忠臣张巡、许远的,上联重复三次"可"这个词,前两个肯定,后一个否定,表达出两位英雄的崇高气节。下联重复三次"同"这个词,表达后人们对他们共同的怀念。根据重复词位置可断句为:

江苏江阴双忠庙联

童可烹,妾可杀,城不可亡,矢志保江淮半壁;
生同岁,死同年,神亦同祀,精忠比日月双辉。

(4)上下联互相参照断句。对联上下联语法结构与节奏相似,因此遇到一联某句不好断时,可参照另一联相应的一句,有利找出句读。例如有这样一副对联:上联"安庐凤颍徽宁池太滁和广六泗八府五州良士于于来日下",下联"金石丝竹匏土革木宫商角徵羽五音六律新声裹裹入云中",怎么断句呢? 光看上联比较难断,如果对照看下联,知道"金、石、丝、竹、匏、土、革、木"皆古代乐器;"宫、商、角、徵、羽"是古代的五个音阶,必须断开,这副对联就好断句了。可断句如下:

安、庐、凤、颍、徽、宁、池、太、滁、和、广、六、泗,八府五州,良士于于来日下;

金、石、丝、竹、匏、土、革、木、宫、商、角、徵、羽,五音六律,新声裹裹入云中。

这是北京原安徽会馆戏台对联,上联开始13个字是清代安徽省行政区划的名称,即八府五州:安庆府、庐州府、凤阳府、颍州府、徽州府、宁国府、池州府、太平府、滁州、和州、广安州、六州、泗州。今此会馆戏台不存。

总之,对联断句有一定的难度,我们要好好运用古汉语的知识,掌握对联的特点,仔细推敲一下。一时决断不了,可多读几遍,古人说:"书读百遍,其义自见",慢慢了解对联的意义,自然就会断句了。

第二节　名胜古迹名联选

北京故宫养心殿西门联　　　　　　　　　　佚　名

三岛①春深云气暖;
九霄②地迥③月明多。

【题处】故宫是我国明清两代的皇宫,旧称紫禁城,在北京市中心。是我国现存最大、最完整的古建筑群,占地72万多平方米,屋宇9000余间。宫内各处楹联计300余副。故宫的建筑布局有外朝和内廷之分,养心殿在内廷西部西六宫前,是皇帝居住和处理政务的地方。

【注释】①三岛:古代神话中东海的神山,即蓬莱、方丈、瀛洲,为仙人所居,此处喻指故宫。②九霄:天之极高处,此处喻指皇帝居处。③迥(jiǒng):远。地迥:皇宫深远广大。

【赏析】此联用仙山、天宫喻指皇宫,在写春景中显示皇家气派。

北京颐和园南湖岛涵虚堂联　　　　　　　　佚　名

碧①通一径晴烟②润;
翠③涌千峰宿雨④收。

【作者】一说是清高宗乾隆所作。

【题处】颐和园在北京海淀区。南湖岛在园中昆明湖东南部,与万寿山遥相对应。岛北假山上的涵虚堂,为岛中主体建筑。是观看昆明湖水景的地方。慈禧曾在此检阅北洋水师。

【注释】①碧:碧草。②晴烟:雨后天晴,空气中悬浮的水汽。③翠:翠木。④宿雨:昨夜之雨。

【赏析】此联写雨后清晨南湖岛远近的景色。上联写近景,下联写远景。清新工整。

北京北海濠濮间临水轩联　　　　　　　　佚　名

眄①林木清幽,会心②不远;
对禽鱼翔泳,乐意相关③。

【题处】北海在北京西城区,是我国现存的一处历史悠久、规模宏大的古代帝王宫苑。与中南海隔桥相连,水面称太液池,波光塔影,景色宜人。濠濮间,在北海东岸。濠濮本为两条水名,相传庄子与惠施曾游于濠梁之上,有鱼之知乐与否之辩;又有庄子垂钓于濮水,而却楚王之聘的传说,故濠濮指高士寄居之所。濠濮间取名本此。为三间水榭,周围又有山石、石舫、曲桥,有咫尺幽深之趣。

【注释】①眄(miǎn):斜着眼看,此处就是看的意思。②会心:心领神会。《世说新语·言语》:"简文入华林园,顾谓左右曰:'会心处不必在远,翳然林水,便自有濠濮间想也。觉鸟兽禽鱼,自来亲人。'"③此联是说:对着天空自由飞翔的鸟儿和水里自在游泳的鱼儿,心情随之欢畅。

【赏析】本联紧扣濠濮间的命名和景色来写,表达出一种与自然相亲、悠然自得的情怀。

北京陶然亭联　　　　　　　　　　　　　清·翁方纲

烟笼①古寺②无人到;
树倚深堂③有月来。

【作者】翁方纲,字正三,号覃溪,直隶大兴(今属北京)人。清乾隆时进士,官至内阁学士。喜好金石谱录、词章书画。他的书法独树一帜,在当时颇有名气。著作有《两汉金石记》、《复初斋文集·诗集》等。

【题处】陶然亭公园在北京宣武区西南,因陶然亭得名。陶然亭为清康熙三十四年(1695)工部郎中江藻所建,初名江亭,后取白居易诗句"更待菊黄佳酿熟,与君一醉一陶然"意,改名陶然亭。

【注释】①烟笼:云雾笼罩。②古寺:指慈悲庵,在陶然亭公园内,陶然亭在庵内西侧。③深堂：指慈悲庵内的殿堂。

【赏析】对联写烟雾笼罩下的慈悲院和大树遮盖下的殿堂的深幽和雅静，用"无人到"、"有月来"显出脱俗超尘的庙堂风物，着力于表现一个"静"字。

北京潭柘寺弥勒殿联　　　　　　　　　佚　名

大肚能容，容天下难容之事；
开口便笑，笑世间可笑之人。

【题处】潭柘寺，北京西郊著名佛寺，在门头沟区潭柘山中。因寺后有龙潭，山间有柘树而得名。始建于晋，名嘉福寺。自唐至清，又有其他不同名称。但俗称潭柘寺为人所尽知。现存建筑为明清遗物。弥勒，佛教菩萨之一，民间惯称弥勒佛。赵宋以来，中国佛寺弥勒塑像多为大腹笑面，据说是借用了五代后梁布袋和尚的形象。

【赏析】对联用浅显的文字，生动地勾画出一位宽厚、明察、超然世外的长者形象。写得通俗、幽默，读来发人深省。

天津旧鼓楼联①　　　　　　　　　　　佚　名

高敞快登临②，看七十二沽③往来帆影；
繁华谁唤醒④，听一百八杵⑤早晚钟声。

【作者】或以为梅小树作，存疑。

【题处】鼓楼为天津旧城的一部分，早已拆毁。

【注释】①鼓楼：中国从南北朝起，便在乡间造楼置鼓，报警御寇。尔后逐渐推广到通都大邑，并增加了报时的功能。②登临：这里指登高临远。③七十二沽（gū）：河北境内的白河，古名沽水。据说它有72条支流，分布在天津、宝坻、宁河诸境内，合称七十二沽。④唤醒：指从繁华梦中被叫醒。⑤一百八杵：佛教认为人生中的烦恼共108种；念佛108遍，听钟108杵，深自忏悔，一心向善，便可消此烦恼。

【赏析】把开阔眼界、消除烦恼归功于登上旧鼓楼。数字巧对，可遇而不可求。

长城山海关联　　　　　　　　　　　　佚　名

两京①锁钥无双②地；
万里长城第一关。

【题处】山海关位于秦皇岛市东北15公里处，又称榆关，扼东北、华北咽喉要冲，地势险要。现关东城门上有"天下第一关"的巨大匾额，为明进士肖显所书。

【注释】①两京：指北京和沈阳。清王朝入关前曾在沈阳建都称盛京。②无双:独有一处。

【赏析】这副对联是称颂山海关的名联。联语表现了山海关独一无二的气势与险要。山海关称"两京锁钥"即源于此。

山海关孟姜女庙联　　　　　　　　　　　　　　　佚　名

海水朝朝朝朝朝朝朝落①；
浮云长长长长长长长消②。

【题处】孟姜女庙在山海关东面的凤凰山上,面临渤海,背靠燕山,传说孟姜女跳海后,海里立刻出现两块礁石,低的是坟,高的是碑,不管潮水如何涨落,两块礁石露出水面永远那么高。这副对联依据传说而写,悬挂在姜女庙的两边。

【注释】①朝:有时读作 zhāo,早晨;有时读作 cháo,同"潮"。②长:有时读作 cháng,同"常";有时读作 zhǎng,同"涨"。

【赏析】本对联利用汉字一字多音的特点,采用谐音假借的手法,巧妙地构成一副谜一样的联语。构思巧妙,切合题处景物,成为传诵的名联。此联通常有几种读法:

(1)海水潮,朝朝潮,朝潮朝落；
　　浮云涨,长长涨,长涨长消。

(2)海水潮,朝朝潮,朝朝潮落；
　　浮云涨,长长涨,长长涨消。

(3)海水朝朝潮,朝潮朝朝落；
　　浮云长长涨,长涨长长消。

(4)海水朝潮,朝朝潮,朝朝落；
　　浮云长涨,长长涨,长长消。

(5)海水潮,朝潮,朝潮,朝朝落；
　　浮云涨,长涨,长涨,长长消。

(6)海水潮！潮！潮！朝潮朝落；
　　浮云涨！涨！涨！长涨长消。

承德避暑山庄万壑松风联　　　　　　　　　　　　清·纪　昀

八十君王①,处处十八公②,道旁介寿③；
九重天子④,年年重九节⑤,塞上称觞⑥。

【作者】纪昀(yún)(1724—1805),字晓岚,一字春帆,号石云,河北献县人。清代乾隆时进士,官至礼部尚书、协办大学士,是清代著名的学者和文学家。曾任四库全书馆总纂官,纂定《四库全书总目提要》。一生著述甚多,有《阅微草堂笔记》等。一说此联上联为彭元瑞所作,下联为纪昀所对。

【题处】避暑山庄,又名热河行宫、承德离宫,在河北承德市,是清代皇帝避暑和处理政务的地方。山庄背山面湖,古木参天,风景宜人。山庄分宫区和苑区两个部分,周围环绕长达10公里的石砌宫墙,庄内建筑物100多处,是我国现存占地最广的古代帝王宫苑。"万壑松风"属于宫区四组的建筑群之一,在山庄的南部,位于松鹤斋之后,据冈临湖,松林蔽日,是山庄七十二景之一,具有江南园林的特点。

【注释】①八十君王:指清高宗乾隆(1711—1799),他活了89岁。②十八公:"松"字的笔画。指松。③介寿:祝寿的意思。《诗经·豳风·七月》有"为此春酒,以介眉寿"之句。④九重天子:指皇帝。九重,九重天,这里指皇宫,言其高远。⑤重九节:重阳节。⑥塞上:指边关险要的地方,避暑山庄在长城北,故称塞上。称觞(shāng):举杯祝酒。觞,酒器。

【赏析】上联将"八十"颠倒为"十八",突出一个"松"字,切合"万壑松风"的风物特点,下联把"九重"颠倒为"重九",表达皇帝避暑的生活情趣,是一副对仗工整的巧联。

登封嵩山嵩阳宫联　　　　清·吴慈鹤

近四旁惟中央①,统泰华恒衡②,四塞关河拱神岳③;
历九朝为都会④,包伊洛瀍涧⑤,三台风雨作高山⑥。

【作者】吴慈鹤,字韵皋,号巢松,江苏吴县人。清嘉庆时进士,官翰林院侍读。著作有《凤巢山樵求是外编》。

【题处】中岳嵩山位于河南登封县北部。嵩山中为峻极峰,东为太室山,西为少室山。嵩阳宫在太室山南麓的嵩岳寺内。

【注释】①近四旁惟中央:指嵩山在四方的中央,为中岳。惟,是。②统泰华恒衡:指中岳嵩山统领东岳泰山、西岳华山、北岳恒山、南岳衡山。③四塞关河拱神岳:指四方之地的河山环绕朝向嵩山。四塞,四方边塞即四方之地。关河,泛指河山。拱,环绕朝向。神岳,尊称嵩山。④九朝都会:指洛阳,在嵩山附近。洛阳曾是东汉、三国魏、西晋、北魏、五代后唐的都城。隋唐及五代的梁、晋、汉、周和北宋都以洛阳为陪都。九朝,言朝代很多。⑤包:包容。伊、洛、瀍(chán)、涧:四条水名,都流经洛阳一带。⑥三台:星体名,共六星,两两相对,分别名上台、中台、下台,此处指高天。作:兴起。高山:嵩山。此句说天上的风雨仿佛从嵩山顶上形成,极言嵩山高耸天际。

【赏析】此联描绘嵩山的高大雄伟,上联以四岳相拱,突出嵩山地处中央的统领地位,下联以洛阳古都与四水相绕,衬托中岳的高耸入云。从历史、地理两方面来写,气势雄浑,意境高超。

泰山南天门联　　　　　　　　　　佚　名

　　门辟九霄①，仰步三天②胜迹；
　　阶崇③万级，俯临千嶂④奇观。

【题处】此联刻在泰山南天门石门两侧。南天门又名三天门，为泰山盘道尽处，飞龙岩、翔凤岭左右对峙。门建于元世祖中统五年（1264），门上建阁名"摩空"，门额镌"南天门"三字。

【注释】①门：南天门。辟：打开。九霄：九天云霄。②仰步：仰首攀登。三天：道家称清微天、禹余天、大赤天为三天。此指南天门。③阶：登山的石阶。崇：高。④嶂：高峻如同屏障的山峰。

【赏析】这副对联写出了南天门的高耸与险峻，仰步即天界胜迹，俯首可看群峰奇观，一"仰"一"俯"用得极好。

济南大明湖小沧浪园联　　　　　清·刘凤诰

　　四面荷花三面柳①；
　　一城山色半城湖②。

【作者】此联摘自刘凤诰咏大明湖的诗句，为铁保所书。刘凤诰（生卒年不详），字丞牧，号金门，江西萍乡人。乾隆进士，官至吏部右侍郎，有《存悔斋集》。铁保，字冶亭，又字梅庵，满族人。乾隆进士，官任两江总督，著名书法家。

【题处】小沧浪园在济南大明湖西北岸，建于清乾隆五十七年（1792）。亭园面山傍水，绕以长廊，湖水通过小渠流入庭中。小沧浪亭踞园中临湖处，三面荷池，境界清幽，登亭上，可俯览全湖景色，晴天，还可远眺千佛山。此联题在园门两侧。

【注释】①四面荷花三面柳：大明湖遍植莲藕，岸边多植柳树，故称"四面荷花三面柳"。②一城山色：济南市旧称历城，因在历山之下，故为"一城山色"。半城湖：大明湖在济南旧城北部，故称"半城湖"。

【赏析】上联突出"荷"与"柳"，下联渲染"山"与"湖"，交相辉映，增色添情。本联以疏朗明快的笔调，鲜明地勾勒出大明湖特有的景色，是一副历来为人们传诵的名联。《老残游记》的作者刘鹗称赞这副对联"尽画了大明湖的绝景"。

山西应县木塔联　　　　　　　　佚　名

　　俯瞩桑干①，滚滚波涛萦②似带；
　　遥临恒岳③，苍苍岫嶂④屹如屏。

【题处】木塔本是佛宫寺释迦塔，坐落在山西应县城内西北角。建于辽清宁二年(1056)。塔为八角形,高66.7米,纯木结构,不用任何金属材料,是国内保存最完好的木结构古塔。这副对联是木塔的门帖。

【注释】①桑干:桑干河,永定河的上游,发源于山西管涔山麓,流经山西北部、河北西部,入北京市官厅水库,全长364公里。②萦(yíng):围绕。③恒岳:北岳恒山。在山西浑源县境内,主峰坐落于县城东南10公里,海拔2052米。又名玄岳、紫岳。它东跨河北,南屏三晋,西衔雁门,北临燕云。有"入天北柱"之号。④苍苍:颜色深青的样子。岫(xiù)嶂(zhàng):凡指山岭。岫,有洞穴的山。嶂,直立如屏风的山峰。

【赏析】上下两联的明喻看似平常,然而细味其"似带"、"如屏",是将大水视为系腰的服饰,又把大山看成挡风的家什;能有如此开阔的眼界,无非登塔而"俯瞩"、"遥临"的结果,从而写出木塔之高。古人常常拈出"百尺"来形容高,如"静倚危栏百尺岑"、"更在秋风百尺台"、"烽火城西百尺楼"等,而应县木塔高200尺,门帖竟未提及,但用显其酒帘而隐其酒家的手法,点出木塔之孤标凌空、无所遮拦的景况。

上海豫园卷雨楼联　　　　　　　　佚　名

邻碧上层楼①,疏帘②卷雨,幽槛③临风,乐与良朋数④晨夕;
送青仰灵岫⑤,曲涧闻莺,闲亭放鹤,莫教佳日负春秋⑥。

【题处】豫园在上海南市区旧城厢东北,建于明世宗嘉靖三十八年(1559),为江南名园之一。据传修园人潘允端,曾任四川布政使,为孝养双亲,用"豫悦老亲"之意,取名"豫园"。明末已荒毁,清乾隆时重建,改名西园。鸦片战争中遭破坏,1956年重修。现园内有三穗堂、仰山堂、点春堂、万花楼、得月楼、鱼乐榭等建筑。卷雨楼在仰山堂。

【注释】①邻碧上层楼:指登上邻水的卷雨楼。碧,碧水。②疏帘:竹制的卷帘。③幽槛:指地处幽静的卷雨楼。槛,栏杆。④数(shǔ):计算。此句表达爱恋园景珍惜佳日的心情。⑤送青仰灵岫:意为仰望灵山上送来的青黛色。灵岫,神仙世界里的山,此处写假山的神气秀美。⑥此句是说:莫要辜负了春秋的良辰美景。

【赏析】这是一副描绘豫园景物的好联,把江南名园的亭台楼阁、曲涧假山描绘如画,更有鹤鸣莺啼、微风细雨,使景物鲜活喜人。作者眷恋良辰美景、珍惜春花秋月的心情与景物相映成辉。

南京莫愁湖郁金堂联　　　　　　　清·唐理淮

湖属卢家①,惟江头明月曾领略画艇风光。韵事②相传,付与骚人③作诗料;

地归徐氏④,以国手胜棋博优游名园汤沐⑤。英雄安在,遥闻商女⑥唱歌声。

【作者】唐理淮,安徽合肥人,清末文人。其他不详。

【题处】莫愁湖在南京水西门外。因近石头城,故又称石城湖。莫愁之名,最早见于南朝乐府《莫愁乐》和梁武帝萧衍《河中之水歌》,后世传说为洛阳少女莫愁,卖身葬父,远嫁金陵,不容于姑舅,投湖自尽,因名莫愁湖。明初在湖上筑胜棋楼,清乾隆时建郁金堂、湖心亭等,曾被誉为"金陵第一湖",现为著名公园。郁金堂与胜棋楼有九曲长廊相通,传说是莫愁女住过的地方,因唐代诗人沈佺期咏莫愁女诗中有"卢家少妇郁金香"之句,故名郁金堂。

【注释】①湖属卢家:指莫愁女夫家姓卢。②韵事:指莫愁女的传说。③骚人:指诗人。李白诗:"正声何微茫,哀怨起骚人。"④地归徐氏:明太祖朱元璋将莫愁湖赐给中山王徐达。⑤汤沐:沐浴,古代受帝王的赏赐也称汤沐。传说朱元璋与徐达下棋,徐达不敢赢棋,却把棋子走成了"万岁"二字,朱元璋大喜,把莫愁湖赐给了徐达。⑥商女:指旧社会卖唱的女子。杜牧《泊秦淮》:"商女不知亡国恨,隔江犹唱后庭花。"

【赏析】这副对联概括了莫愁湖古往今来的逸事,上联讲莫愁的传说,下联叙徐达的事迹。追怀往事,面对当时,怀古伤今,抒发了对世事变化的感慨。

苏州寒山寺联　　　　　　　　　清·邹福保

尘劫①历一千余年②,重复旧观,幸有名贤③来作主;
诗人题二十八字④,长留胜迹,可知佳句不须多。

【作者】邹福保,清代文人,余不详。

【题处】寒山寺在苏州阊门外枫桥旁,建于梁天监年间。唐代有高僧寒山在此住持,改名寒山寺。该寺屡毁屡建,清光绪时苏州知府集资重建,才有今日的规模。唐代诗人张继《枫桥夜泊》诗:"月落乌啼霜满天,江枫渔火对愁眠。姑苏城外寒山寺,夜半钟声到客船。"诗碑存寺内,原为明代的文征明所书,后字已残缺不清,清光绪年间由俞樾重写再刻。

【注释】①尘劫:佛经谓天地一生一灭为一劫,无量无边劫为尘劫。这里的尘劫喻人世的变迁。②一千余年:指寒山寺从建成到清光绪年间重修约1000余年。③名贤:指光绪年间集资修寒山寺的苏州知府。④二十八字:指张继《枫桥夜泊》,七言绝句,28字。

【赏析】这副对联,把长留人世的寒山寺与脍炙人口的《枫桥夜泊》互为因果地紧紧结合在一起,既推崇了佳句,又赞颂了胜迹。全联无一字直写寒山寺,而又字字离不开寒山寺,别具匠心。

杭州岳王庙岳飞墓联　　　　　　清·松江女史

青山①有幸埋忠骨；
白铁无辜铸佞臣②。

【作者】松江女史,徐姓,清松江(今上海)人,余不详。

【题处】岳王庙在杭州市西湖畔栖霞岭下,岳飞墓在岳王庙中侧,墓阙照壁嵌明洪珠书"精忠报国"四个字。墓前露台下,跪有铁铸的秦桧、王氏、万俟卨(mòqíxiè)、张俊四人像,跪像背后的墓阙上即刻着这副对联。

【注释】①青山:指岳飞墓所在的栖霞岭。②佞(nìng)臣:指善于巧言献媚的秦桧等人。

【赏析】这副对联通过"青山有幸"与"白铁无辜"的对照与比拟,表达出忠贞的爱国英雄永远受到人民的尊敬、而奸佞小人永远受到人民唾骂的真理。

扬州二十四桥联　　　　　　清·江峰青

胜地①据淮南,看云影当空②,与水平分秋一色③；
扁舟④过桥下,闻箫声何处,有人吹到月三更⑤。

【作者】江峰青(生卒年不详),字湘岚,江西婺源县人。曾在浙江嘉善为官。

【题处】二十四桥,位于扬州旧城西门外,北宋沈括《梦溪笔谈·补遗》:"西自浊河起,东至山光桥止,惟不足二十四桥之数;或谓二十四桥即吴家砖桥,一名红药桥,古有二十四美人吹箫于此,故名。"

【注释】①胜地:风景优美的地方,此指扬州,位于淮水之南。②云影当空:云彩飘浮于高空。③这句化用王勃《滕王阁序》中"秋水共长天一色"之句。④扁舟:小船。扁(piān),小。⑤这两句化用杜牧《寄扬州韩绰判官》中"二十四桥明月夜,玉人何处教吹箫"句意。

【赏析】上联写二十四桥白天的景色,下联描绘二十四桥月夜的风情,化用王勃与杜牧名句,切合题处风貌,诗情画意,令人神往。

浙江天台山方广寺联　　　　　　近代·释兴慈

风声、水声①、虫声、鸟声、梵呗声②,总合三百六十天钟磬③声,无声不寂④；
月色、山色、草色、树色、云霞色,更兼四万八千丈峰峦⑤色,有色皆空⑥。

【作者】释兴慈(生卒年不详),近代名僧。清末新昌(属浙江)人。自幼在方广寺出家,后为该寺住持。

【题处】天台山在浙江天台县城北,素有"佛国仙山"之称。隋智者大师在此建寺,创佛教"天台宗"。方广寺就是天台山上可与国清、高明、万年、智者塔院并列的著名佛寺之一。

【注释】①水声:或作"南声"。②梵呗(fànbài):佛教徒诵经念佛声。③三百六十天:谓农历一年。钟磬:或作"钟鼓"、"击钟"。磬(qìng),这里指一种佛教的法器,常为铜质钵形,敲击之,其声浑厚。④寂:佛家语,寂灭。⑤四万八千丈:极言山峰之高峻。李白《梦游天姥吟留别》有"天台四万八千丈"之句。四万八千之数,并非实指。峰峦:泛言山峰。峦,连绵的山。⑥空:佛家语,空无。

【赏析】对联反映了对"空、寂"的理解,但联中各种声音、诸般色彩的选择和搭配,又充满蓬勃的生机、高雅的诗意,再加上灵巧的遣词、妥当的对仗,都给人以美的享受。

安徽合肥包公①祠联   佚 名

照耀千秋,念当时铁面冰心建谠言②,不希后福③;
闻风百世④,至今日妇人孺子⑤颂清官,只有先生。

【题处】这是合肥包公祠三副楹联中的一副。祠在今合肥市包河公园香花墩。始建于明弘治年间。

【注释】①包公:包拯(999—1062),北宋著名的直臣和清官,字希仁。天圣间进士,历任监察御史、天章阁待制、龙图阁直学士,官至枢密副使。为人刚正不阿,行事不徇私情。在开封当知府时,执法严峻,谚语云:"关节不到,有阎罗老包。"民众惯于尊称为包公。能文,有《包孝肃奏议》十卷。②铁面冰心:指不讲情面,心底无私。建谠(dǎng)言:说直话。建,提出,讲出。谠言,耿直的话。③后福:日后的幸福。④闻风百世:风范为百代所知闻。⑤孺子:小孩儿。

【赏析】这是一副评论包公的对联,评得热情,评得冷静:颂而不媚,无限赞叹而不无限崇拜。文字平稳,无耸人听闻之笔,却传达出广大民众的共同认识。

安徽采石矶大风亭联   佚 名

去帆疑峡走①;
卷浪骇江飞②。

【题处】大风亭在采石矶上。矶在安徽马鞍山市长江东岸,原名牛渚矶,为牛渚山突入长江而成。其处江面较狭,水流湍急,形势险要,风光壮美。

【注释】①帆:这里指船。疑峡走:怀疑峡壁在奔跑。②骇江飞:骇惧江水要飞腾。

【赏析】用航船急驶采石矶下时舟中人的两种错觉,构成大风亭的一副短联。地势险,错觉奇,对联写得既险又奇。

南昌滕王阁联　　　　　　　　　　　　清·刘坤一

兴废总关情①，看落霞孤鹜，秋水长天②，幸此地湖山无恙③；
古今才一瞬，问江上才人④，阁中帝子⑤，比当年风景如何？

【作者】刘坤一(1830—1902)，字岘庄，湖南新宁人，清末大臣，湘军将领。曾屡次参与镇压太平天国运动，又与李鸿章等创办洋务，官至两江总督。

【题处】滕王阁在江西南昌市沿江路赣江边。唐高宗显庆四年(659)太宗之弟、滕王李元婴都督洪州(治今南昌)时营建，阁以其封号命名。1000多年来，屡建屡毁，1926年被北洋军阀邓如琢烧毁，近年重建。

【注释】①关情：关系着人的感情。人们为滕王阁的兴废而感慨。②此两句缩写唐代诗人王勃《滕王阁序》中名句："落霞与孤鹜齐飞，秋水共长天一色。"③无恙(yàng)：这里指未受到损害。④江上才人：指王勃，他当年乘舟，一路顺风，及时赶到，写下了《滕王阁序》。⑤阁中帝子：指滕王李元婴。

【赏析】上联写滕王阁的兴废与风景，一个"幸"字，传达出作者对此胜地的关切之情。下联以设问追忆古人，通过古今对比，来赞颂滕王阁风景的佳丽。

武汉黄鹤楼联　　　　　　　　　　　　清·萨迎阿

一楼萃三楚①精神，云鹤俱空横笛在②；
二水③汇百川支派，古今不尽大江流。

【作者】萨迎阿(生卒年不详)，字湘林，满族人，清乾隆时为官。

【题处】黄鹤楼，旧址在武昌蛇山黄鹄矶头，相传三国吴大帝黄武二年(223)始建，后屡建屡毁。近年新建的黄鹤楼在蛇山之巅。

【注释】①萃(cuì)：会聚。三楚：根据《史记》记载，淮北一带为西楚，彭城(今徐州)以东为东楚，九江至长沙为南楚。后多用以泛指长江流域的湖北、湖南一带。②此句化用崔颢、李白诗句。崔颢《黄鹤楼》："黄鹤一去不复返，白云千载空悠悠。"李白《与史郎中钦听黄鹤楼上吹笛》："黄鹤楼中吹玉笛，江城五月落梅花。"句意指白云黄鹤都成过去，幸有横笛仍在，可以吹尽怀古之情。③二水：指长江、汉水。汇百川支派：指各条支流汇入长江、汉水。

【赏析】上联写黄鹤楼耸立于三楚之地的宏大气势，并化用古人诗句，突出黄鹤楼的特点，发怀古之幽情。下联渲染大江的气势，突出黄鹤楼峙立江边的形势，又以滔滔大江联系古今，上下纵横，无比壮阔。

湖南岳阳楼联　　　　　　　　　　　　清·何绍基

一楼何奇：杜少陵五言绝唱①，范希文两字②关情，滕子京百废俱兴③，吕纯阳④三过必醉。诗耶？儒耶？吏耶？仙耶⑤？前不见古人，使我怆然涕下⑥。

请君试看：洞庭湖南极潇湘⑦，扬子江北通巫峡⑧，巴陵山西来爽气⑨，岳州城东道岩疆⑩。潴者，流者，峙者，镇者⑪。此中有真意⑫，问谁领会得来。

【作者】何绍基(1799—1873)，字子贞，号东洲，道州(今湖南道县)人。道光进士，官翰林院编修，任国史馆总纂。咸丰二年(1852)官四川学使。博学多识，精六经子史，能诗文，又是著名的书法家。善撰对联，许多名胜都有他撰书的对联。著作有《惜道味斋经说》、《东洲草堂诗集》等。

【题处】岳阳楼在湖南岳阳市西门城墙上，相传此楼始为三国吴将鲁肃训练水军的阅兵台。唐玄宗开元四年(716)张说谪守岳州，在此修楼，正式定名为岳阳楼。宋仁宗庆历五年(1045)滕子京守巴陵郡时重修，并请范仲淹撰《岳阳楼记》，使岳阳楼名扬天下。后几经兴废，清光绪六年(1880)再建。

【注释】①杜少陵：唐代诗人杜甫。五言绝唱：指杜甫的五言律诗《登岳阳楼》。②范希文：北宋政治家、文学家范仲淹。两字：指范仲淹《岳阳楼记》"先天下之忧而忧，后天下之乐而乐"中的"忧"、"乐"二字。③滕子京百废俱兴：范仲淹《岳阳楼记》有"滕子京谪守巴陵郡，越明年，政通人和，百废俱兴，乃重修岳阳楼"的记述。④吕纯阳：即吕洞宾，名岩，号纯阳。传说他入终南山修道成仙，为八仙之一。他是唐代人，两举进士不第，浪游江湖，传说他曾在岳阳楼饮酒赋诗，三次醉倒岳阳楼。⑤此句接前四句，提出疑问，表示前面四件事到底是哪件使岳阳楼如此之奇？⑥此句化用唐代诗人陈子昂《登幽州台歌》："前不见古人，后不见来者，念天地之悠悠，独怆然而涕下。"⑦南极潇湘：南面可直达潇水和湘水。湘水汇潇水入洞庭湖。⑧扬子江：长江。巫峡：长江三峡之一。⑨巴陵山：位于岳阳楼西洞庭湖滨，又名天岳山。爽气：指爽朗的自然气息。⑩岳州城：岳阳市。东道岩疆：岳阳地势低平，东南方向有高山，以为疆界。⑪潴(zhū)：水聚集处。这句分别指洞庭湖、扬子江、巴陵山、岳州城。⑫此句用陶渊明《饮酒》诗："此中有真意，欲辨已忘言。"

【赏析】这副对联较长，但层次分明，上联从诗人、儒者、郡吏、神仙落笔于岳阳楼的奇伟，感叹岳阳楼所经历的人世变化。下联以洞庭湖、扬子江、巴陵山、岳州城极力渲染岳阳楼的地理形胜，赞美岳阳楼的自然风光。全联对仗工整，气势非凡，用典多而自然贴切。

桂林独秀峰南天门联　　　　　　　　清·廖鸿熙

撑天①凌②日月；
插地震山河。

【作者】生平不详，清代人。

【题处】独秀峰又名紫金山,在广西桂林市中心。取南朝诗人颜延之的"未若独秀者,峨峨郭邑间"的诗句,取名独秀峰。其峰平地拔起,孤峰挺秀,上有许多岩洞,有"南天一柱"等石刻。

【注释】①撑天:独秀峰孤峰高插入云,像天柱一样撑着天。②凌:干犯。

【赏析】联语简洁有力,气壮山河,把独秀峰的形态描绘得极为形象生动,是短联中的佳品。

广州越秀山镇海楼联　　　　　　　　　　清·彭玉麟

几千劫①,危楼②尚存,问谁摘斗摩霄③,目空今古;
五百载④,故侯⑤安在,使我凭栏看剑⑥,泪洒英雄。

【作者】彭玉麟(1816—1890),字雪琴,号退省庵主人,湖南衡阳人。清道光年间充当曾国藩幕僚,咸丰时参与镇压太平军起义,官至兵部尚书。喜画梅题联。

【题处】越秀山在广州市北面,俗称观音山。早就是广州的游览胜地,现辟为越秀公园。镇海楼在越秀山顶,俗称五层楼。建于明太祖洪武十三年(1380),楼名寓"雄镇海疆"之意。楼高28米,分五层,气势雄伟,登楼能眺望广州全貌,是清代羊城八景之一。

【注释】①几千劫:指多次的兵火劫难。②危楼:高楼,指镇海楼。③摘斗:摘取星斗。摩霄:即摩天。此句指古往英雄的气概。④五百载:指修楼至作联时相距约500年。⑤故侯:指明代朱亮祖,因有战功,被明太祖封为永嘉侯。他在广州时主持修了这座镇海楼。⑥凭栏看剑:化用了辛弃疾词意,辛词《水龙吟·登建康赏心亭》有"江南游子,把吴钩看了,栏杆拍遍,无人会,登临意"句。

【赏析】此联紧扣镇海楼的历史来写,吊古抒怀,情调悲壮有力,也表达出了镇海楼古老高雄的气势。

西安骊山华清池联　　　　　　　　　　　清·杨　颐

绣岭萎荆榛①,只余堠馆②留宾,记当年赐浴池③边,长恨空吟白傅④;
环园新结构,云是唐宫旧址⑤,问我辈沉香亭⑥北,雅才谁嗣青莲⑦。

【作者】杨颐,字子异,号蓉浦,又号蔗农,广东茂名市人。清同治间进士,累兵部左侍郎。

【题处】华清池在陕西省临潼县城南骊山的西北山麓,地有温泉。唐太宗贞观十八年(644)在此营造汤泉宫。唐玄宗天宝六年(747)经扩建后改名华清池,又称华清宫。唐玄宗天宝十五年(756)毁于"安史之乱"的兵火中。清代重建,规模不及唐。1956年,按唐华清宫的式样进行扩建。

【注释】①绣岭:指骊山,骊山有东绣岭和西绣岭。菱:衰落、衰败。荆榛:低矮丛生的灌木。这句形容华清宫被毁后的衰败。②堠(hòu)馆:是古时接待行旅、宾客的馆舍。③赐浴池:指骊山华清池温泉。唐明皇曾赐杨贵妃温泉沐浴。白居易《长恨歌》有"春寒赐浴华清池,温泉水滑洗凝脂"之句。④长恨:指白居易《长恨歌》。白傅:唐代诗人白居易,他曾官太子少傅。⑤指清代在原唐宫旧址上新建园林建筑。⑥沉香亭:在唐代兴庆宫龙池东畔,曾遍植牡丹,旁有亭名沉香,据传亭为沉香木建成。现已重建,在西安市兴庆公园里。唐明皇与杨贵妃在沉香亭赏牡丹,召李白作诗。李白写《清平调》三首,中有句"解释春风无限恨,沉香亭北倚栏杆"。⑦青莲:指李白,他号青莲居士。

【赏析】这副对联运用古今对比的手法,切合景点,触景生情,把当年唐明皇与杨贵妃宴乐之事与李白、白居易的不朽之作结合一体,发怀古之幽情。

成都杜甫草堂联　　　　　　　清·顾复初

异代不同时①,问如此江山,龙蟠虎卧②几诗客?

先生亦流寓③,有长留天地,月白风清一草堂④。

【作者】顾复初(生卒年不详),字子远,又字幼耕,江苏吴县人。咸丰末年流落入川,历为幕僚,又曾官蜀中县丞等。善诗词,工书画,有《乐静廉余斋文集》。

【题处】杜甫草堂在四川成都市西郊浣花溪畔,原宅中唐时已不存,北宋神宗元丰间始重建茅屋,立祠宇。元、明、清历代均改建修葺,奠定了今天草堂的规模,主要建筑有大廨、诗史堂、柴门、工部祠等。此联存于杜甫草堂大廨中,由女书法家于立群书写,郭沫若题跋。

【注释】①指诗人杜甫生于唐代,与作者异代不同时。②龙蟠虎卧:比喻隐居的英才俊士不得伸其志。③先生:指杜甫。流寓:辗转他乡,客居无定。唐肃宗乾元二年(759),关内大旱,杜甫弃官举家迁到成都,在朋友帮助下,建了这座草堂。作者流寓四川当幕僚,与杜甫经历相似。④这两句话:草堂长留天地,让人在月白风清之下缅怀诗圣。

【赏析】1963年,郭沫若托夫人于立群以隶书书此联,并写跋语:"杜工部草堂,旧有清人顾复初长联,句丽词清,格高调永,脍炙人口,翱翔艺术,曾为名祠平添史料。惜原刻木联已毁,今凭记忆,嘱内子立群同志重为书出,用自首都寄归锦城。遥想风清月白之堂,龙蟠虎卧之地,人民已做主人,气象焕然一新,谅不妨多此一段翰墨缘也。顾氏乃苏州元和人,清季游幕蜀中,故以流寓自况云。又顾氏通词章,工书画,有文集存世,此联隐隐以已为工部继承者,亦可见其自负不凡也。"

成都武侯祠联 　　　　　　　清·赵　藩

能攻心①,则反侧自消②,从古知兵③非好战；
不审势④,即宽严⑤皆误,后来治蜀要深思。

【作者】赵藩(生卒年不详),云南省剑川人,清代光绪时举人,曾任四川盐茶使。是清末西南边疆著名的文人,精诗文书法。

【题处】武侯祠是西晋末年十六国成(汉)李雄为纪念三国蜀丞相武乡侯诸葛亮而建。后迁至南郊,与蜀主刘备昭烈庙相邻,明初武侯祠并入昭烈庙。现存殿宇系清康熙十一年(1672)重建。

【注释】①攻心:指以德智服敌,使之精神瓦解。《三国志·蜀·马良传》注引《襄阳记》:"夫用兵之道,攻心为上,攻城为下;心战为上,兵战为下。"②反侧:睡卧不安,引申为怀有异心,不顺从。反侧自消:指225年,诸葛亮南征,七擒七纵彝首孟获,获终服蜀曰:"公,天威也;南人不复反矣!"③兵:指兵法。知兵:熟悉兵法。④审势:审时度势。⑤宽严:指政策的宽大与严厉,孔子说:"宽以济猛,猛以济宽,政是以和。"(《左传·昭公二十年》)诸葛亮一生执法严明,但也有宽大的一面。宽严皆误:暗指清末四川的统治者宽严无度。

【赏析】此联称颂诸葛亮的文韬武略,从宽严、和战的辩证关系总结了诸葛亮治蜀的经验,给人以历史的反思与现实的借鉴。思想意义精深,艺术形式完美,是一副有名的对联。

苏州沧浪亭联 　　　　　　　清·齐彦槐

四万青钱①,明月清风今有价②；
一双白璧③,诗人名将④古无俦⑤。

【作者】齐彦槐(?—?):字梦树,号梅麓,又号荫三,婺源(今江西婺源县)人。清嘉庆进士,官至苏州知府。精鉴藏,工诗书,有《双溪草堂诗文集》《书画录》等。

【题处】沧浪亭:在苏州市南,三元坊附近。是江南现存历史最为悠久的园林之一。本为吴越中吴军节度使孙承佑的别墅,北宋庆历年间,诗人苏舜钦以低价购得。诗人遂临水造亭,因有感于《渔父》"沧浪之水"之歌而命名"沧浪亭",并作《沧浪亭记》。历代或兴或废。南宋之初,韩世忠辟为住宅,颇加扩建。元代,园废为僧庵。明代复修,归有光为之作记。清康熙间大修,其布局为今日景观的主要基础。

【注释】①青钱:青铜铸的钱,即铜钱。有人说是古代硬币的一种,由红铜、黑铅、白铅铸成。四万(也说"四十千")青钱,为苏舜钦购园之花费。②"明月"句:欧阳修《沧浪亭》诗有"清风明月本无价,可惜只卖四万钱"之句,对子转化其意而出上联。③璧:古代的一种玉器,形圆而平扁,中间有圆孔。白璧,言玉璧纯白,这里比喻人品高洁。④诗人名将:与"一双白璧"是同位关系,指诗人苏轼和名将韩世忠。清代在园中建两祠,分别供奉苏东坡与韩世忠。⑤无俦(chóu):指没有可与之比肩的人。俦,伴侣,同辈。

【赏析】上联记叙苏舜钦廉价购地、随意造亭,出于无意却给游人留下不少风趣;下联说明文武两贤俱祠名园、同受景仰,源于有心也为山水增添无限荣辉。"有价"指园林之幸获,"无俦"赞忠良之难得。联语平实、简短却自有见地。

杭州西湖平湖秋月联　　　　　　　　佚　名

鱼戏平湖穿远岫①;
雁鸣秋月写长天②。

【题处】平湖秋月:杭州西湖十景之一。景处白堤西端,南临外湖。因前人有"万顷湖平长似境,四时月好最宜秋"的诗句,故名。望湖亭中有康熙帝手书"平湖秋月"石碑。

【注释】①岫(xiù):山洞,峰峦。这句是说,鱼嬉戏于平静的湖中,在远山的倒影间穿游。②写:写字。这里特指鸿雁飞翔时排成"一、人、入"等字形。这句说,雁长鸣于秋夜的月下,在高空的穹隆上写字。

【赏析】对联描述游鱼绕岫、征雁书空,将天水湖山联系在一起,展示了湖光的柔静和月轮的清明,充分展示了"平湖秋月"一景的优美;而将"平湖"与"秋月"分嵌在两联中,使须凸显的主题自然而然得到了强调。鱼之所穿是峰峦的倒影,雁之所"写"为同类之队形;需经思考、判断,方能准确理解。联语隐而不晦,可使游人、读者雅兴倍增。

杭州西湖湖心亭联　　　　　　　　明·郑　烨

亭立湖心,俨西子载扁舟①,雅称雨奇晴好②;
席③开水面,恍东坡游赤壁④,偏宜月白风清⑤。

【作者】郑烨:未详。

【题处】湖心亭在西湖中。初名振鹭亭,又称清喜阁。始建于明嘉靖间,今名始于万历后。目前所见的亭,宏丽壮观,是1953年重建的,现为西湖第一大亭。昔人有诗云:"百遍清游未拟还,孤亭好在水云间;停阑四面空明里,一面城头三面山。"

【注释】①俨(yǎn):很像。西子:即西施,春秋越国美女。扁(piān)舟:小船。②雨奇晴好:用苏轼律绝《饮湖上初晴后雨》前两句"水光潋滟晴方好,山色空濛雨亦奇"意。③席:宴席。④恍:仿佛。东坡游赤壁:北宋元丰间,苏轼谪居黄州,曾两度游黄冈赤壁,并作《赤壁赋》与《后赤壁赋》。⑤偏:独,特。月白风清:语出《后赤壁赋》"月白风清,如此良夜何"。

【赏析】西子之泛五湖,东坡之游赤壁,都被打通时空的阻碍,而由作者轻易拿来,用于赞美西湖湖心亭了。更以逸待劳,把苏轼现成的诗赋佳句化在联语中,表达自己的观感——亭在湖中,无论雨日晴天,都不失西施的娇姿美态;宴开水上,若逢风和月朗,直可胜苏轼的酒兴诗情。

长沙岳麓山爱晚亭联　　　　　　　　　　　　　佚　名

晚景自堪嗟①,落日余晖②,凭添③枫叶三分艳;
春光无限好,生花妙笔④,难写江天一色⑤秋。

【题处】爱晚亭:清乾隆年间建,因唐·杜牧诗有"停车坐爱枫林晚,霜叶红于二月花"之句,故名;原称红叶亭,也叫爱枫亭,在岳麓山岳麓书院后清风峡的小山上。四周皆枫树,深秋则红叶浓艳,佳趣别饶。

【注释】①嗟(jiē):叹息。②晖:阳光。③凭添:自然而然地增添。④生花妙笔:比喻才思富赡,文笔神奇。相传唐代大诗人李白梦到所用之笔,头上生花,从此才情横溢,文思大增。(见后周王仁裕《开元天宝遗事》卷下)⑤江天一色:指江天同一颜色。

【赏析】上联展开秋天傍晚,赤日丹枫之极其艳丽;下联夸赞晚景出奇,长空秀水之难于描绘。出句看似平平,只涉及"枫叶"、"余晖"、"堪嗟"而已,读罢对句才发觉,出句既尽写景之责,又为对句的接应做了周密的铺垫,使整副对联取得圆满成功。对句的"江天一色"既指西方的湖映枫叶之色与天染余晖之色,也指东方的晴空之色与秋水之色;实为"半江瑟瑟半江红"的美景。可嗟叹的是,这美景,即使是善于写春光无限、文笔神奇的文章高手也难以写得出来。读者会因对联创作如此巧运文思而得到审美的启示。

昆明滇池大观楼联　　　　　　　　　　　　　清·孙　髯

五百里滇池,奔来眼底。披襟岸帻①,喜茫茫空阔无边!看:东骧神骏②,西翥灵仪③,北走蜿蜒④,南翔缟素⑤。高人韵士,何妨选胜登临,趁蟹屿螺洲⑥,梳裹就风鬟雾鬓⑦;更苹天苇地⑧,点缀些翠羽丹霞⑨。莫辜负:四围香稻,万顷晴沙⑩,九夏⑪芙蓉,三春⑫杨柳。

数千年往事,注到心头。把酒凌虚⑬,叹滚滚英雄谁在?想:汉习楼船⑭,唐标铁柱⑮,宋挥玉斧⑯,元跨革囊⑰。伟烈丰功,费尽移山心力,尽珠帘画栋,卷不及暮雨朝云⑱;便断碣⑲残碑,都付与苍烟落照。只赢得:几杵⑳疏钟,半江渔火,两行秋雁,一枕清霜㉑。

【作者】孙髯(1711?—1773),字髯翁,号颐庵,原籍陕西三原县,自幼定居昆明。清康熙至乾隆时期的民间诗人。博览群书,学识渊博,但终身不肯仕清,自称"万树梅花一布衣"。著作有《永言堂诗文集》等。

【题处】大观楼在云南昆明市大观公园内,南临滇池,与太华山隔水相望。清初为观音寺,后在寺址建楼,名大观楼。清咸丰七年(1857)毁于兵火,清同治八年(1869)重建。水光山色汇于一楼,是著名的旅游胜地。此联在大观楼前门柱上,孙髯于乾隆年间所作,陆树堂以草书刻联挂于楼前,咸丰七年与楼同毁。现存联是光绪十四年(1888)云贵总督岑毓英托赵藩以工笔楷书刻成的。

【注释】①披襟岸帻:敞开上衣,推起额上的头巾,洒脱、无拘束的样子。襟,上衣。岸,露额。帻(zé),古代裹发的一种头巾。②东骧神骏:喻指东边的金马山。骧,马昂首奔跃的样子。神骏,神奇的骏马。③西翥灵仪:喻指西面的碧鸡山。翥(zhù),鸟展翅飞翔的样子。灵仪,古代对凤凰的别称。④北走蜿蜒:喻指北面的蛇山。蜿蜒,蛇行的样子。⑤南翔缟素:喻指南面的白鹤山。缟素,白色的丝织品。⑥蟹屿螺洲:比喻形容昆明湖中的像蟹螺那样的小洲小岛。⑦风鬟雾鬓:比喻湖中小岛上的花草垂柳摇曳多姿。风鬟,蓬松的环形发髻。雾鬓,双鬓梳理得如薄雾。⑧苹天苇地:指滇池周围长满苹草与芦苇,似与天际相接。⑨翠羽:翠绿的鸟羽,代指美丽的鸟儿。丹霞:红色的云霞。⑩晴沙:形容滇池水面平静光洁。⑪九夏:指夏季九十天。⑫三春:春季三个月。⑬把酒临虚:对着天空举起酒杯。⑭汉习楼船:汉武帝为攻取滇国(今云南),仿滇池修昆明池于长安西南,造楼船,习水战。⑮唐标铁柱:唐太宗时御史唐九征率兵攻进云南,击溃吐蕃,立铁柱记功而还。⑯宋挥玉斧:据《续资治通鉴·宋纪》载:"王全斌既平蜀,欲乘势取云南,以图献。帝(宋太祖赵匡胤)鉴唐天宝之祸起于南诏,以玉斧画大渡河以西曰:'此外,非我有也。'"即宋太祖用玉斧把云南划为化外之地。玉斧,古代一种镇纸之物,或是一种头饰。⑰元跨革囊:《元史·宪宗本纪》载元世祖"忽必烈征大理过大渡河,至金沙江,乘革囊及筏以渡"。革囊,即皮筏。⑱尽珠帘画栋,卷不及暮雨朝云:此两句化用王勃《滕王阁诗》中"画栋朝飞南浦云,珠帘暮卷西山雨"二句意,谓政治舞台帷幕不及启闭,则人物已迅速变化替换。⑲碣(jié):圆顶的碑石。⑳杵(chǔ):寺庙中用以撞钟的木头,此用作量词。㉑清霜:寒霜。

【赏析】这副长联语句洗练,气势不凡,上联写滇池风光,充满诗情画意;下联从云南的历史来写,历数汉、唐、宋、元等对云南的"武功",揭示封建王朝一个个灭亡的规律。全联180字,有景有情,有叙有议,几百年来备受推崇,被誉为"古今第一长联"、"四海长联第一佳者"。

第6章 古代山水名胜诗词文选

第一节 山水名胜诗词选

送梁六自洞庭山　　　　　　唐·张　说

巴陵①一望洞庭秋，日见孤峰②水上浮。
闻道神仙③不可接，心随湖水共悠悠。

【作者】 张说（667—730），唐文学家。字道济，一字说之，洛阳（今属河南）人。玄宗时，任中书令，封燕国公。擅长文辞，与苏颋（袭封许国公）并称"燕许大手笔"。诗多应酬之作，被贬岳阳时期的作品较好。有《张燕公集》。

【题解】 这是作者谪居岳州（今湖南岳阳）时送别友人之作。梁六为潭州（今湖南长沙）刺史梁知微，时途经岳阳入朝。洞庭山，即君山。

【注释】 ①巴陵：郡名，即岳州（今湖南岳阳）。②孤峰：指君山。③神仙：指湘君、湘夫人等传说中的神仙。

【赏析】 诗歌以肃杀的秋景、飘浮的孤峰、不可接的神仙、悠悠的湖水，抒发出作者目送友人征帆远去、怅然若失的惜别之情，也透露了作者谪宦的失意情怀。全诗用简洁自然的笔触描绘了洞庭湖君山的水色山形，更以神仙的虚缈传达出一种扑朔迷离之美。

晚泊浔阳望庐山　　　　　　　　唐·孟浩然

挂席①几千里，　名山都未逢。
泊舟浔阳郭②，　始见香炉峰③。
尝读远公传，　　永怀尘外踪。
东林精舍近，　　日暮空闻钟④。

【作者】孟浩然(689—740)，唐诗人，襄州襄阳(今属湖北)人。早年隐居鹿门山，40岁游长安，应进士不第。曾漫游江淮吴越等地，后归故乡。张九龄镇荆州，引为从事，不久归隐。他是唐代第一个大量描写山水的诗人，与王维齐名，时称"王孟"。其诗多反映隐逸生活，风格清淡自然。

【题解】诗人于唐玄宗开元二十一年(733)漫游吴越后回乡，途经九江，晚泊浔阳，眺望庐山而作。

【注释】①挂席：指船上挂起风帆。②浔阳：即今江西九江市，古江州及浔阳郡先后治此。郭：外城。③香炉峰：是庐山西北部的一座高峰，上有云雾笼罩，好像香炉，故名。④远公：指晋高僧慧远。梁释慧皎《高僧传》载，慧远爱庐山，刺史桓伊为他在香炉峰附近建造了一座禅舍，名"东林精舍"。后四句是说作者望庐山而思慧远，怀远离尘嚣的归隐之念，此时传来东林精舍敲响的暮钟声。

【赏析】诗歌前四句以千里扬帆所见的两岸群山相衬，突出庐山的有名。接着望名山而思名人。慧远是庐山东林寺的创建者，是我国佛教净土宗(又称莲宗)的始祖。最后以怀人思隐而听暮钟结。舟中夜晚闻钟的意境是幽深无尽的，难怪诗人稍后的张继写出"夜半钟声到客船"的名句。全诗清雅素淡，神韵天然。

望洞庭湖赠张丞相　　　　　　　　唐·孟浩然

八月湖水平①，　涵虚混太清②。
气蒸云梦泽③，　波撼岳阳城④。
欲济无舟楫⑤，　端居耻圣明⑥。
坐观垂钓者⑦，　徒有羡鱼情⑧。

【作者】见《晚泊浔阳望庐山》作者介绍。

【题解】洞庭湖：中国第二大淡水湖，在湖南北部。张丞相：指张九龄(678—740)，唐玄宗朝大臣，文学家。一名博物，字子寿，韶州曲江(今属广东)人。长安间进士，官至中书侍郎同中书门下平章事，后为李林甫所潜，罢相。其诗在唐诗发展上亦有重要作用。"唐初四子沿陈、隋之旧……陈射洪(子昂)、张曲江(九龄)独能超出一格，为李、杜开先"(刘熙载《艺概》)。其诗以五言古最为突出，人评云

"骨峻神竦,思深力遒"(施补华《岘佣说诗》语)。诗题或作《临洞庭》。

【注释】①湖水平:指湖水充沛,水面与湖岸齐平。②涵虚:弥漫无涯的样子。太清:指天。此句意为,湖水包容一切,水天相接,混而为一。③气蒸:水气蒸腾。云梦泽:泽之所在,自古说法不一。这里指洞庭湖。(此从晋、唐人的一种说法)④岳阳城:在洞庭湖东岸,即今岳阳市。⑤济:渡。舟楫(jí):船和桨。这里泛指船。此句以渡水喻求仕:说是想达彼岸而没有船只,实指欲入朝廷而无人推荐。⑥端居:闲居。圣明:圣明之世,神圣明哲的君主在位之世。此句说,赋闲不仕,愧对圣明之世。⑦坐:与下句"徒"互文同义,白白地。垂钓者:喻出仕之人。⑧羡鱼情:是以"临渊羡鱼"(《淮南子·说林训》)比喻出仕的愿望。此句连上句,是说虽欲出仕,终属徒然。

【赏析】本诗实是一首求仕之作,前四句写湖景之壮阔,后四句写欲仕而望张九龄之援引。前后过渡自然,融合无迹。诗人从洞庭湖的水势着笔:首联写水态,秋水盈湖,水天一体,把汪洋浩瀚、包孕天宇的八百里洞庭展现出来。颔联写水势,水气笼罩着地表,波涛震撼了岳阳,渲染了洞庭湖动摇乾坤的气势。这两句尤为著名,人评:"洞庭天下壮观,自昔骚人墨客斗丽搜奇者尤众……然莫若'气蒸云梦泽,波撼岳阳城',则洞庭空旷无际,雄壮如在目前。"(《金玉诗话》)

桃 花 溪　　　　　　唐·张 旭

隐隐飞桥①隔野烟,石矶②西畔问渔船。
桃花尽日随流水,　洞③在清溪何处边?

【作者】张旭,生卒年不详,字伯高,吴郡(今江苏苏州)人,公元711年前后在世。曾官常熟尉,又任金吾长史,世称张长史。工书法,尤精草书,有"草圣"之称。他的草书与李白的诗歌、裴旻的剑舞并称"三绝"。今存诗六首,都是写景绝句。

【题解】桃花溪,据《统一志》记载:"溪在湖南常德府桃源县西南二十五里,源出桃花山,经流入沅江。"传说东晋陶渊明所描写的桃花源,即以此地为背景。本诗即用其意。桃花溪一带现已是旅游胜地。

【注释】①飞桥:架在高处的似乎欲飞的桥。②石矶(jī):突出水边的岩石。③洞:指《桃花源记》描写的桃花洞。

【赏析】诗歌描绘了一幅山水图:在云烟弥漫中山影和高桥隐隐可见,溪水中漂着片片的桃花,石矶畔靠着渔舟。画面中又有作者与渔翁两个人物。寻找世外桃源之意暗寓诗中。境界幽深,情韵悠长。

次北固山下　　　　　　　　　唐·王　湾

客路青山外①，行舟绿水前。
潮平两岸阔②，风正一帆悬③。
海日生残夜④，江春入旧年⑤。
乡书何处达⑥？归雁洛阳边⑦。

【作者】王湾（？—？），字、号不详。洛阳（今河南洛阳）人，玄宗开元元年（712）中进士。为荥阳（今属河南）主簿，调洛阳尉。曾来往吴楚间，多有著述。开元中卒。《全唐诗》存其诗十首。

【题解】北固山在今江苏镇江东北，横插江中，三面临水，形势险要，因名北固。南朝梁武帝曾登此山北望，因而又称北顾山。有临江亭、甘露寺等名胜。此诗是在北固山下的写景抒情之作，与登山临水之作大异其趣。

【注释】①客路：旅途。青山：指北固山。②"潮平"句：潮水涌涨，水面与两岸陆地近于齐平，从船上看江水更加开阔。③风正：顺风。悬：高挂。④海日：指江面上升起的太阳。海，古人惯称大水为海。残夜：夜将尽未尽之时。此句言，残夜未尽，江面上的太阳已出来了。⑤"江春"句：旧年未尽，江上已有春意。⑥乡书：寄回家的书信。何处达：犹达何处，寄到哪里。⑦"归雁"句：寄到北归的鸿雁经过的洛阳家里。末联两句，自问自答，含有鸿雁可到洛阳，而自己却不得还乡的喟叹。

【赏析】诗写北固山一带所见的长江景色，开阔舒卷，清新流润。首联与尾联抓住客路、乡书，使全篇笼罩一层淡淡的游子怀乡的愁绪。中间两联是广为传播的名句。颔联写景，观察入微，"以小景传大景之神"（王夫之《姜斋诗话》）。颈联历来脍炙人口，殷璠《河岳英灵集》云："'海日生残夜，江春入旧年'，诗人以来少有此句。张燕公（张说）手题政事堂，每示能文，令为楷模。"

黄　鹤　楼　　　　　　　　　唐·崔　颢

昔人①已乘黄鹤去，此地空余黄鹤楼。
黄鹤一去不复返，　白云千载空悠悠②。
晴川历历汉阳③树，芳草萋萋鹦鹉洲④。
日暮乡关⑤何处是？烟波江上使人愁。

【作者】崔颢（？—754），唐诗人，汴州（今河南开封）人。唐玄宗开元进士，官司勋员外郎。早期诗多写闺情，流于浮艳，后历边塞，诗风变为雄浑奔放。严羽《沧浪诗话》誉本诗为"唐人律诗第一"。有《崔颢集》。

【注释】①昔人：指仙人，传说仙人子安曾骑鹤过此，又说三国时费文祎跨鹤登仙,在此楼憩息,故名黄鹤楼。②悠悠:浮荡的样子。③晴川:晴天的汉水。历历:分明的样子。汉阳:在武昌西北,与黄鹤楼隔江相望。④萋萋:茂密的样子。鹦鹉洲:武昌北面长江中的沙洲。⑤乡关:乡城,故乡。

【赏析】诗歌前四句从黄鹤楼的神话开篇,寓古今变化之慨于其中。一气而下,苍莽奔腾。后四句写登临所见所感,晴川、绿树、小洲、芳草,一览无余的天光水色尽收眼底。最后,触景生情,望着烟波浩渺的大江,不禁寻家乡之所在,乡愁无限。写景流畅自然,抒情真挚深沉。全诗突破格律,不事雕琢,起伏波澜,一片神行,被推为黄鹤楼的绝唱。《唐才子传》记李白登黄鹤楼本欲赋诗,因见崔颢此作,为之敛手,说:"眼前有景道不得,崔颢题诗在上头。"

汉江临泛　　　　　　　唐·王　维

楚塞三湘接①,荆门九派通②。
江流天地外③,山色有无中④。
郡邑浮前浦⑤,波澜动远空⑥。
襄阳好风日,　留醉与山翁⑦。

【作者】王维(701—761),唐诗人。字摩诘,原籍祁(今属山西)人,其父迁家于蒲(今山西永济),遂为河东人。唐玄宗开元进士,累官至给事中。安史之乱中,被获受伪职,乱平,贬太子中允,后官至尚书右丞,世称王右丞。晚年居蓝田辋川,过着亦官亦隐的生活。前期的边塞诗,慷慨开阔,后期的山水诗虽主要宣扬隐士生活与佛教禅理,但体物细微,状写传神,是唐代山水诗歌的代表作家,与孟浩然并称"王孟"。工书画,精音律,苏轼称王维"诗中有画,画中有诗"。有《王右丞集》。

【题解】汉江发源于陕西,进入湖北,到汉口入长江。"临泛"一作"临眺"。诗歌描写江汉平原的广阔和汉江水势的浩渺。

【注释】①楚塞:泛指楚地的边境,湖北古代为楚地。三湘:指湖南,因湘水合漓水称漓湘,合蒸水称蒸湘,合潇水称潇湘,合称三湘。这句是说湘鄂相接,地域广泛。②荆门:在今湖北荆门市南。九派:指长江。派,支流。郭璞《江赋》:"流九派于浔阳。"这句是说汉水入荆江与长江九派汇合。③指汉水流向远方,仿佛流到天地之外。④指两岸青山在雾气迷茫中时隐时现。⑤郡邑:城市。浦:水边。这句是说从漂浮的舟中望去,前面的城市仿佛在水边浮动。⑥这句是说:远处水天相接,天空好像随着水在动。⑦山翁:即山简,晋人。《晋书·山简传》说他曾任征南将军,镇守襄阳。当地习氏的园林风景很好,山简常到习家池上大醉而归。两句是说愿在襄阳美好风光里与朋友同醉。

【赏析】诗歌用诗的语言描绘了一幅山水画:江汉平原的广阔,汉水的浩渺,两岸青山的时隐时现,远处水天相接,天空与城邑都似乎和水波一起飘浮。画面远近相映,疏密相间,壮阔清新。作者使用轻笔淡墨,但情浓意深,又以"留醉"作结,表达了对美好风光的流连。

送元二使安西　　　　　　　　唐·王　维

渭城①朝雨浥②轻尘,客舍③青青柳色新。
劝君更尽一杯酒,　西出阳关④无故人。

【作者】见《汉江临泛》作者介绍。

【题解】这是一首送友人去西北边疆的诗。元二,生平不详,为作者的友人,奉命出使安西。安西,安西都护府,治所在今新疆维吾尔自治区库车县附近。

【注释】①渭城:在今陕西西安市西北,即秦都咸阳故城。从长安西去,一般在渭城送别。②浥:沾湿。③客舍:旅店,此指饮酒送别的地方。④阳关:在玉门关之南,故址在今甘肃敦煌县西南。

【赏析】这是一首著名的送别诗。在柳色青青的春天,在微雨过后的早晨,诗人在渭城举杯送别友人。唱出"劝君更尽一杯酒,西出阳关无故人"的叙别调子,两句语淡情浓,真挚动人,情与景融为一体。这首诗当时就潜入乐曲,成为流行的送别曲,世称"渭城曲"、"阳关曲"、"阳关三叠"。渭城、阳关等地,也因这首诗而声名远播。

峨眉山月歌　　　　　　　　唐·李　白

峨眉山月半轮秋①,　影②入平羌江③水流。
夜发清溪④向三峡⑤,思君⑥不见下渝州⑦。

【作者】李白(701—762),唐代诗人,字太白,号青莲居士。祖籍陇西成纪(今甘肃静宁西南),出生碎叶(唐属安西都护府,今吉尔吉斯斯坦托克马克城),幼时随父迁居绵州昌隆(今四川江油)青莲乡。25岁"仗剑去国,辞亲远游",天宝初供奉翰林。受权贵谗害,一年余离开长安,又一次漫游各地。为平安史乱,充任永王李璘幕府,因璘败受累,流放夜郎。中途遇赦东还,卒于当涂。他热爱祖国的山川,写下了大量描绘祖国大好河山的诗篇。诗风豪放雄健,充满了奇特的想象和浪漫主义情调。语言流转自然,音律和谐多变,是我国古代文学史上的伟大诗人,对后世影响深远。有《李太白集》。

【题解】这是一首见月怀人之作,约作于唐玄宗开元十四年(726)作者出蜀时,从犍为清溪去重庆舟行途中。峨眉山位于四川峨眉县西南七公里,是我国四大佛教名山之一。

【注释】①半轮秋:半圆的秋月。②影:月的倒影。③平羌江:即青衣江,源出四川芦山县,流至乐山入岷江。④清溪:即清溪驿,属犍为县。⑤三峡:指长江三峡。另说指蜀中三峡,即乐山县黎头、背峨、平羌三峡。⑥君:指友人。⑦渝州:今四川重庆一带,唐属渝州。

【赏析】作者用深情的笔墨描绘了峨眉秋月和蜀中山水,表达出对家乡的热爱和对友人的思念。诗歌中出现峨眉、平羌、青溪、三峡、渝州五个地名,而不显滞板,反而一气流转,"四句入地名者五,古今目为绝唱,殊不厌重"(王麟洲语)。

黄鹤楼送孟浩然之广陵　　　　　　唐·李　白

故人西辞①黄鹤楼,烟花②三月下扬州。
孤帆远影碧空尽,　惟见长江天际流。

【作者】见《峨眉山月歌》作者介绍。

【题解】这是作者初游江夏,在黄鹤楼送别孟浩然之作。黄鹤楼、孟浩然注见前。广陵,即扬州。

【注释】①西辞:孟浩然舟行向东,所以是西辞。②烟花:描写春天杨柳如烟,繁花似锦。

【赏析】本诗描绘了两位大诗人分手,充满了诗情画意的送别场景。诗歌以景抒情,把别情表达得深远悠长。"烟花三月下扬州"一句,显现了扬州繁华迷人的春景,向往之情溢于字里行间。此句意境优美,文字绮丽,被誉为"千古丽句"(清人孙洙语)。"孤帆远影碧空尽,惟见长江天际流"两句,描绘了浩浩长江流向天边,一片孤帆消失在水天相接处,是一幅绝妙的长江放舟图。依依惜别之情正体现在这神驰目注之中。

渡荆门送别　　　　　　　　　　　　唐·李　白

远渡荆门外,　来从楚国游①。
山随平野尽②,江③入大荒④流。
月下飞天镜⑤,云生结海楼⑥。
仍怜故乡水⑦,万里⑧送行舟⑨。

【作者】见《峨眉山月歌》作者介绍。

【题解】荆门:荆门山,一名郢门山。在今湖北宜都县西北长江西南岸,与东北岸虎牙山隔江对峙,为东西水道之咽喉。战国时代,为楚、蜀交界处。这是诗人离别家乡、出夔门、渡荆门而东游之作。按,诗中只言自己出游,并不涉及为他人送别,题中"送别"两字疑误。

【注释】①从……游:从事游览。从,为,作。楚国:泛指楚地,特指湖北。②此句意为,山冈随着平原的出现而消失了。③江:指长江。④大荒:广阔的原野。⑤此句意为:月亮倒映江中,恍如自天飞落的明镜。⑥此句意为:云霞积聚,好似结成了海市蜃楼。⑦怜:爱。故乡水:长江自蜀地流来,故称之为故乡水。⑧万里:指路途遥远。⑨行舟:航船。

【赏析】此诗描画了一幅扁舟出峡图:广阔的原野,浩荡的大江,明朗的月亮,多彩的云霞和小船中的诗人。形象奇伟,色彩绚丽。最后以蜀地之水的依依相送,反衬出诗人对家乡的一往深情。言有尽而意无穷。

登金陵凤凰台　　　　　　　　　唐·李　白

凤凰台上凤凰游，　凤去台空江自流。
吴宫①花草埋幽径，晋代衣冠②成古丘③。
三山半落青天外④，二水中分白鹭洲⑤。
总为浮云能蔽日⑥，长安⑦不见使人愁。

【作者】见《峨眉山月歌》作者介绍。

【题解】金陵,今南京市。凤凰台,台址在今南京市西南花露岗凤游路。传说南朝刘宋永嘉年间有三鸟翔集于金陵西南山间,五彩华丽,形如孔雀,鸣声和谐,众鸟飞附,时人以为凤凰,因建台于山,名凤凰台,山遂得名凤台山。此诗是在天宝间,诗人被迫离开长安后,游金陵、登台有感而作。

【注释】①吴宫:指三国孙吴之宫殿。吴大帝孙权于黄龙元年(229)定都金陵,大造宫殿楼阁。②晋代衣冠:指东晋曾显赫一时的名门望族。东晋亦都金陵,时称建康。③古丘:古墓。④三山:南京西南,长江边上有山,山有三峰并列,南北相连,故名。明代掘山填湖,彼山已不复存。半落青天外:写远望之,三山若有若无。陆游《入蜀记》:"三山自石头(即金陵)及凤凰台望之,杳杳有无中耳。"⑤此句是说,江水被白鹭洲分为两派。当时,洲在金陵之西三里许的长江之中。因多居白鹭,故名。后来地形改变,洲陆相接,洲即消失。⑥浮云能蔽日:喻奸邪之辈蒙蔽皇帝。⑦长安:唐首都,皇帝所居。

【赏析】这是吊古伤今的写景名篇。首联从凤凰台美丽的传说写起,以凤去台空寓生不逢时之感慨。颔联写金陵的繁华已成过去,唯剩幽径、古坟而已,颇为世事如烟而欷歔。颈联写远眺,勾勒出所见的壮丽江山。对仗工整,气象恢弘,为传世名句。尾联表示,为奸臣当道、心念帝京,抒发报国无门的忧愤。诗歌清丽洒脱,情景一体,自然天成。相传,李白羡慕崔颢七律《黄鹤楼》,乃作此诗,有意与之较量。方回《瀛奎律髓》说,崔、李两诗"格律气势,未易甲乙"。一些评论家以为李诗吊古伤今,意旨更为深远。

独坐敬亭山　　　　　　　　　　唐·李　白

众鸟高飞尽，孤云独去闲①。
相看两不厌，只有敬亭山②。

【作者】见《峨眉山月歌》作者介绍。

【题解】敬亭山古名昭亭山，又名查山，在宣州（今安徽宣城）。李白一生七次游宣州。本诗作于唐玄宗天宝十二年(753)，作者当时被迫离开长安已十载，对世态的不满使他的心情更加孤寂。诗歌正是这种心情的写照。

【注释】①闲：悠闲。②诗人想象自己和敬亭山相对而视，脉脉含情。

【赏析】诗歌描绘了清幽宁静的山景，表达了诗人悠闲而又孤寂的心情。诗中以拟人的手法，物我一体，塑造了静坐的诗人和静立的敬亭山相视含情的形象。诗前两句以鸟飞云去衬出敬亭山的不动和山景的幽静。

望庐山五老峰　　　　　　　　唐·李　白

庐山东南五老峰，　青天削出①金芙蓉②。
九江秀色可揽结③，吾将此地巢云松④。

【作者】见《峨眉山月歌》作者介绍。

【题解】五老峰在庐山万松坪附近，奇峰连峙，绵连竞秀，凌云摩天。从不同的角度看去，可以想象成不同的形象。从南麓仰视，很像五位老人并肩而坐，因而得名。

【注释】①削出：山峰峭峻如削，好像天造地设一样。②芙蓉：荷花。山色在阳光下呈金黄，故以金芙蓉比之。③此句指登临五老峰，九江一带的优美景色尽收眼底。揽结：采集。④巢云松：隐居山林。巢，栖息，五老峰背后山谷为青莲寺，李白号青莲居士，传说此地乃他当年隐居之处。

【赏析】诗歌以一个巧妙的比喻"金芙蓉"来描绘五老峰在阳光下璀璨俊秀的形象。又以九江秀色作陪衬，显出五老峰独揽胜景之精华。最后以向往在五老峰下过与松云为伴的隐居生活作结，从另一种角度赞五老峰的迷人。

望九华山赠青阳韦仲堪　　　　　　唐·李　白

昔在九江①上，　遥望九华峰。
天河挂绿水，　秀出九芙蓉。
我欲一挥手，　谁人可相从。
君为东道主②，于此卧云松。

【作者】见《峨眉山月歌》作者介绍。

【题解】九华山在安徽青阳县西南，原名九子山，因李白此诗状九峰如九朵莲花，改称九华山。中国佛教四大名山之一。韦仲堪，青阳县令。这是作者晚年流落皖南时的作品。

【注释】①指池州一带江面，因上游有九江会合，顺势称九江。②君：指韦仲堪，他是青阳县令，故称东道主。

【赏析】诗歌用绝妙的画笔,描绘出远望中的九华山:像天河里流出绿色的水挂在空中,像九朵莲花向天开放。诗句表达作者无人相从的寂寞和向往归隐生活的心情。

游泰山六首之三　　　　　　唐·李　白

平明登日观①,　举手开云关②。
精神四飞扬,　　如出天地间③。
黄河从西来,　　窈窕④入远山。
凭崖览八极⑤,　目尽长空闲⑥。
偶然值青童⑦,　绿发双云鬟⑧。
笑我晚学仙,　　蹉跎凋朱颜⑨。
踌躇⑩忽小见,　浩荡⑪难追攀。

【作者】见《峨眉山月歌》作者介绍。

【题解】泰山:在今山东省泰安市西北,是中国东部著名高山;泰山,也叫岱宗,东岳。公元742年(唐玄宗天宝元年)四月,李白来到泰山,写下了六首赞美泰山的组诗。这是其中第三首。

【注释】①平明:天亮的时候。日观:泰山东南的高峰,因能看到太阳升起而得名。②云关:指云气拥蔽如门关。③这两句是写日出时,作者当时精神焕发的神态。④窈窕:深远曲折的样子。从那么高看黄河就显得细小曲折了。⑤八极:八方极远之地。⑥闲:大,广阔。两句意为:凭崖眺望远方的尽头,天空显得格外宽阔。⑦值:遇到。青章:仙章。⑧绿发:漆黑的头发。云鬟:古代妇女梳的环形发结。这里指仙童的发型。⑨蹉跎:虚度光阴。凋朱颜:这里指容貌衰老。⑩踌躇:犹豫。⑪浩荡:广阔。这里指广阔的天空。

【赏析】这是描写在泰山看日出。诗歌把这种美感和生动形象叠印在泰山神妙山水的真实背景上。诗中写出泰山看日出的美景,还有仙境不同时空的具体情景描写,又有情节发展的连贯性,这不仅增强了诗歌飘渺奇逸的意境之美,而且使人有一种如临其境、如见其人的艺术感受,其艺术效果就超过了其他以泰山为题材的山水诗作。

望　岳　　　　　　　　唐·杜　甫

岱宗夫如何①?　齐鲁青未了②。
造化钟神秀③,　阴阳割④昏晓。
荡胸生层云⑤,　决眦入⑥归鸟。
会当凌绝顶,　一览众山小⑦。

【作者】杜甫(712—770),唐诗人,字子美,原籍襄阳(今属湖北),生于巩县(今属河南)。唐玄宗开元后期举进士不第,漫游各地。后因居长安10年,安禄山军陷长安,他逃往凤翔,谒见肃宗,官左拾遗。后贬华州司功参军,不久弃官经秦州同谷,移家成都浣花溪畔。一度在剑南节度使严武幕中任参谋,并为检校工部员外郎,故世称杜工部。晚年携家出蜀,病死湘江舟中。其诗歌广泛地反映了唐代社会的各个方面,是唐王朝由盛而衰的历史写照,被称为"史诗"。诗歌风格、体裁多样,以古体、律诗见长,以沉郁、顿挫为主。是我国伟大的现实主义诗人。

【题解】作者《望岳》诗共三首,分别咏东岳泰山、南岳衡山、西岳华山。本首写望泰山。当写于作者青年时代漫游齐、赵(今河南、河北、山东等地)时。

【注释】①岱宗:岱,泰山的别名,因居五岳之首,故称岱宗。夫如何:到底怎么样？②齐鲁:春秋时国名,《史记·货殖列传》载:"泰山之阳则鲁,其阴则齐。"青未了:青翠依然存在。此句是说齐鲁两地都能望到青翠的泰山。③造化:大自然。钟:聚集。神秀:神奇秀美。④阴阳:山南为阳,山北为阴。割:分开。⑤这句是说:看到山上云气层出不穷,心胸为之涤荡。⑥决眦(zì):睁裂眼眶,形容极度使用目力。入:进入,此处指看到。⑦两句是说:定会登上最高的峰顶,一看周围的群山都变小了。

【赏析】这是杜诗中现存最早的一首,字里行间洋溢着青年杜甫的朝气和热情。问句开篇,对泰山惊叹仰慕之情跃然纸上,接着三句描写望中泰山的巍峨高大、神奇秀丽,再两句写细望和久望中见到山中的层云飘荡,鸟儿还巢。最后以向往登岳作结。尾联富有启发性和象征意义,表达了作者勇登绝顶、俯视一切的心胸气魄,成为鼓舞人们攀登自然高峰和生命高峰的千古名句。此诗被后人誉为"绝唱",刻石泰山之麓。

登 岳 阳 楼　　　　　　　　唐·杜　甫

昔闻洞庭水,　今登岳阳楼。
吴楚东南坼①,　乾坤日夜浮②。
亲朋无一字③,　老病有孤舟④。
戎马⑤关山北,　凭轩涕泗⑥流。

【作者】见《望岳》作者介绍。

【题解】岳阳楼在今湖南岳阳市,是岳阳城的西北门楼,为中国三大名楼之一。楼对洞庭湖与君山,有"洞庭天下水,岳阳天下楼"的盛誉。相传,初为孙吴将军鲁肃操练水军时所建的检阅台。开元间,张说谪守岳州,乃造此楼,定名岳阳楼。诗人杜甫晚年漂泊湘鄂间,登此楼触景生情,书此五律。

【注释】①吴楚：春秋时期的吴国和楚国。坼(chè)：分裂、开裂。这句是说，面积极大的洞庭将天下的东南分为吴楚两国。②乾坤：天地。这句是说，浩瀚无垠的湖水给人以天地都漂浮在水上的感觉。③无一字：指没有书信。④老病：作者已57岁，且数种疾病缠身。有孤舟：当时作者非常穷困，全家只能在一只小船上生活。⑤戎马：兵器和战马，指战争。当时西北边境，10万吐蕃兵众入寇灵武，郭子仪统兵5万拒敌。⑥轩：栏杆。涕泗：眼泪、鼻涕。

【赏析】诗人晚年才登上他久已闻名的岳阳楼，为岳阳楼留下了如此苍劲遒阔的诗篇。前两联写景，颔联"吴楚东南坼，乾坤日夜浮"雄视今古、气壮山河，是描摹洞庭湖水浩大、汹涌的绝妙好辞。后两联抒情，为邦国的兵连祸结，为自己的贫病交加，诗人唱出孤独无助的、痛苦的哀歌。

夔州歌十绝句(其一)　　　　　　　唐·杜　甫

中巴之东①巴东山，　江水开辟流其间。
白帝②高为三峡镇③，瞿塘险过百牢关④。

【作者】见《望岳》作者介绍。

【题解】夔州，今四川奉节，长江流经此处，即进入著名的瞿塘峡。组诗写于大历初年，作者滞留夔州期间。此诗描绘瞿塘峡的雄奇险峻。

【注释】①中巴之东：东汉末刘璋治蜀，分其地为三巴，即中巴、东巴、西巴。夔州为东巴郡，在中巴之东。巴东山：即大巴山，在川、陕、鄂三省边境。此处指夔州一带的山。②白帝：白帝城在夔州之东的大江北岸高峰顶上。③镇：镇守。④百牢关：古代一关隘名，在今陕西沔县西南。

【赏析】首句直指三峡两岸之山，起得雄伟。次句言江水劈山而流，接得有力。三句再叙白帝城高踞峡口，更显夔门之雄。结句以百牢关作比，突出瞿塘峡的险峻。全诗抓住"高"、"险"的形势，笔力千钧，极有声势。

送桂州严大夫①　　　　　　　唐·韩　愈

苍苍森八桂②，兹地在湘南③。
江作青罗带④，山如碧玉簪⑤。
户多输翠羽⑥，家自种黄柑⑦。
远胜胜仙去，飞鸾不暇骖⑧。

【作者】韩愈(768—824)字退之，南阳(今河南省孟县)人。贞元进士。唐代思想家和文学家，位居唐宋文学八大家之首。他和柳宗元政见不和，但并未影响他们共同携手倡导古文运动，并称"韩柳"。在诗歌方面，他别开生面，创建了"韩孟诗派"。韩诗在艺术上有"以文为诗"的特点，对后世亦有不小的影响。有《韩昌黎集》四十卷,《外集》十卷。

【题解】 这是公元822年(长庆二年)为送严谟出任桂管观察使所作。在唐代,桂林山水也已名闻遐迩,令人向往。杜甫未到桂林而有咏桂林的诗(《寄杨五桂州谭》)。韩愈未到桂林,也写了这首《送桂州严大夫》有名的咏桂林的诗.

【注释】 ①桂州:即今桂林,位于广西壮族自治区东北部。②苍苍:深绿色。森:高耸繁茂的样子。八桂:指桂州,即今广西桂林。③湘南:桂林在湘水之南。④江:指漓江。青罗带:青绿色的绸带。⑤碧玉簪:碧玉簪子。簪子,别在女子发髻的条状物。⑥输:缴纳赋税。翠羽:翠鸟的羽毛可做成名贵的装饰品。⑦"自家"句,说桂林盛产柑橘,几乎家家种植。⑧不暇:没有空闲.骖(cān)古代驾在车前两侧的马,这里作动词用,驾的意思。

【赏析】 本诗歌十分形像地表答桂林之奇。诗首联紧扣桂林之得名,以其地多桂树而设想。"江作青罗带,山如碧玉簪",极为概括地写出了桂林山水的特点,以女性的美饰描绘桂林的山水,抓住了山水形状之特征的,是千古脍炙人口之佳句。下两句则写桂林特殊的物产。以上两联着意写出桂林主要的秀美奇异之处,酝酿够了神往之情。最后一联归结到送行之意,严大夫此去桂林虽不乘飞鸾,亦"远胜登仙"。赞美了桂林山水,更表达了对友人送别的挚情。

枫桥夜泊　　　　　　　　　　　　唐·张　继

月落乌啼霜满天，　江枫①渔火②对愁眠③。
姑苏④城外寒山寺，夜半钟声⑤到客船。

【作者】 张继(生卒年不详),唐诗人。字懿孙,襄州(今湖北襄阳)人。天宝进士,曾官检校祠部员外郎等职。诗多登临游览之作,清新自然,不事雕琢。今存诗40余首,有《张祠部诗集》。

【题解】 枫桥在江苏苏州阊门外枫桥镇。原名封桥,因张继此诗而改作枫桥。自此诗后,题咏枫桥的诗多不胜数,故明高启有诗赞道:"画桥三百映江城,诗里枫桥独有名。"现桥为清同治三年(1864)重建,为单孔石拱桥。

【注释】 ①江枫:江边的枫树。②渔火:渔船上的灯火。③愁眠:船上含愁而卧的旅客。④姑苏:今苏州市,因其西南有姑苏山,又名姑苏城。⑤夜半钟声:寺院当时有夜半敲钟的习惯。张继诗中所咏的古钟早已失传。明嘉靖年间所铸寺钟传说流入日本。光绪三十年(1904)寒山寺重建,又仿旧钟造了一口钟。现在寺内还悬了另一口钟,是日本人士募资仿铸唐式青铜乳头钟送归寺院的。

【赏析】 诗歌用落月、啼乌、霜天、江枫、渔火来烘托羁旅愁思。更以夜半寺钟揭示夜的静谧和深永,含不尽之意在言外。因这首名绝,寒山寺名扬天下。这首绝句的诗碑藏在寒山寺内,原为明代文征明所书,后因字迹缺损,清代俞樾重写再镌。

江行望庐山　　　　　　　唐·钱　起

咫尺①愁风雨，匡庐②不可登。
只③疑云雾里，犹有六朝④僧。

【作者】钱起(722—780)，唐诗人。字仲文。吴兴(属浙江)人。天宝进士，曾任考功郎中、翰林学士等职。"大历十才子"之一。诗多五言，风格清丽，音律和谐。有《钱仲文集》十卷。

【题解】这是作者乘舟航行江上向南岸眺望庐山的即兴之作。

【注释】①咫(zhǐ)尺：形容离得很近。咫，古以八寸为咫。②匡庐：庐山的别名。传说，殷周之际有个叫匡俗的人，结庐于山上学道求仙。后人称其所居为"神仙之庐"，山也因而称庐山，或匡山。③只：自。④六朝：指三国的吴、东晋、宋、齐、梁、陈。

【赏析】诗中说庐山饶风雨，多云雾，愁其山高而不可攀登，疑其僧老而不可交流，好像为庐山罩上一层不可测知的神秘气氛。其实诗人是在说庐山的地域已非凡境，庐山的寺僧已非凡人；凡夫俗子是该被拒之门外的。写得十分含蓄，言外之意，留给读者揣摩。

游　终　南　　　　　　　唐·孟　郊

南山塞①天地，日月石上生。
高峰夜留景，　深谷昼未明②。
山中人自正，　路险心亦平。
长风驱松柏，　声③拂万壑④清。
即此悔读书，　朝朝近浮名。

【作者】孟郊(751—814)，唐诗人，字东野，湖州武康(今浙江德清)人。近50岁才中进士，任溧阳县尉。诗作感伤自身困顿，多寒苦之音，也不乏反映人民疾苦之作。用字造句力避平庸浅率，追求瘦硬，与贾岛齐名，有"郊寒岛瘦"之称。有《孟东野诗集》。

【题解】终南山在今陕西西安市南40多公里处。又名中南山或太乙山。是秦岭西自武功、东至蓝田的总称。包括翠华山、南五台、圭峰山、骊山等，主峰在长安县南。山高林茂，岭秀景奇，唐代已是游览胜地。

【注释】①塞：充塞。②景：日光。两句是说：傍晚夜幕降临了，而南山的高峰尚有落日的余晖；清晨大地洒满了阳光，南山的深谷依然一片幽暗。③声：指风声。④壑：山沟。

【赏析】首二句言南山充塞天地，日月从山中的石上升起。这是诗人在南山之中的一种视觉感受,也是用"硬"、"险"之语写南山的高大。三四句以峰谷的明晦之别,表现南山高深广远,千峰万壑变化无穷。接着又通过松涛、风声,现出南山的清幽宜人。在这样的山景中,人物的心情为之涤荡,不禁赞颂山中人"正",而悔近浮名了。

望 洞 庭　　　　　唐·刘禹锡

湖光秋月两相和①,潭面无风镜未磨②。
遥望洞庭山③水翠,白银盘④里一青螺⑤。

【作者】刘禹锡(772—842),唐文学家。字梦得,洛阳(今属河南)人。唐德宗贞元间擢进士第,登博学宏辞科。授监察御史,因参加王叔文集团被贬。后经裴度力荐,任太子宾客,加检校礼部尚书。世称刘宾客。诗文感讽时世,反映民间生活,诗风通俗清新,富有民歌特色,是唐诗中别开生面之作。有《刘梦得文集》。

【题解】洞庭湖在湖南省北部,北连长江,南接湘、资、沅、澧四水。有君山、岳阳楼等名胜。本诗当是唐穆宗长庆四年(824)八月,作者由夔州转和州时,秋天过洞庭湖所作。

【注释】①和:连,此处指月色湖光连成一片。②镜未磨:没有打磨的铜镜。③山:指君山,也叫洞庭山。④白银盘:比喻月光闪动的洞庭湖。⑤青螺:比喻青翠的君山。

【赏析】诗歌用生动的比喻,描写秋月辉映下的洞庭湖。湖天一色,远望去洞庭湖和君山就像一个闪闪发光的银盘里放着一颗晶莹的玉螺。诗句构想新奇,意境优美,成为千古传诵的名句。

石 头 城　　　　　唐·刘禹锡

山围故国周遭①在，潮打空城寂寞回。
淮水②东边旧时③月，夜深还过女墙④来。

【作者】见《望洞庭》作者介绍。

【题解】石头城故址在南京市清凉山一带,是战国时楚国的金陵邑,三国时孙权改名为石头城,并在此修建宫殿,六朝均建都于此。唐时已废,成了一座空城。作者于唐敬宗宝历二年(826)从和州回洛阳,路过金陵,感叹昔盛今衰,写下组诗《金陵五题》,此为第一首。

【注释】①山围:指围绕石头城四面的青山。故国:故都,即石头城。周遭:周围。②淮水:指秦淮河。③旧时:指六朝时。④女墙:城墙上的垛墙。

【赏析】诗人把对历代兴亡的感叹寓于写景之中。用拟人的手法,通过长江潮水拍打空城"寂寞回",旧时月亮多情地探过女墙来,使情与景融成一片。诗中句句写景,然而无景不渗透着诗人故国萧条、人生凄凉的深沉感慨。白居易极赞此诗说:"我知后之诗人无复措辞矣。"

钱塘湖春行　　　　　　　唐·白居易

孤山[①]寺北贾亭[②]西，水面初平云脚[③]低。
几处早莺[④]争暖树[⑤]，谁家新燕[⑥]啄春泥。
乱花渐欲迷人眼[⑦]，浅草[⑧]才能没马蹄。
最爱湖东行不足[⑨]，绿杨荫里白沙堤[⑩]。

【作者】白居易(772—846)，唐代诗人。字乐天，晚号香山居士。山西太原人，后居下邽(在今陕西渭南东北)。贞元年间进士，授秘书省校书郎。几经迁谪，官至刑部尚书。在文学上，主张"文章合为时而著，歌诗合为事而作"。是新乐府运动的倡导者。早期所作的《秦中吟》、《新乐府》等讽喻诗中的不少篇章，揭发政治黑暗，反映黎民痛苦。诗语通俗，相传念起来老妪也能听懂，其长篇叙事诗《长恨歌》、《琵琶行》深得世人喜爱。与元稹齐名，并称"元白"。又与刘禹锡齐名，并称"刘白"。有《白氏长庆集》。

【题解】本诗是唐穆宗长庆三年或四年(823—824)白居易任杭州刺史时所作。钱塘湖是西湖的别名，在杭州市区，湖面有白堤、苏堤。春行，春游。

【注释】①孤山：西湖四岛之一，耸立在里湖与外湖之间。上有许多文物古迹。山上有孤山寺。②贾亭：又名贾公亭，唐贞元年间贾全任杭州刺史时所建。③水面初平：春天涨水，湖水与湖岸刚刚相平。云脚：下雨前后接近地面的云气。④早莺：春天早来的黄莺。⑤暖树：向阳的树。⑥新燕：春天刚飞回的燕子。⑦乱花：野花。渐欲：将要。迷人眼：使人眼花缭乱。⑧浅草：刚长不高的草。⑨行不足：走不够，游兴不尽。⑩白沙堤：即白堤，原称沙堤或断桥堤，后人为纪念白居易改名白堤。但白居易领导人民所筑的堤在钱塘门北，非此堤。

【赏析】这是一首描绘西湖早春景色的名篇。随着诗人的游踪，从孤山寺到白沙堤。写景由点到面，又由面到点。用"水面"、"云脚"、"早莺"、"暖树"、"新燕"、"春泥"、"浅草"等景物构成一幅早春的湖景。又以"初平"、"几处"、"谁家"、"渐欲"、"才能"等词语贯穿其中，使景物充满了生机勃勃的春意。作者欣喜陶醉之情被表达得淋漓尽致。

春题湖上　　　　　　　唐·白居易

湖上春来似画图，乱峰[①]围绕水平铺。
松排山面[②]千重翠，月点波心[③]一颗珠。
碧毯线头抽早稻[④]，青罗裙带展新蒲[⑤]。

未能抛得杭州去, 一半勾留⑥是此湖。

【作者】见＜钱塘湖春行＞作者介绍.

【题解】此诗即作于作者卸杭州刺史任之前夕,大约是唐代长庆四年(公元824)春,作者在杭州住期将满,就要离开之前所作。为了逃避当时朝廷激烈党争的政治漩涡,作者自求出守杭州。其后的诗作不免流露出离开了是非之地的轻松愉快心情。这首诗则因届满将归,而滋生怅惘的依依惜别情。

【注释】①乱峰:参差不齐的山峰。②松排山面:指山上有许多松树。③月点波心:月亮倒映在水中。④碧毯线头抽早稻:田野里早稻拔节抽穗,好像碧绿的毯子上的线头。⑤青罗裙带展新蒲:河边菖蒲新长出的嫩叶犹如罗裙上的飘带。⑥勾留:留恋。

【赏析】诗的前三联绘景,尾联抒情,全诗则情景交融,物我划一。首句鸟瞰西湖春日景色,谓其"似画图"。"乱峰"以下三句,具体描绘如画之景:群山环绕,参差不一,湖上水面平展;排排青松装点着山峦,如重重叠叠的翡翠,皎洁的月亮映入湖心,象一颗闪光的珍珠。"碧毯"二句出人意表地把笔舌转到对农作物的体察上,不仅是对西湖风光的赞美,也体现出作者对湖区人民的关怀。春色如此秀丽,作者不愿离开,有一半因素就是舍不得这风景如画的西湖。

泊 秦 淮　　　　　唐·杜 牧

烟笼①寒水月笼沙,夜泊秦淮近酒家。
商女不知亡国恨②,隔江犹唱《后庭花》③。

【作者】杜牧(803—852),唐代文学家。字牧之,京兆万年(今陕西西安)人。太和年间进士,曾任江南、宣歙观察使等职,官终中书舍人。后人称为"小杜",清代以之与李商隐并称"小李杜"。其诗颇有指陈时政之作。其写景、抒情的小诗清丽、生动,有《樊川文集》。

【题解】秦淮河是长江的支流,相传是秦始皇为疏通淮水而开凿的,故名。南朝以后,秦淮河两岸酒家林立,成为繁华的商业区,后淤塞萧条,解放后不断进行疏通整治,现已为水上游览胜境。

【注释】①笼:笼罩。②商女:以卖唱为生涯的歌女。不知亡国恨:表面是说商女,实际指那些寻欢作乐的豪门贵族。③《后庭花》:即《玉树后庭花》,据说为南朝荒淫误国的陈后主所制乐曲,是靡靡的亡国之音。

【赏析】诗歌通过夜泊秦淮所见所感,对醉生梦死的统治者提出辛辣的讽刺。作者清醒的认识、深沉的悲痛、无限的感慨寓于其中,委婉沉郁。诗中也呈现出月色笼罩下的秦淮河,以及当时的繁华景象。

过华清宫　　　　　　　　唐·杜 牧

长安回望绣成堆①，山顶千门次第②开。
一骑红尘③妃子笑，无人知是荔枝④来。

【作者】见《泊秦淮》作者介绍。

【题解】华清宫在陕西骊山北麓，唐玄宗开元十一年(723)在原来离宫的基础上修建行宫，命名华清宫，玄宗皇帝和贵妃杨氏经常在此流连。安史之乱中被毁，现存建筑物为清代与现代所补造。同题诗共三首，本诗是第一首。

【注释】①回望：回首而望。绣成堆：既指骊山的东、西绣岭，又形容骊山花木繁盛、楼阁玲珑，宛如成堆的锦绣。②次第：这里是副词状语，一个接一个地。③一骑(jì)红尘：指有人乘马奔驰，扬起尘土。骑，一人乘一马谓之一骑。④荔枝：《新唐书·后妃传》卷上载：杨贵妃"嗜荔枝，必欲生致之，乃置骑传送，走数千里，味未变，已至京师"。

【赏析】诗歌描绘了骊山的秀美、华清宫的巍峨，又通过"一骑红尘"与"妃子笑"的对照，含蓄地谴责了唐玄宗的奢侈好色与杨贵妃的恃宠而骄。这该是一篇咏史诗的精品。

山　行①　　　　　　　　唐·杜 牧

远上寒山石径斜②，白云生处③有人家。
停车坐④爱枫林晚，霜叶红于二月花。

【作者】见《泊秦淮》作者介绍。

【题解】这是一首描写和赞美深秋山林景色的名诗。"霜叶红于二月花"是写秋景名句。诗人游过湖南，虽然不能断定这首诗是写长沙岳麓山，但岳麓山的爱晚亭就因此得名。

【注释】：①山行：在山中行走。②.寒山：指深秋时候的山。径：小路。斜：为了押韵，这里可以按古音读作 xiá。③.白云生处：白云缭绕而生的地方。④.坐：因为；由于。

【赏析】：诗歌通过诗人的感情倾向，以枫林为主景，绘出了一幅色彩艳丽的山林秋色图，展现出一幅动人的山林秋景。诗里写了山路、人家、白云、红叶，构成一幅和谐统一的画面。景物有机地联系在一起，有主有从，有的处于画面的中心，有的则处于陪衬地位。简单来说，前三句是宾，第四句是主，前三句是为第四句描绘背景、创造气氛，起铺垫和烘托作用的。

乐游原　　　　　　　　　　唐·李商隐

向晚意不适①，驱车登古原②。
夕阳无限好，只是近黄昏。

【作者】李商隐(约813—858)，唐诗人，字义山，号玉谿生，怀州河内(今河南沁阳)人。唐文宗开成进士，曾任县尉、秘书郎和东川节度使判官等职。因卷入牛李党争，终生潦倒。擅长律诗和绝句，咏史诗借古讽今，表达忧国伤时之情。《无题》诗写得缠绵悱恻，历来为人传诵。有《李义山诗集》。

【题解】乐游原在唐长安城东南，原是汉宣帝乐游苑的故址，亦名乐游阙、鸿固原。唐太平公主在这里添造亭阁，成为游赏胜地。地势较高，四望敞阔。

【注释】①不适：不愉快。②古原：指乐游原，因汉代就有，故称古原。

【赏析】小诗摄取登古原所见到的落日图。"夕阳无限好，只是近黄昏"两句对美好的晚景表现出无限的赞赏、流连与惋惜。诗句寓意深远，能引起人们的强烈共鸣，因此成为千古传诵的名句。

长安秋望　　　　　　　　　　唐·赵嘏

云物凄清拂曙流①，汉家宫阙动高秋②。
残星几点雁横塞③，长笛一声人倚楼。
紫艳④半开篱菊静，红衣⑤落尽渚⑥莲愁。
鲈鱼正美不归去⑦，空戴南冠学楚囚⑧。

【作者】赵嘏(gǔ)，唐诗人。字承祐。山阳(今江苏淮安)人。会昌进士，任渭南尉。为人豪迈爽达，为诗赡美多趣。有《渭南集》三卷。

【题解】本题或作《长安晚秋》，或作《长安秋夕》，或有谓《早秋》者。这首诗写长安秋景和归吴之思，应作于任渭南尉时。

【注释】①云物句：拂晓，凄冷清凉的云气缓缓飘流。云物，天象云气之色。拂曙，天将破晓。流，流布，传播。②汉家：汉朝。这里实指唐朝。宫阙(què)：宫殿的统称。阙，皇宫前面两旁的楼台，中间有道路。动：意指宫殿在脚下浮动。高秋：深秋。③塞：边境上的险要之地。④紫艳：指菊花，菊花色以黄、紫居多。艳，光彩，这里指花。⑤红衣：指荷花，荷花瓣多为粉红色。⑥渚(zhǔ)：水中的小片陆地。⑦鲈(lú)鱼句：正值鲈鱼肥美之时而不回乡。鲈鱼，一种近海鱼，身体上半青灰色，下半灰白色，秋末游至河口产卵，其肉肥美。这里用典：晋人张翰，吴地人，有才智。入洛阳，为大司马车曹掾。见秋风起，思念吴中鲈鱼脍，立即弃官还乡。⑧空戴句：白白地戴着南冠学做楚国的囚徒。这里用典：晋景公看见一个人被绑着，就问戴南冠而被绑的人是谁？有人回答是郑国献来的楚国俘虏。南冠，春秋时代楚国的冠名,汉代称为獬豸(xièzhì)冠。楚囚,这里赵嘏用来自喻。当时他任渭南尉,官位低下,受人牵制,不得自由。

【赏析】这首诗选择有代表性的景物,把长安的秋色描绘得非常浓郁,充分表现出凄清美。颔联诗境高邈,更是点睛之笔。杜牧吟味不已,深为激赏,遂称赵嘏为"赵倚楼"。

台　　城　　　　　五代前蜀·韦　庄

江雨霏霏①江草齐,六朝如梦鸟空啼。
无情最是台城柳,　依旧烟笼十里堤②。

【作者】韦庄(836—910),唐末、前蜀诗人。字端己,长安杜陵(今陕西西安)人。唐昭宗乾宁进士,后仕前蜀,官至吏部侍郎同平章事(丞相)。工诗词。早年曾作《秦妇吟》,反映社会矛盾与民间疾苦。词作善用白描手法,情辞朴素自然,在"花间词派"里别具一格。著有《浣花集》行世。

【题解】台城故址在今南京市北京东路之南、珠江路之北。本是孙吴的后宛城,东晋成帝时改建。宋、齐、梁、陈相继沿用,一直是皇宫和朝廷诸台省的所在地,故名台城。此诗作于唐僖宗光启三年(887),当时台城已毁于兵火,"万户千门成野草"了。

【注释】①霏霏(fēifēi):雨雪纷飞、云雾很盛的样子。②十里堤:指玄武湖中的堤,堤为晋元帝时筑,东起覆舟山北麓,西抵幕府山下,长达10余里。

【赏析】绝句以雨密、草长、鸟啼、城毁,写出一片凄清的春景,带起一股伤春的情绪。进而凭吊古昔,感叹六朝如梦,只闻好鸟空啼,举目繁华何在! 接着诗人指责翠柳无情,依旧在十里长堤上,如烟似雾,摇曳弄姿。这是以柳之无情,反衬人之有恨。在此小诗里,诗人抒发了自然如旧、人事全非的深沉感慨。情致细腻委婉,表达手法独特。

鲁山山行(五律)　　　　　宋·梅尧臣

适①与野情②惬③,千山高复低。
好峰随处改,　幽径独行迷。
霜落熊升树,　林空鹿饮溪。
人家在何许④?　云外一声鸡。

【作者】梅尧臣(1002—1060),北宋诗人。字圣俞,宣州宣城(今属安徽)人。少时科场不利,中年得赐进士出身,官至尚书都官员外郎。主张诗要写得准确、有深度、有余意,认为诗"能状难写之景如在目前,含不尽之意见于言外"。诗与苏舜钦齐名,并称"苏梅"。有《宛陵先生文集》。

【题解】鲁山,一称露山。在今河南鲁山县东北,与襄城县相接。这首诗就是梅尧臣任襄城县令时的游山之作。

【注释】①适:恰好。②野情:喜爱山野的情趣。③惬(qiè):满足。这里是投合的意思。④何许:什么地方。许,处所。

【赏析】"熊升树""鹿饮溪",山峰随处改变着姿态,"云外"传来鸡鸣,诗人把这些景象布置在静谧的秋山里,取得了活跃而不喧闹、静谧而不寂寞的效果,体现了动态美和静态美的统一。

宿甘露寺　　　　　　宋·曾公亮

枕中云气千峰近①,床底松声万壑哀②。
要看银山③拍天浪,开窗放入大江④来。

【作者】曾公亮(999—1078),子仲明,泉州晋江(今属福建)人。宋仁宗天圣二年(1024)进士。知会稽县时,修镜湖斗门泄水入曹娥江,湖滨民田得免水患。宋仁宗嘉祐中,拜吏部侍郎,同中书门下平章事。后以年老自请罢相。加太保,封鲁国公。曾与丁度编《武经总要》。

【题解】甘露寺在镇江市北固山上,相传建于三国东吴孙皓甘露元年(265),以后屡毁屡建。北枕长江,风景绝佳。多景楼为甘露寺风景最佳处,宋书法家米芾《多景楼》诗中称"天下江山第一楼"。本诗是作者住宿甘露寺时所作。

【注释】①这句是说:群峰的云气涌向山寺,夜卧的诗人觉得仿佛从枕中而出。②这句是说:万壑的松涛声仿佛从床下传来。③银山:指银浪如山。④大江:长江。

【赏析】云绕枕边,松鸣床底,烘托出山寺之高。银浪拍天,江涌窗口,显示佛寺处长江之滨,水势之雄。凭山临水,山高水阔,正是甘露寺胜处之所在。写景中融入感情,物我一体,"开窗放入大江来"。想象新奇,气势豪迈。

题齐安壁　　　　　　宋·王安石

日净①山如染②,风暄③草欲薰④。
梅残数点雪⑤,　麦涨一溪云⑥。

【作者】王安石(1021—1086),北宋政治家、思想家、文学家。字介甫,晚号半山。抚州临川(今江西临川)人。庆历年间进士,嘉祐年间上万言书,主张变法。熙宁年间参知政事,实行新法,为旧党所反对,新法半途而废。几经升沉,晚年退居江宁(今江苏南京)。王安石博学多才,经学之外,诗词文赋皆有成就。所作险峭奇拔,政论尤为简劲。明代以后被推为"唐宋八大家"之一。有《临川集》。

【题解】齐安,黄州的故称。南朝齐于汉西陵县地置齐安县,隋开皇十八年(598)改为黄冈。古人有在墙上写诗(题壁)的习惯,王安石也未能免;这首诗就是题壁之作。

【注释】①日净：空中没有云霭和尘埃，太阳显得洁净。②染：指染成绿色。③暄：暖。④薰(xūn)：花草香。这里指散发香气。⑤梅残句：指残留着的梅花，就像挂上梅枝的几点白雪。⑥麦涨句：指长高了的麦苗，就像漂满溪水的一片绿云。

【赏析】如染、欲薰，描摹得生动；梅雪、麦云，比喻得有趣。四句两两对仗，读起来只感到诗情画意之浓郁，却不觉得文辞受到对仗的拘牵。

饮湖上初晴后雨　　　　　　宋·苏　轼

水光潋滟①晴方好，山色空濛②雨亦奇。
欲把西湖比西子③，淡妆浓抹总相宜。

【作者】苏轼(1037—1101)，字子瞻，号东坡居士，眉山（今四川眉山）人。宋仁宗嘉祐进士，因反对王安石新法，批评朝政，屡遭贬谪，历任杭州、黄州等地方官。后任翰林学士、礼部尚书等职。晚年又被贬惠州、儋州。遇赦北归，死于常州，追谥文忠。他诗、词、文、书、画都有卓越的成就，与父洵、弟辙合称"三苏"。散文明白畅达，为唐宋古文八大家之一。诗风气势雄浑，语言奔放，善用夸张与比喻手法，想象丰富，具有独特风格。词开豪放一派。有《东坡集》等。

【题解】宋神宗熙宁四年到六年(1071—1073)，苏轼任杭州通判，写了大量咏西湖的诗。此诗写于1073年，时作者与友人在湖上饮酒，先是晴天，后来下雨。

【注释】①潋滟(liànyàn)：水波闪动的样子。②空濛：烟雨迷茫的样子。③西子：春秋时越国有名的美女西施。

【赏析】诗歌分别摄取了西湖在晴日下和阴雨中的水光山色，表现了西湖不同的风姿。接着提出一个新奇而又十分贴切的比喻，以淡妆浓抹总相宜的著名美人西子来比喻说明西湖无论何时都是美好的。这首名绝被称为咏西湖之冠，"除却淡妆浓抹句，更将何语比西湖"。(武衍《正月二日泛舟湖上》)西湖也因此又名西子湖。

题 西 林 壁　　　　　　宋·苏　轼

横看成岭侧①成峰，远近高低各不同。
不识庐山真面目，只缘②身在此山中。

【作者】见《饮湖上初晴后雨》作者介绍。

【题解】西林寺在庐山东林寺西面，东晋时创建，是庐山著名古寺。后屡毁屡建。现仅存一栋殿宇。其侧有西林塔，又名唐代千佛塔。本诗是题在西林寺壁上的。宋神宗元丰七年(1084)作者自黄州迁汝州，经九江，游庐山。共写七首诗，本诗是代表性的一首。

【注释】①侧:侧看。②缘:因为。

【赏析】诗歌反映了庐山变化多姿的面貌。从横、侧、远、近、高、低看,各不相同。真是步换景移,气象万千,令人目迷神夺,不可辨识。后两句巧妙地说明了"当局者迷"的道理,历来广为传诵。

三峡歌(其一)　　　　宋·陆　游

十二巫山见九峰①,船头彩翠②满秋空。
朝云暮雨浑虚语③,一夜猿啼月明中。

【作者】陆游(1125—1210),字务观,号放翁。越州山阴(今浙江绍兴)人。南宋诗人。孝宗时赐进士出身。中年入蜀,投身军旅生活,官至宝章阁待制。晚年退居家乡,但收复中原信念始终不渝。创作诗歌很多,以爱国诗成就最为突出。今存九千多首,内容极为丰富。抒发政治抱负,反映人民疾苦,风格雄浑豪放;抒写日常生活,也多清新之作。

【题解】长江三峡是万里长江一段山水壮丽的大峡谷,为中国十大风景名胜区之一。由重庆瞿塘峡、重庆巫峡、湖北西陵峡组成,全长191公里。三峡两岸悬崖绝壁,江中滩峡相间,水流湍急,它是中国古文化的发源地之一.

【注释】①三峡谷深峡长,奇峰突兀,有十二座山峰。作者的船已经过了九峰。②彩翠:鲜艳翠绿,指苍翠多彩的山峦。③传说巫峡神女"旦为朝云,暮为行雨",但作者在云雨中未见神女,认为是虚语。

【鉴赏】陆游的这首诗将长江三峡两岸的幽深秀丽,千姿百态,俊秀美景刻画得生动万分,惟妙惟肖。从诗中我们依稀可以领略到三峡中两岸青山连绵,群峰如屏,江流曲折,幽深秀丽,宛如一条天然画廊的惟美意境。令人浮想联翩,似乎看到翠峰云雾缭绕,明月下听到不断的猿鸣。

十七日观潮　　　　宋·陈师道

漫漫平沙走白虹①,瑶台②失手玉杯空。
晴天摇动清江底,　晚日浮沉急浪中。

【作者】陈师道(1053—1102),字履常,一字无己,号后山居士。彭城(今江苏徐州)人。少学文于曾巩,绝意仕进。因苏轼推荐,为徐州教授,后任太学博士、秘书省正字等职。诗宗杜甫,质朴老苍,为江西诗派的代表作家。有《后山先生集》等。

【题解】钱塘潮自古驰名,尤其是农历八月十八、十九两日景象更为恢弘壮观。观钱塘潮,唐宋时代是一件盛事,歌咏钱塘潮的诗篇不可胜计。本篇是八月十七日观潮所作。

【注释】①走白虹:指潮水像白色的长虹奔驰而来。②瑶台:仙境。

【赏析】这是一首描写钱塘潮的名绝。诗歌先用白虹、瑶台的玉液琼浆比喻大潮初来的形象,避实就虚地勾画出一幅雄奇的画面。接着实描江潮的浩大,把"晴天"、"晚日"和"清江"、"急浪"放在一起"摇动"、"浮沉",使潮水的雄阔浩渺的声势、包容宇宙的气概生动地展现出来。

晓出净慈寺送林子方　　　　　　　宋·杨万里

毕竟西湖六月中,　风光不与四时①同。
接天莲叶无穷②碧,映日荷花别样红。

【作者】杨万里(1127—1206),字廷秀,号诚斋,吉州吉水(今属江西)人。宋高宗绍兴进士,历经高宗、孝宗、光宗三朝,历任太常博士、太子侍读、秘书监等。工诗,与尤袤、范成大、陆游齐名,称南宋四大家。初学江西诗派,后学王安石及晚唐诗,终自成一家,时称诚斋体。有《诚斋集》。

【题解】净慈寺在西湖南岸边,与灵隐寺并为西湖南北两大禅寺。宋孝宗淳熙十四年(1187)作者任秘书少监时,一天清晨送别直阁秘书林子方,从寺内出来,有感西湖夏景,写下此诗。

【注释】①四时:四季,此处泛指其他季节。②无穷:无尽、无边。

【赏析】诗歌以惊叹起笔,用"毕竟"领起,交代了时间、地点,表达了强烈的赞叹之情。后两句写景,用互文的手法表现夏日西湖碧绿的莲叶、粉红的莲花接天映日的美景。

题临安邸　　　　　　　　　　　　宋·林　升

山外青山楼外楼,西湖歌舞几时休。
暖风吹得游人醉,直①把杭州作汴州②。

【作者】林升为宋孝宗淳熙间临安的一位士人,生平无考。

【题解】临安即今浙江杭州,南宋统治者逃到南方,在这里建立临时首都。邸(dǐ),旅店。这首诗题在临安旅店的墙壁上。

【注释】①直:简直。②汴(biàn)州:即汴京,今河南省开封市。是北宋的国都。

【赏析】诗歌写尽西湖的水色、山光、暖风、楼台、宴乐、歌舞,讽刺与鞭挞了统治阶级的偏安忘耻、腐朽荒淫,对一些人醉生梦死的悲愤之情也寓于诗中。

水月洞和韵　　　　　　　　宋·蓟北处士

水底有明月①，水上明月②浮。
水流月③不去，月④去水还流。

【作者】蓟北处士为宋代人,生平不详。

【题解】水月洞是桂林山水中的一处胜景,是象鼻山的象鼻与象腿之间的一个圆洞,月明之夜,其倒映水中如皎月浮江。此诗刻在水月洞石壁上,和谁的韵不详。

【注释】①明月:指水月洞倒影。②明月:指水月洞。③月:兼指水月洞及其倒影。④月:指天上的明月。

【赏析】诗歌以虚实相生、动静交替的手法,巧妙地表现了天上的明月和水月洞及其倒影与水的种种关系,描写了水月洞的美好景色。作者流连欣赏之情蕴涵诗中。诗中重复的字很多,但丰富多变而不呆板。

卢　　沟　　　　　　　　元·陈　孚

长桥湾湾饮海鲸①，河水不溅②冰峥嵘③。
远鸡数声灯火杳④，残蟾⑤犹映长庚横。
道上征车铎⑥声急，霜花如铁马鬣⑦湿。
忽惊沙际金影摇，　白鸥飞下黄芦立。

【作者】陈孚(1240—1303),元学者、诗人。字刚中,号笏斋,临海(属浙江)人。至元间,以布衣献赋,署为河南上蔡书院山长。历官国史院编修、礼部郎中、翰林待制、天台总管府治中。其诗文随意而就,不事雕琢。有《观光集》、《交州集》、《玉堂集》各一卷。

【题解】这是一首咏卢沟的诗。卢沟,或指桥,或指河(永定河,金时称卢沟河)。卢沟桥在北京市丰台区西南郊约15公里的永定河上。始建于金,完工于明,重修于清初。长235米,由11孔石拱组成,是北京现存最古老的联拱石桥。桥栏上刻有各种姿态的石狮485个。1937年7月7日夜晚,日本军队借故炮击宛平城和卢沟桥,标志着日本帝国主义进行大规模侵华战争的开始,史称"七七事变"或"卢沟桥事变"。

【注释】①湾湾:古通"弯弯"。饮海鲸:桥背上拱呈弧形,如鲸埋头饮海。②溅:水迸射。这里指流淌。③峥嵘:高峻。④杳:昏暗不明。⑤残蟾:残月。蟾,癞蛤蟆。神话说月中有三足蟾,因而古人常以其代称月亮。长庚:金星。⑥征车:出行的车。铎(duó):大铃。清晨驿站鸣铎,催人上路。⑦马鬣(liè):马鬃。

【赏析】本诗起笔勾勒卢沟桥如鲸埋头饮海的壮观神姿,继而描摹桥远近、高低、动静的景致,多姿多彩,有声有色,令人惊心动魄。全诗着力渲染卢沟桥苍凉、古朴、厚重的氛围。

岳鄂王墓　　　　　　　　元·赵孟頫

鄂王墓上草离离①，　秋日荒凉石兽危②。
南渡君臣③轻社稷④，中原⑤父老望旌旗⑥。
英雄⑦已死嗟⑧何及，天下中分⑨遂不支。
莫向西湖歌此曲，　水光山色不胜悲⑩。

【作者】赵孟頫(fǔ;1254—1322)，元诗人，画家，书法家。字子昂，号松雪道人。湖州(今浙江吴兴)人。官翰林学士承旨。有《松雪斋集》。

【题解】岳鄂王墓，即抗金名将岳飞墓。墓在西湖北岸栖霞山下。宋宁宗时，追封岳飞为鄂王。这是宋室皇孙而仕元朝的文人，凭吊岳飞墓的一首七言律诗。

【注释】①离离:草木茂盛的样子。②石兽:指墓前道边的石驼、石马等。危:端正。③南渡君臣:指以宋高宗为首渡淮、渡江南逃的君臣。④社稷:土地神和五谷神，为古代国君所祭，因而成了国家的代称。⑤中原:黄河流域中部。当时沦陷于金。⑥旌(jīng)旗:旗帜的统称。这里指宋朝的军队。⑦英雄:指岳飞。⑧嗟(jiē):叹息。⑨天下中分:宋金南北分据。⑩不胜(shēng)悲:禁受不住如此的悲痛。

【赏析】诗的首联描写岳墓荒凉;颔联、颈联追忆往事,谴责宋高宗、秦桧等人卖国苟安,辜负沦陷区人民的期盼,感慨抗金英雄被害,宋王朝不可收拾;尾联抒发亡国的悲痛。全诗抚今追昔,情景互衬,融记叙、评说、抒情于一体,写出无限的亡国之哀。

过采石驿　　　　　　　　元·萨都剌

客路①青山外，乡心②落照边。
轻岚③浮野树，凉雨过淮天④。
水调谁家笛，江帆何处船。
峨眉台⑤上日，今夜照孤眠。

【作者】萨都剌(1300—1355?)，字天锡，号直斋，蒙古人。因祖父留镇云、代，遂居雁门(今山西代县)。元泰定帝泰定四年(1327)进士。官至淮西、江北道肃政廉访司经历。为文雄健而诗笔清丽，长于抒情。有《雁门集》、《天锡词》。

【题解】采石矶在安徽马鞍山西南的翠螺山麓。原名牛渚矶，因产五色石，三国东吴时改今名。与南京的燕子矶、岳阳的城陵矶并称长江三矶。驿，驿站。此诗是作者经采石驿而作。

【注释】①客路:客游的路。②乡心:思乡之心。③岚:山中的雾气。④淮天:

江淮一带的天空。⑤蛾眉台:指梳妆台。蛾眉,代称妇女。

【赏析】诗歌描写了采石矶一带的水上风光:青山、落照、轻岚、凉雨,不知谁人在吹水调的笛声,江帆点点驶向远方。诗人客旅之愁融入景物之中。最后,直抒心思,以月照孤眠,表达了与家人的两地相思。

出　都　　　　元·马祖常

长城怀古处,身在日华①东。
水出卢龙塞②,山连碣石宫③。
沙鸥终自白,霜树忽然红。
云海鸿蒙④气,归帆杳霭⑤中。

【作者】马祖常(1279—1338),字伯庸,世为雍古部人,居天山。其高祖在金末为凤翔兵马判官,子孙因以马为姓。元顺帝元统中任御史中丞等职。工诗文,诗以写田园生活及酬赠之作多,诗风圆密清丽。有《石田集》。

【题解】这首诗是作者离开元首都大都(今北京)登长城时所作。都指大都。

【注释】①日华:汉宫殿名,此处指代大都的宫殿。②卢龙塞:古塞名,在今河北省唐山、承德附近。③碣石宫:又名碣石馆,战国燕昭王所筑。在今天津蓟县西。④鸿蒙:古人认为天地开辟之前是一团混沌的元气,谓之鸿蒙。这里意指混沌一团。⑤杳霭:深远的样子。

【赏析】诗歌前四句写自己出都后所见大都的山川地势。后四句描绘瞭望中的风景。沙鸥、霜树红白对比鲜明,云海、归帆浩渺深远。写景如画,灵秀自然。

峡　川　　　　元·张昱

石①与青天近,浮云向客低。
自然堪下泪, 不是有猿啼。

【作者】张昱(1289—1371),字光弼,自号一笑居士,庐陵(今江西吉安)人。官至左右司员外郎、行枢密院判官。元末,弃官不仕,放浪山水,更号可闲老人。有《可闲老人集》。

【题解】峡川,峡间水。这里指峡间水上航行。

【注释】①石:指三峡两岸的石峰。

【赏析】首二句写感觉中的三峡风光:两岸石山高耸,好像与天接近,因此,天也显得低了,浮云似与客船相亲。形象生动地突出了三峡的特点。《水经注·江水》引民谣:"巴东三峡巫峡长,猿鸣三声泪沾裳。"作者反用其典,认为过三峡自然下泪,不是因为猿声,这可能与作者心境有关。

禹　　门　　　　　　　　　　明·薛　瑄

连山忽断禹门①开，中有黄河滚滚来。
更欲登临穷②胜景，却愁咫尺③会风雷④。

【作者】薛瑄(1389—1464)，字德温，号敬轩，河津(今属河南)人。明成祖永乐进士，英宗时，拜礼部右侍郎，兼翰林院学士。喜为诗，所至观风览古，多所题咏。诗风平正自然。有《薛文清集》。

【题解】禹门，在山西河津县西北，即龙门，传说大鱼至此不得上，跳上者即为龙，故名。《水经注》载："龙门为禹所凿，广八十步，岩际镌迹尚存。"故又称禹门，地处古秦晋的交通渡口，遂称禹门口。

【注释】①山：龙门山。②穷：穷尽。③咫尺：很短的距离。④风雷：指河水咆哮。

【赏析】诗歌描写了禹门的险峻，表现了黄河滚滚而来、奔腾咆哮的气势。表达了作者恋爱山河胜景、更欲登临览胜的心情。情与景相得益彰。

游岳麓寺　　　　　　　　　　明·李东阳

危峰①高瞰楚江千②，路在羊肠第几盘③？
万树松杉双径合④，四山风雨一僧寒。
平沙浅草连天远，落日孤城⑤隔水看。
蓟北江南⑥俱入眼，鹧鸪声里独凭栏。

【作者】李东阳(1447—1516)，字宾字，号西涯，湖广茶陵(今湖南茶陵)人。明英宗天顺进士，官至吏部尚书、华盖殿大学士。诗为天下所宗，门生众多，是茶陵诗派领袖。有《怀麓堂集》、《怀麓堂诗话》。

【题解】岳麓寺在湖南长沙岳麓山半山亭之上。始建于晋代，是长沙最早的佛寺。后几经修毁，现存前门与后殿观音阁。

【注释】①危峰：高耸的山峰，指岳麓山。②楚江：湘江。干：水边。③此句说：上山的路像羊肠一样曲折盘旋。④此句说：两条小路穿过树林合在一起。⑤孤城：长沙城。⑥蓟北江南：泛指北方南方。

【赏析】首联仰观岳麓山的形势：山高路曲。次联写登山到岳麓寺，此联四个数字入诗，对仗工整，表达出山景的幽深凄凉。三联俯瞰所见，描绘了湘东大地的景色。尾联以凄凉的鹧鸪声衬托孤独凭栏的诗人作结。全诗的景色蒙上了一层孤寂凄寒的色彩。

滇 海 曲　　　　　　　明·杨 慎

蘋①香波暖泛云津②， 渔枻③樵歌曲水滨。
天气常如二三月④， 花枝不断四时⑤春。

【作者】杨慎(1488—1559)，明代文学家。字用修，号升庵，四川新都人。正德间进士，为翰林院修撰。世宗时，贬戍云南永昌。诗文词曲，无所不能，著述之盛，推为明代之首。有作品百余种，后人辑其要者为《升庵集》。

【题解】滇海，即滇池，又名昆明湖、昆阳池，古称滇南泽。在云南昆明市西南，有盘龙江等20多条河水注入。岸上有金马、碧鸡二山东西夹峙，池上烟波浩渺，万顷一碧，景致极佳。池周多名山胜景，有大观楼、西山等。同题诗12首，从各个角度描写了滇池一带的风光。这里选的是其中的第三首，描写云津桥畔泛舟的感受、见闻，并点出当地气候之可爱。

【注释】①蘋(pín)：常称白蘋。一种水草。叶上有纵横纹两道，因而也叫田字草。②云津：指云津桥，今称得胜桥。元代开始就有云津桥畔货船云集的记载。"云津夜市"为旧"滇南八景"之一。③枻(yì)：短桨。④二三月：农历二三月，华南大部分地区已花红柳绿。⑤四时：四季。此句言四季如春。

【赏析】小诗写嗅到白蘋的清香，感到池水的温暖，听到渔船的桨声和樵子的歌声，诗人心旷神怡，愉快地赞美滇池的景物和昆明的气候。"天气"、"花枝"两句成了写昆明气候的名句；昆明天气"四季如春"即由此而来，成为谚语。

盘 山 绝 顶　　　　　　　明·戚继光

霜角①一声草木哀， 云头对起石门开。
朔风庎酒②不成醉， 落叶归鸦无数来。
但使玄戈③销杀气， 未妨白发老边才。
勒名④峰上吾谁与⑤， 故李将军⑥舞剑台。

【作者】戚继光(1528—1587)，明代军事家、抗倭名将、文学家。字元敬，号南塘，晚号孟诸。蓬莱(属山东)人。曾先后为参将、总兵，镇蓟州、保定、广东。抗倭有功，御边有效，治军有方。其所统率军队纪律严明，勇猛善战，人称"戚家军"，闻名当时。有《纪效新书》、《止止堂集》等传世。

【题解】盘山，本名四正山，又名盆山。传说古有田盘先生隐居于此，故又以盘山为名，在天津蓟县西北。山势雄壮而秀美，分上中下三盘：上盘之美在松，中盘在石，下盘在水。

【注释】①霜角：凝霜的号角。②朔风：北风。庎酒：缴获来的酒或用敌人的造酒法造的酒。③玄戈:星名,在北斗之柄外。或是上画该星的旗帜。④勒名:镌刻名字。⑤谁与:和谁在一起。⑥李将军:西汉名将"飞将军"李广。

【赏析】作者秋登盘山极顶,欣赏美景,抒发壮志;表示保土立功、至老不渝的决心。写得开阔悲壮。

长白山　　　　　　　　　　　　清·吴兆骞

长白①雄东北,嵯峨俯塞州②。
四临③花海曙,独峙大荒④秋。
白雪横千嶂⑤,青山泻二流⑥。
登峰如可作,应待翠华⑦游。

【作者】吴兆骞(1631—1684),清初诗人。字汉槎,吴江(今属江苏)人。顺治举人。因科场案,流放宁古塔(城名,在今黑龙江宁安县境内)20余年。友人顾贞观言于徐乾学、纳兰性德,经性德父明珠营救,始得罚款放还。诗词多写塞外风光,悲壮苍凉。有《秋笳集》三卷、《西曹杂诗》四卷。

【题解】这是咏望长白山的小诗,视角当在天文峰与龙门峰之间。

【注释】①长白:长白山,先秦称不咸山,两汉称单单大岭,拓跋魏称盖马大山、徒太山、太白山,金代始名长白山,简称白山。是东北三省东部和中朝边境东北部山地的总称,也是松花江和鸭绿江的分水岭。但人们常把吉林省东南边陲白头山天池一带的山峦视为长白山的中心。②嵯峨(cuó'é):山势高峻的样子。俯:俯视。塞州:边塞之地的诸州县。③临:接近。④峙(zhì):耸立。大荒:辽阔的边远之地。⑤嶂(zhàng):矗立如屏风的山。⑥青山泻二流:指长白山瀑布。白头山天池泻水,流过乘槎河,从名为"高燕吻瀑"处的悬崖上直落68米,形成几乎要并在一起的两条瀑布,右略窄,左略宽。⑦翠华:用翠鸟毛羽装饰在旗杆顶上的旗,专用于皇帝的銮驾仪仗。这里指皇帝。

【赏析】小诗首联写出了大山的雄姿伟态。颔联则写出山有"四临花海"的场面,也有"独峙大荒"的处境。颈联和尾联则是作者的所见和所思,都是寻常文字;但作者身为流放绝域的罪犯,竟然盼望万岁爷也能来此一游,这种献曝之想可就不寻常了。

西　山　　　　　　　　　　　　清·刘大櫆

西山过雨染朝岚①,千尺平冈百顷潭②。
啼鸟数声深树里,屏风十幅写江南③。

【作者】刘大櫆(1698—1779),字才甫,号海峰,安徽桐城人。副贡,官黟县教谕。师事方苞,为桐城派重要作家。有《海峰文集、诗集》等。

【题解】西山在北京市西北,为北京重要的风景区,包括百花山、灵山、妙峰山、香山、翠微山、卢师山、玉泉山等。本诗写玉泉山。

【注释】①朝岚:朝日照射的雾气。②千尺平冈:山势高而平缓。千尺,极言其高。百顷潭:望中所见的湖水。可能是当时的西海(今昆明湖)。③此句是说:西山美得如屏风上的山水画,而且是10幅不同的江南风景画。

【赏析】小诗描绘西山雨后风光。在美丽的朝岚里,诗人登山顶眺望广阔的湖水,倾听深树里的鸟鸣,不禁赞叹这不是江南、胜似江南的水光山色。

兴　安　　　　　　　　　清·袁　枚

江①到兴安水最清,　青山簇簇②水中生。
分明看见青山顶,　　船在青山顶上行。

【作者】袁枚(1716—1798),字子才,号简斋、随园老人。浙江钱塘(今杭州)人。乾隆进士,曾任江宁知县。年四十辞官,筑园于江宁之小仓山,号随园。以诗酒自娱,论诗主"性灵说",成为当时一大流派。有《小仓山房诗文集》《随园诗话》等。

【题解】清乾隆四十九年(1784)作者第二次到桂林,途经兴安所作。兴安在桂林东北65公里处,原名临源,后改全义,宋改今名。是一座历史悠久、山水秀丽的古城。诗题又作《由桂林溯漓江至兴安》。

【注释】①江:漓江。②簇簇:丛聚的样子。

【赏析】诗歌抓住漓江的水清来写,着笔于水中的倒影,幻化出船行江中如行山顶的感觉。构思新奇,为写漓江的名绝。

黄果树庙壁旧诗　　　　　　　　　无名氏

黄桷①岩头挂百练②,　磨盘岭③脚舞长虹。
飞沫喷珠凌霄汉,　　雪花如屑赛玲珑。
轰轰雷鸣应千里,　　滚滚银涛乱山中。
丹青④临抹坐长叹,　　妙手还须造化工⑤。

【作者】不详。

【题解】黄果树瀑布在贵州镇宁布依族苗族自治县城西南15公里的白水河上。此诗为黄果树庙壁上刻的一首旧诗。

【注释】①黄桷(jué):黄桷树即黄果树。②练:白色丝织品。③磨盘岭:黄果树瀑布所在地的旧称。④丹青:指画家。⑤造化工:大自然的创造力。

【赏析】前两句用百练、长虹来比喻瀑布,给人整体的形象美。接下来四句具体描写瀑水喷射的情景,夸张比喻瀑布的声势,使人有惊心动魄之感。最后认为丹青妙手也无法描绘,只有感叹天公的造化之功。

忆 江 南　　　　　唐·白居易

江南好,风景旧曾谙①。日出江花红胜火,春来江水绿如蓝②。能不忆江南？
江南忆,最忆是杭州。山寺③月中寻桂子④,郡亭⑤枕上看潮头。何日更重游？

【作者】见《钱塘湖春行》作者介绍。

【题解】《忆江南》,词牌名。据载原名《谢秋娘》,是唐代李德裕妾谢秋娘所作。后改名《望江南》,又因白居易此词而改名《忆江南》。白居易在唐文宗太和元年(827)以前任杭州、苏州刺史。此词当是白居易回洛阳后对苏杭生活的怀念之作。共三首,此选两首。

【注释】①谙(ān):熟悉。②蓝:蓼蓝,草名,叶子可以提取靛青色染料。③山寺:指天竺寺、灵隐寺。④寻桂子:传说会有月中桂子飘落下来,可以寻得。⑤郡亭:指当时杭州刺史府里的虚白亭。因杭州在唐代曾划归余杭郡,故称郡亭。

【赏析】词作第一首的三四两句抓住春花、春水,用色调鲜明的比喻,表现江南明媚鲜艳的春景。最后以反问结尾,表达出对江南的无限眷恋。第二首接第一首,把记忆的场景移向杭州,抓住桂子、潮头这两个最有特色的景物,抒发出对杭州无限的怀念,发出"何日更重游"的深情呼唤。

巫山一段云
古庙依青嶂　　　　　五代前蜀·李　珣

　　古庙①依青嶂②,行宫③枕碧流。水声山色锁妆楼④,往事思悠悠。
　　云雨⑤朝还暮,烟花春复秋。啼猿何必近孤舟,　行客自多愁。

【作者】李珣(约855—约930),字德润,其先为波斯人,后移家梓州(今四川三台)。曾以秀才预宾贡。能诗,尤工词,为"花间派"重要词人之一。著有《琼瑶集》,今佚。作品散见于《花间》、《尊前》等选本。

【题解】巫山一段云,唐教坊曲名,原为吟咏巫山神女事。本词缘题而赋。

【注释】①古庙:巫山下供奉神女的寺庙。②青嶂:指巫山十二峰。③行宫:离宫,古帝王离京在外地居住的宫殿。此处指楚细腰宫遗址。④妆楼:指细腰宫中后妃所居之楼。⑤云雨:指巫山神女,朝为行云,暮为行雨。

【赏析】词作上片在古庙、行宫、水光、山色中,抒发出悠悠的怀古之情。下片以神女朝朝暮暮、年年月月的孤寂,相衬行客的羁旅之愁。以"啼猿何必近孤舟,行客自多愁"作结,语浅情深,比"猿啼三声泪沾裳"之句更为凄绝。

酒　泉　子
咏　潮
宋·潘　阆

长忆①观潮,满郭②人争江上望。来疑沧海③尽成空,万面鼓声④中。

弄潮儿⑤向潮头立,手把⑥红旗旗不湿。别来几向⑦梦中看,梦觉尚心寒⑧。

【作者】潘阆(làng,？—1009),北宋词人。字逍遥,广陵(今江苏扬州)人,一说大名(今属河北)人,曾居钱塘(浙江杭州)。宋太宗至道元年(995)召对,赐进士第,为四门博士,后为滁州参军。为人狂逸不羁。工诗词,与寇准、王禹偁(chēng)、林逋等交游唱和。其诗平易流畅,间有粗豪之气。其词笔触鲜明清新,多有佳句。有《逍遥集》一卷,今仅存《酒泉子》若干首。

【题解】潘阆作《酒泉子》十首,分咏杭州诸景。本词为其中第十首,写杭州市民观潮盛况。《酒泉子》,词牌,有两体、多式,其一见于敦煌曲子词,双调49字,以押平声韵为主,即潘阆此词所依。

【注释】①长忆:总想起。②满郭:满城。郭,外城。③沧海:大海。此句言,潮水涌来时水量极大,令人猜疑潮水把大海都卷空了。④万面鼓声:比喻潮水汹涌澎湃,声如万鼓齐鸣。⑤弄潮儿:在潮中嬉戏、展示游泳技艺的年轻人。⑥手把:手执,握持。宋·周密《观潮》文云:"吴儿善泅者数百,皆披发(髮)文身,手持十幅大彩旗,争先鼓勇,溯迎而上,出没于鲸波万仞中,腾身百变,而旗尾略不沾湿,以此夸能。"⑦几:屡次。向:在。⑧心寒:这里指惊骇。

【赏析】钱塘秋潮,天下伟观,而潘阆的这首小词就把这一伟观写得非常生动而壮丽。词中描述潮水声势浩大,弄潮儿水性超群,词人大受震撼——致使词人梦中犹屡见其骇人情景,无不令人称奇。词笔酣畅,灵动而简括。宋·江少虞《皇朝类苑》载,有人为潘阆狂放的个性及此雄壮的小词所感动,乃在轻绡上绘《潘阆咏潮图》,以示激赏。可见小词在当时已被认做精品。

朝　中　措
平　山　堂
宋·欧阳修

平山栏槛倚晴空,山色有无中①。手种堂前垂柳,别来几度春风。

文章太守②,挥毫万字,一饮千钟。行乐直须年少,尊③前看取衰翁。

【作者】欧阳修(1007—1072),字永叔,自号醉翁,晚年又号六一居士。吉州庐陵(今江西吉安)人。宋仁宗天圣八年(1030)进士,试南宫第一,累擢知制诰。因支持范仲淹等人的改革,被贬滁州、扬州、颍州等地。后入为翰林学士、史馆编修,合修《新唐书》。历枢密副史、参知政事,以太子少师致仕。卒赠太子太师,谥文忠。他是北宋第一个散文、诗、词方面卓有成就的作家。有《欧阳文忠集》。

【题解】平山堂在扬州蜀岗中峰上,大明寺西侧,是庆历八年(1048)欧阳修为扬州太守时所建。他常在这里宴客赏景。坐在堂内,南望江南远山正与堂上栏杆相平,故名平山堂。现有建筑是清同治年间重建。此词是作者登平山堂所作。

【注释】①这句指远山若隐若现。②文章太守:作者自指。③尊:酒器,又作樽,或鐏。

【赏析】词作上片写景,下片抒情,情与景又结合无痕。描绘了平山堂开阔的景色,表达了作者饮酒赋诗、行乐及时的襟怀,显示出洒脱豪放的气势。

诉 衷 情
长 安 怀 古
宋·康与之

阿房①废址汉荒丘,狐兔又群游。豪华尽成春梦,留下古今愁。

君莫上,古原②头,泪难收。夕阳西下,塞鸿南来,渭水东流。

【作者】康与之,南宋词人。字伯可,一字叔闻,号退轩。滑州(今属河南)人。南渡后,居佳禾(今浙江嘉兴)。渡江之初,以词受到宋高宗的赏识。建炎初,上《中兴十策》,未被采纳。后依附秦桧,得为郎中。其词多为应酬之作。有《顺庵乐府》五卷。

【题解】《诉衷情》,词牌。此词牌旨在吊古伤今。

【注释】①阿房(ēpáng):阿房宫,秦始皇建,穷极恢弘壮丽。②古原:指乐游原。

【赏析】此词充满了国土沦丧之悲。语言通俗,构思平易,但一气呵成,感情充沛。这在这位词人的作品里已属难得。

南 乡 子
登京口北固亭有怀
宋·辛弃疾

何处望神州①?满眼风光北固楼②。千古兴亡多少事,悠悠③,不尽长江滚滚④流。

年少万兜鍪⑤,坐断⑥东南战未休⑦。天下英雄谁敌手?曹刘⑧,生子当如孙仲谋⑨。

【作者】辛弃疾(1140—1207),南宋词人。字幼安,号稼轩。历城(今属山东)人,既是慷慨报国的志士,又是建旗开府的大官,更是文才富赡、统领一代的词人。南宋高宗三十一年(1161),稼轩参加抗金义军,次年归南宋。历任湖北、江西、湖南、福建、浙东安抚使、宝谟阁待制等职,卓有政绩。一生坚持抗金,提出过不少收复失地的良策,均未被采纳,并屡遭主和派的打击。终因报国无门,忧愤而终。其词源于苏轼,词风奇峭、豪放,甚至恣肆而不碍雅洁,遂于宋人中别立门户。辛词所涉广泛,风格多样,人有"包罗万象"之评。刘克庄论辛词就说:"公(稼轩)所作,大声镗鎝,小声铿锵,横绝六合,扫空万古……其秾丽绵密者,亦不在小晏(幾道)、秦郎(秦观)之下。"(《辛稼轩集序》)辛词在当时和后世都产生过巨大影响。有《稼轩词》四卷,有今人辑本《辛稼轩诗文钞存》。

【解题】南乡子,词牌名。有单调、双调两体。稼轩此词属双调、五十六言者,是一首登眺抒怀之作。京口:今江苏省镇江市。北固亭:即北固楼。

【注释】①神州:指中原大地,当时已被金人占据。②北固楼:也叫北顾楼,词题指为亭;在今镇江城区之北、长江南岸的北固山上。③悠悠:形容长远。④滚滚:同"衮衮",接连不断的样子。⑤兜鍪(dōumóu):头盔。这里指称军士。这句说,吴主孙权年少(19岁)就统帅吴国大军。⑥坐断:占据。⑦战未休:指一直在战争中度过。⑧曹刘:指曹操、刘备。连前句,自问自答,天下的英雄谁是孙权的对手呢? 只有曹操和刘备了。⑨孙仲谋:孙权字仲谋。东汉建安十八年(213)正月,曹操攻濡须坞(在今安徽无为县东北),孙权与之相拒月余,曹操见吴军整肃,便叹息说:"生子当如孙仲谋,刘景升(刘表)儿子若豚犬耳!"

【赏析】词人当时60余岁,为镇江知府。京口,东吴要地;北固,江南高险。登而望之,失地之哀、和议之辱齐啃心头。作者遂即景抒情,作此小词。词以下片为主,盛赞孙仲谋年轻有为、御敌有勇、治军有方。词中追慕古人,隐含对南宋小朝廷怯懦无耻、苟且偷安的讥刺与愤慨。此词起笔,气氛颇显感伤,但笔锋回处,盛赞孙权,顿然情绪高昂,其间涌动着词人对图强的渴望、对复兴的向往。作意深沉,笔法含蓄,善用他人酒杯,以浇自己胸中垒块。

闻 鹊 喜
吴山观涛

宋·周 密

水天碧,染就一江秋色①。鳌戴雪山龙起蛰②,快风③吹海立④。

数点烟鬟⑤青滴,一杯霞绡红湿⑥,白鸟明边⑦帆影直,隔江闻夜笛。

【作者】周密(1232—1298),字公谨,号草窗、苹洲、四水潜夫、华不注山人等。原籍济南,后为吴兴(今属浙江)人。宋恭帝德祐间为义乌(今属浙江)县令,入元不仕。善书画音律,能诗词,与吴文英(字梦窗)并称"二窗"。有《草窗词》等。

【题解】吴山在浙江西湖东南,由十多个小山头组成,山势起伏,绵延数里。因春秋时为吴国国界,故名吴山。或云以伍子胥故,讹伍为吴。也称胥山。山上有许多名胜古迹。涛是指钱塘潮。闻鹊喜,词牌名。

【注释】①此句化用王勃"秋水共长天一色"之意。②鳌戴雪山:传说渤海中有15个神龟顶住5座神山。龙起蛰(zhé):冬眠后龙开始活动。此处都比喻潮来的气势。③快风:大风。④海立:海像竖立起来一样。⑤烟鬟:以女子的发髻比喻远处的青山。⑥杼(zhù):织布梭子。霞绡红湿:红霞像鲛人刚织出的湿绡。⑦明边:明亮的地方。

【赏析】词上片写大潮涌来的气势,比喻用得新奇形象,把钱塘潮惊心动魄的场面艺术地再现出来。下片写潮过之后的情景。远山如黛,晚霞似火,又用"滴"、"湿"二字表现出潮水染湿了一切。以笛声作结,使境界更加悠远。写景从动到静,又以动结。

满 江 红
金陵怀古　　　　　　　　元·萨都剌

六代①豪华,春去也,更无消息。空怅望,山川形胜,已非畴昔②。王谢堂前双燕子,乌衣巷口曾相识③。听夜深寂寞打空城,春潮急④。

思往事,愁如织,怀故国,空陈迹。但荒烟衰草,乱鸦斜日。玉树⑤歌残秋露冷,胭脂井⑥坏寒蛩⑦泣。到如今,只有蒋山⑧青,秦淮碧。

【作者】见《过采石驿》作者介绍。

【题解】金陵是南京在历史上的名称,是六朝建都之地,有许多古迹。到元代已经不再繁华,作者有感而作此词。满江红,词牌名。

【注释】①六代:指先后建都金陵的东吴、东晋、宋、齐、梁、陈六朝。②畴昔:往昔。③王谢:东晋时王导、谢安两家贵族,居于乌衣巷。上二句暗用刘禹锡诗《乌衣巷》之意。④上二句用刘禹锡《石头城》中"潮打空城寂寞回"之意。⑤玉树:即《玉树后庭花》,陈后主所制曲调名。⑥胭脂井:南朝陈景阳宫中的一口井,因井栏上有胭脂纹而得名。隋军攻克台城,陈后主与张丽华、孙贵嫔隐身井中,被擒。⑦蛩(qióng):蟋蟀。⑧蒋山:即钟山。东汉秣陵尉蒋子文葬此山,吴大帝为之立庙,封为蒋侯,更钟山名为蒋山。

【赏析】词作把金陵的景物与古都的历史紧密结合,在苍凉的景色中抒发出怀古的幽情。字里行间充满了强烈的沧桑感。词中化用前人的诗句,而又水乳交融。本词是萨都剌的名作,音节清刚顿挫,气象苍凉高古。

第二节　山水诗文名句佳段选

一、山水诗词曲名句

(一)一至五画

一千里色中秋月,十万军声半夜潮

　　唐·赵嘏《钱塘》。中秋之夜,钱塘潮最为壮观。上句用"一千里色"表月色无边。下句"十万军声"状潮

一夫当关,万夫莫开

唐·李白《蜀道难》。四川剑门关又称剑阁,在大小剑山之间,群峰剑耸,两山如门。是古代金牛道上的雄关之一,古蜀国北向的门户,今扼川陕公路。此句写剑门之险。化用"一夫荷戟,万夫趑趄"(西晋张载《剑阁铭》)之句。

二十四桥明月夜,玉人何处教吹箫

唐·杜牧《寄扬州韩绰判官》。扬州的二十四桥,一说是二十四座桥,一说是一座桥,指吴家砖桥,又名红药桥。玉人,美人。两句写扬州月夜的游乐风光。

人人尽说江南好,游人只合江南老

五代前蜀·韦庄《菩萨蛮》。合,应该。诗句提出一种独特的见解,认为应该在江南流连到老。并接着说:"未老莫还乡,还乡须断肠。"把众口一词的江南好,推到新的高度。

人世几回伤往事,山形依旧枕寒流

唐·刘禹锡《西塞山怀古》。西塞山在湖北黄石市东郊。危峰突兀,俯枕长江,壮若关塞,是兵家必争之地。为古樊楚三名山之一。诗句表达人事频迁、山川依旧的感慨。

九月天山风似刀,城南猎马缩寒毛

唐·岑参《赵将军歌》。天山横贯今新疆维吾尔自治区中部。有博格达山雪峰、天池等景点。诗句描写了边地的苦寒。

九曲黄河万里沙,浪淘风簸自天涯

唐·刘禹锡《浪淘沙九首之一》。两句写黄河从天而降、夹带泥沙万里奔腾之势。

九江春水阔,三峡暮云深

唐·陈陶《湓城赠别》。湓(pén)城:地名,故址在今江西省九江县以西,位于湓水流入长江处。这两句大意是:九江春天的水面多么宽阔,三峡暮云的颜色越来越深重。

三万里河东入海,五千仞岳上摩天

宋·陆游《秋夜将晓出篱门迎凉有感》。河,黄河,实长一万多华里。岳,西岳华山,海拔1997米。三万里、五千仞为夸张之说。仞,古代长度单位,八尺为一仞。两句把黄河与华岳的气势表达得十分壮观。

三山半落青天外,二水中分白鹭洲

唐·李白《登金陵凤凰台》。三山,金陵城西长江边上有三峰并立。半落青天外,指三峰距离遥远,有一半隐没于云雾当中,看不真切。白鹭洲,原在城西三里长江中,洲上多白鹭,故名。后江水北移,洲陆相连。故址约在今莫愁湖西岸至上新河一带。今南京白鹭洲,在中华门内东侧,秦淮河、利涉桥之南。已辟为公园。

三尺不消平地雪,四时常吼半空雷

元·张养浩《趵突泉》。诗句描写济南名泉趵突泉:泉喷很高,水花飞涌,像平地堆雪;泉声四时不断,仿佛半空雷鸣。

三春白雪归青冢,万里黄河绕黑山

唐·柳中庸《征人怨》。青冢,汉王昭君墓,在今内蒙古自治区呼和浩特市南。远望墓表黛色溟濛,历代相传称青冢,又传说塞外草白,独昭君墓上草青,故名青冢。黑山,即大青山。两句写辽阔的边塞景色与寒冷的气候。

大江寒见底,匡山青倚天

唐·白居易《题浔阳楼》。大江,长江。匡山,庐山。表现了一山飞峙大江边、江清山秀的奇景。

大漠孤烟直,长河落日圆

唐·王维《使至塞上》。大漠,沙漠。孤烟,边塞烽火台上的燧烟。因燃狼粪,烟直而聚。长河,黄河。两句写边塞壮丽风光,画面开阔,意境雄浑。近人王国维称之为"千古壮观"的名句。

上有天堂,下有苏杭

元·奥敦周卿《双调蟾宫曲二首之二》。以神仙境界来夸赞苏州、杭州,令人神往。

山围花柳春风地,水浸楼台夜月天

元·于石《西湖》。山围,指西湖四周为群山环抱。两句以十分工整的对仗表现西湖的春光、月夜。

山重水复疑无路,柳暗花明又一村

宋·陆游《游山西村》。诗句描写作者家乡山阴(今绍兴)农村的风光。现经常用来形容山水复叠的景点。也可用来形容进入一个别有天地的境界。

山随平野尽,江入大荒流

唐·李白《渡荆门送别》。山,指荆门山,在湖北宜都县西北长江南岸。江,长江。大荒,广阔无际的原野。两句写荆门山以东平坦广袤的大地。

千里澄江似练,翠峰如簇

宋·王安石《桂枝香·金陵怀古》。澄江,清澈的长江。练,白绢。簇(cù),金属制成的箭头。两句写南京一带的山形水色。

千峰环野立,一水抱城流

宋·刘克庄《簪带亭》。水,指漓江。诗句描写登高所见的桂林山水。

小楼一夜听春雨,深巷明朝卖杏花

宋·陆游《临安春雨初霁》。两句用听觉感受杭州的春天。清新隽永,耐人寻味。一时广为传诵,宋孝宗也十分欣赏。

飞流直下三千尺,疑是银河落九天

唐·李白《望庐山瀑布》。是用比喻和夸张的手法表达庐山瀑布气势的千古名句。

无边落木萧萧下,不尽长江滚滚来

唐·杜甫《登高》。两句写长江三峡的秋景,气势雄浑。

天下三分明月夜,二分无赖是扬州

唐·徐凝《忆扬州》。无赖,爱极之词。两句言天下月色如果分作三份,则扬州占其两份。用数分的手法来极力美化扬州的月夜。致使"二分明月"成为扬州的代称。

天气常如二三月,花枝不断四时春

明·杨慎《滇池曲》。诗句写昆明四季如春。

五岳归来不看山,黄山归来不看岳

明·徐霞客《漫游黄山仙境》这句是赞美黄山的美丽的。岳是山的意思,五岳是我国的五座名山,意思是五岳是我国山最美的。从五岳回来后,其他的山都不要看了。黄山比五岳更美丽,从黄山回来,五岳也不要看了。

日抱扶桑跃,天横碣石来

明·李梦阳《泰山》。扶桑,神话中的树木,传说日出其下。碣石,古山名,在河北昌黎西北。两句写登泰山观日出的感受。

日暮北风吹雨去,数峰清瘦出云来

　　宋·张耒《初见嵩山》。峰,指中岳嵩山,在河南登封县北。诗句勾勒嵩山破云而出的雄姿。

长江万里白如练,淮山数点青如淀,江帆几片疾如箭,山泉千尺飞如电

　　元·周德清《塞鸿秋·浔阳即景》。练,白色熟绢。淮山,淮水两岸的山。淀,同"靛",蓝色染料。疾,快。写九江登高所见景物。

风翻白浪花千片,雁点青天字一行

　　唐·白居易《江楼晚眺》。作者任杭州刺史时,在江楼上晚望,见钱塘江水血风起千层白浪,恰足片片重叠的白花;长空飞舞成对的群雁,真像在青天写的一行字。"风翻"与"雁点"相互成对,清新鲜奇。

水吞三楚白,山接九疑青

　　明·杨基《岳阳楼》。三楚,古有西楚、东楚、南楚,后泛指湘鄂一带。九疑,山名,在今湖南宁远县南。两句写洞庭湖一带的水光山色。

白日地中出,黄河天外来

　　唐·张蠙《登单于台》。两句写登台所见,景色开阔壮观,是写黄河的名句。

(二) 六至十画

西岳峥嵘何壮哉,黄河如丝天际来

　　唐·李白《西岳云台歌送丹丘子》。西岳,华山。峥嵘,高耸的样子。两句写华山的雄伟与黄河的壮丽。

亘地黄河出,开天此一门

　　明·顾炎武《龙门》。亘(gèn),横贯。门,龙门,在今山西河津县西北。两句说黄河一出现就横贯大地,大禹开天辟地凿出了一龙门。

曲径通幽处,禅房花木深

　　唐·常建《题破山寺禅院》。禅房,亦称寮房,僧侣的住房。此诗题在江苏常熟的兴福寺。两句描绘幽深的风景,神韵十足。宋代欧阳修对这一联佩服得五体投地,追慕久之而"莫获一言"。

江山相形不相让,形胜争夸天下壮

　　明·高启《登金陵雨花台望大江》。江,长江。山,钟山。两句用拟人之笔写长江与钟山互相争雄斗壮。

江作青罗带,山如碧玉簪

　　唐·韩愈《送桂州严大夫》。两句用极为形象贴切的比喻描绘桂林山水。

江南佳丽地,金陵帝王州

　　南朝齐·谢朓《隋王鼓吹曲·入朝曲》。佳丽,美女。两句表现南京古都的繁华。

池塘生春草,园柳变鸣禽

　　南朝宋·谢灵运《登池上楼》。此诗是作者任永嘉(今温州)太守时所作。这两句从视觉听觉感受上表现冬去春来的景物变化。自然、高妙,历来诗家交口赞誉,传有神助。

花开红树乱莺啼,草长平湖白鹭飞

　　宋·徐元杰《湖上》乱莺红树,白鹭青草,相映成趣,生意盎然。用音响和色彩绘出了一幅欢乐的西湖上春游图。

两岸青山相对出,孤帆一片日边来

　　唐·李白《望天门山》。安徽当涂天门山,长江穿行其间。东有博望山,西有梁山,两山夹江对峙,船行

江中,两岸青山仿佛相对而出。远帆从水天相接处的日边而来。

吴楚东南坼,乾坤日夜浮
唐·杜甫《登岳阳楼》。吴楚,指春秋战国时吴、楚两国之地。坼,分开。乾坤,天地日月等两句表现了洞庭湖的浩渺与气势。

君不见黄河之水天上来,奔流到海不复回
唐·李白《将进酒》。两句表现黄河的气势,感叹时间的流失。

画栋朝飞南浦云,珠帘暮卷西山雨
唐·王勃《滕王阁》。画栋,彩绘的大梁。南浦,在今江西南昌市西南。珠帘,饰有珠宝的帘幕。西山,南昌西北的山。两句表现滕王阁的高峻与华贵。

岭树重遮千里目,江流曲似九回肠
唐,柳宗元《登柳州城楼寄漳汀封连四州刺史》站在柳州城楼上,仰目重重岭密林,遮断的是千里之目;俯观则是那曲折的江流,似九回之肠。

明月出天山,苍茫云海间,长风几万里,吹度玉门关
唐·李白《关山月》。天山,在今新疆维吾尔自治区内。玉门关,在今甘肃玉门县东。诗句写边塞苍凉的月夜。

采菊东篱下,悠然见南山
唐,陶渊明《饮酒》。南山就是庐山,这是非常有名的咏菊看庐山的诗句,"采菊东篱下"是一俯,"悠然见南山"是一仰。苏轼说:"采菊之次,偶然见山,初不用意,而境与意会,故可喜也。"

春江潮水连海平,海上明月共潮生
唐,张若虚《春江花月夜》。春的江潮水势浩荡,与大海连成一片,一轮明月从海上升起,好像与潮水起涌出来。描绘江与海的春夜壮景。

春来南国花如绣,雨过西湖水似油
元·卢挚《中吕喜春来·和则明韵》。两句用比喻形象地画出西湖春景的明媚鲜艳。

春潮带雨晚来急,野渡无人舟自横
唐·韦应物《滁州西涧》。作者出任滁州(治所在今安徽滁县)刺史,游城西的西涧所作。两句把大自然写得生机勃勃而又自然恬静。

星垂平野阔,月涌大江流
唐·杜甫《旅夜书怀》。作者漂泊在长江舟中所见景物。两句把平原与大江的夜景写得壮阔无比。

咸阳桥上雨如悬,万点空蒙隔钓船
唐·温庭筠《咸阳值雨》。写春雨中咸阳桥上的景色。把春雨比喻为晶莹的水帘了,自天至地吊挂着,隔着这万点空蒙的水帘子,自到了鱼船。是一幅清旷迷离的山水图景。

秋风吹渭水,落叶满长安
唐·贾岛《忆江上吴处士》。渭水,发源甘肃,横贯陕西渭河平原,在潼关县入黄河。秋风落叶渲染了一派秋气。

洞庭秋月生湖心,层波万顷如熔金
唐·刘禹锡《洞庭秋月行》。洞庭浩渺,月似从湖中升起。水波映月如熔化的金水。

桂林山水甲天下,阳朔山水甲桂林
这是广泛流传的名言。长期找不到确切出处,历代考证中,有人认为是宋代范成大所说"桂林之秀,宜为

天下第一"而来的;又有人认为是出自南宋末年桂林经略史李曾伯《重修湘南楼记》一文中"桂林山川甲天下"一句话;到了清朝光绪十一年,广西巡抚金武祥在《漓江游草》一诗中有一句"桂林山水甲天下"。至此,人们一致认为这句话出自金武祥。近代爱国人士吴迈(1885—1936)曾作诗:"桂林山水甲天下,阳朔堪称甲桂林。"

桂林天小青山大,山山都立青天外

清·袁枚《同金十一沛恩游栖露寺望桂林诸山》。诗句描写的是一种感觉。四周群峰耸立,天空就小了,于是仿佛山都立在青天之外。展示了桂林奇特的山景。

高江急峡雷霆斗,翠木苍藤日月昏

唐·杜甫《白帝》。两句写长江三峡暴雨后的景色。江流湍急,声如雷霆;山高林密,昏无日月。

海日生残夜,江春入旧年

唐·王湾《次北固山下》。海,指长江江面。北固山在江苏镇江东北的江滨。诗句说在宽阔的江面上,在将明的残夜里,能望到太阳露头;还未到新年,江边就露出一丝春意。写景入微,为人称道,殷璠赞道:"诗人以来,少有此句。"

(三) 十一画以上

黄河九曲天边落,华岳三峰马上来

明·萧崇《送李佑之赴陕西参议》。华岳三峰,指华山西峰莲花峰、东峰朝阳峰、南峰落雁峰三主峰。马上来,指骑马入山,山峰扑面而来。

黄河西来决昆仑,咆哮万里触龙门

唐·李白《公无渡河》。昆仑山在今新疆、西藏间,东段南支巴颜喀拉山是黄河的发源地。龙门,在今山西河津县西北,黄河西流经此。两句写黄河汹涌澎湃的气势。

黄河落天走东海,万里写入胸怀间

唐·李白《赠裴十四》。两句表现黄河源远流长,浩渺无际。也写人物胸怀的开阔。

楼观沧海日,门对浙江潮

唐·宋之问《灵隐寺》。两句说灵隐寺地势极佳,可以观日出,看潮生。

楚山横地出,汉水接天回

唐·杜审言《登襄阳城》。楚山的高耸,用"横地出",汉水源远流,如"接天回"。在诗人笔下山水雄伟壮丽,气势磅礴,令人神往。

登高壮观天地间,大江茫茫去不还

唐·李白《庐山遥寄卢侍御虚舟》。登高,指登庐山。大江,长江。两句写登庐山壮观天地,俯瞰大江。诗句气象博大。

蜀道之难,难于上青天

唐·李白《蜀道难》。蜀道,古代入川的道路。用夸张之笔写出蜀道之险峻。

溪云初起日沉阁,山雨欲来风满楼

唐·许浑《咸阳城西楼晚眺》。溪、阁,此诗是登秦故都咸阳(今陕西咸阳市)城作,作者自注,咸阳城"南近潘溪,西对慈福寺阁"。诗句抓住云起、日沉、雨来、风满四种景观的错综反映,不但描绘了自然界的风云变幻,而且暗喻唐王朝的没落。

蝉噪林逾静,鸟鸣山更幽

南朝梁·王籍《入若耶溪》。逾(yù),越发。诗句采取以动衬静的手法描写山林的幽静。是广为传诵的

写景名句。

露从今夜白,月是故乡明

　　唐·杜甫《月夜忆舍弟》。人们是带着感情观景的,"月是故乡明"代表了千百万游子的心声。

二、山水文佳段节选

北魏·郦道元《水经注》选段

　　春冬之时,则素湍绿潭,回清倒影①。绝巘②多生怪柏,悬泉瀑布,飞漱③其间,清荣峻茂④,良⑤多趣味。每至晴初霜旦⑥,林寒涧肃⑦,常有高猿长啸⑧,属引凄异⑨,空谷传响⑩,哀转久绝⑪。故渔者歌曰:"巴东⑫三峡巫峡长,猿鸣三声泪沾裳。"

　　①素湍(tuān)绿潭,回清倒影:雪白的急流、碧绿的深潭回映着清空,倒映着两岸的景物。②巘(yǎn):山顶。③飞漱:飞快地冲刷。④清荣峻茂:指水清澈,树开花,山峻拔,草茂盛。⑤良:的确。⑥晴初:雨过天晴之初。霜旦:下霜的早晨。⑦肃:寂静。⑧啸(xiào):拉长声叫。⑨属(zhǔ)引:连接延续。凄异:凄凉奇特。⑩响:回声。⑪哀转久绝:悲哀婉转,持续很长时间才消逝。⑫巴东:郡名,故治在今四川奉节县东。

唐·柳宗元《钴鉧潭西小丘记》选段

　　得西山①后八日,寻②山口西北道③二百步,又得钴鉧潭④。潭西二十五步,当湍而浚⑤者为鱼梁⑥。梁之上有丘焉,生竹树,其石之突怒偃蹇⑦,负土而出,争为奇状者,殆⑧不计数。其嵚然相累而下者⑨,若牛马之饮于溪;其冲然角列而上者⑩,若熊罴之登于山。

　　①西山:山名,在今湖南零陵县西。②寻:沿着。③道:这里是行走的意思。④钴鉧(gǔmǔ)潭:潭名。钴鉧,熨斗,潭形似熨斗,故名。⑤浚(jùn):水深。⑥鱼梁:横在河中用来捕鱼的拦水堰。堰中留有小口,口上迎水处安放捕鱼器具。⑦突怒:形容山石突起的样子。偃蹇(yǎnjiǎn):形容山石高耸的样子。⑧殆(dài):几乎。⑨嵚(qīn)然:高峻而倾斜的样子。相累:相重叠。⑩冲然:向上翘的样子。角列:像兽角那样排列。

宋·苏轼《前赤壁赋》选段

　　壬戌①之秋,七月既望②,苏子与客泛舟③游于赤壁④之下。清风徐来,水波不兴。举酒属⑤客,诵明月之诗,歌窈窕之章⑥。少焉⑦,月出于东山之上,徘徊于斗牛⑧之间。白露横江,水光接天。纵一苇⑨之所如⑩,凌⑪万顷之茫然⑫。浩浩乎如冯虚御风⑬,而不知其所止;飘飘乎如遗世⑭独立,羽化⑮而登仙。

　　①壬戌:指北宋神宗元丰五年(1082)。②既望:农历每月十五日为望日,十六日则称为既望。③泛舟:划船。泛,漂浮。④赤壁:在今湖北黄冈,长江岸边。又名赤鼻矶。⑤属(zhǔ):劝。⑥明月之诗、窈窕(yǎotiǎo)之章:指《诗经·陈风·月出》篇,其中有"舒窈纠(jiǎo)兮"之句;"窈纠",音义都接近"窈窕",所以这样说。一说明月之诗是指曹操的《短歌行》,因诗中有"明明如月"和"月明星稀"等句;窈窕之章是指

《诗经·周南·关雎》篇,因篇中有"窈窕淑女"句。⑦少焉:不多时间。⑧斗牛:两个星宿名,斗宿、牛宿。⑨一苇:指一片苇叶。比喻小船。⑩如:往。⑪凌:越过。⑫茫然:广阔无边的样子。⑬冯(píng)虚:依凭虚空。冯,同"凭",依托。御风:驾着风。⑭遗世:抛弃人世。⑮羽化:成仙。道教传说,有的成仙的人身生羽翼,变化飞行。

宋·王质《游东林山水记》选段

又三四曲折,乃得大溪。一色荷花,风自两岸来,红披绿偃①,摇荡葳蕤②,香气勃郁③,冲怀罥④袖,掩苒⑤不脱。小驻古柳根,得酒两罂⑥,菱芡⑦数种。复引舟入荷花中,歌豪笑剧⑧,响震溪谷。风起水面,细生鳞甲;流萤班班⑨,奄⑩忽去来。夜既深,山益高且近,森森欲下搏人⑪。天无一点云,星斗张明⑫,错落⑬水中,如珠走镜,不可收拾。

①红披绿偃(yǎn):指红的荷花、绿的荷叶被风吹得倾倒歪斜。披、偃都有倒下的意思。②葳蕤(wēi ruí):草木茂盛,枝叶下垂。③勃郁:风回旋貌。这里指香气浓郁。④罥(juàn):缠绕、牵挂,此可作"沾住"解。⑤掩苒(rǎn):停留、耽搁。⑥罂(yīng):口小腹大的瓶子。⑦芡(qiàn):一种浮生水草,实可食用,俗名鸡头。⑧歌豪笑剧:唱得豪放,笑得厉害。⑨班班:明亮的样子。⑩奄(yān)忽:迅速,突然。⑪森森欲下搏人:阴森森地像要下来抓人。⑫张明:大而明亮。⑬错落:错杂不齐。

宋·范成大《游峨眉山记》选段

草木之异,有如八仙而深紫,有如牵牛而大数倍,有如蓼①而浅青。闻春时异花尤多,但是时山寒,人鲜②能识③之。草药之异者,亦不可胜数。山高多风,木不能长,枝悉下垂。古苔如乱发,鬖鬖④挂木上,垂至地,长数丈。又有塔松,状似杉而叶圆细,亦不能高,重重⑤偃塞如浮屠;至山顶尤多。又断无鸟雀,盖山高,飞不能上。

①八仙、牵牛、蓼(liǎo):都是草本植物。②鲜(xiǎn):少。③识:见识。这里指见到。④鬖鬖(sān):下垂的样子。⑤重重(chóng):层层。浮屠:塔。

宋·陆游《入蜀记》选段

过澎浪矶、小孤山①,二山东西相望。小孤属舒州宿松县,有戍兵②。凡江中独山如金山、焦山、落星③之类,皆名天下,然峭拔秀丽,皆不可与小孤比。自数十里外望之,碧峰巉然④孤起,上干⑤云霄,已非他山可拟⑥。愈近愈秀,冬夏晴雨,姿态万变,信造化⑦之尤物⑧也。但祠宇极于荒残,若稍饰以楼观亭榭,与江山相发挥⑨,自当高出金山之上矣。

①澎浪矶:在今江西彭泽西北长江南岸。小孤山:在长江北岸,与澎浪矶隔江相望。②戍兵:驻防的军人。③金山:在今江苏镇江西北。焦山:在镇江东北。落星:山名。在南京东北。④巉(chán)然:山势高峻的样子。⑤干:冒犯,冲犯。⑥拟:比拟。⑦信:的确。造化:自然界的创造者,大自然。⑧尤物:最优异的东西。⑨相发挥:互相映衬。

宋·邓牧《雪窦游志》选段

路行六七里,止①药师寺。寺负②紫芝山,僧多读书,不类城府③。越信宿④,遂缘⑤小溪,益出山左⑥。涉溪水,四山回环⑦,遥望白蛇蜿蜒下赴大壑⑧,盖⑨涧水尔⑩。桑畦麦陇⑪,高下联络⑫,田家阴翳⑬竹树,樵童牧竖⑭相征逐⑮,真行图画中。

①止:止宿。②负:背靠。③不类城府:指不像城市的僧人那样多交际。④越信宿:住过两夜。住一夜为信,再信为宿。⑤缘:沿着。⑥益出山左:渐渐从山的东面走出。益,渐渐。山左为东。⑦回环:环绕。⑧白蛇:比喻色白的流水。蜿蜒:弯弯曲曲而延伸的样子。下赴:向下奔流。大壑:大沟。⑨盖:承接连词,表示补述因由,相当于现代汉语词"原来"。⑩尔:而已。通"耳"。⑪桑畦(qí)麦陇:泛指田地。⑫高下联络:上下相连。⑬阴翳(yì):隐蔽,隐藏。⑭樵童牧竖:砍柴的和放牧的儿童。竖,童仆。⑮征(徵)逐:招呼追随,形容亲密。

宋·周密《观潮》选段

浙江①之潮,天下之伟观也。自既望以至十八日为最盛。方其远出海门,仅如银线;既而渐近,则玉城雪岭,际②天而来,大声如雷霆,震撼激射,吞天沃日③,势极雄豪。

①浙江:即钱塘江。②际:接近。③吞天沃日:吞闭天宇,淹没烈日。沃,淹。

元·李洞《观开先瀑布记》选段

清玉峡峻宇天辟①,两岸岚②翠欲滴,其地如大瓮,泓渟③为潭。其上有巨石,水从中来,触石分两道以出,状若白龙,飞坠潭中,盘旋数四④,循石阪⑤下。其巅委势,远益缓,始逡巡、敛怒⑥而去。

①青玉峡:庐山南麓的著名峡谷。峻宇:高耸开阔。天辟:犹如上天开辟。②岚:山中的云气。③泓渟(tíng):水深的样子。④数(shuò)四:好几次。⑤阪:山坡。⑥始:才。逡(qūn)巡:因有所滞碍而徘徊。敛怒:收敛起怒气。指瀑水一改奔腾激射之势,缓和下来。

明·杨慎《游点苍山记》选段

己亥①,由上关水月楼放舟遵②岛屿而南,至金榜寺,摇落③无僧。于南观青巅寺前巨人迹④,已乃南泛,有崖飞出水面,曰鸡额山。维舟⑤山赚⑥,徒步而升。石磴⑦盘旋,可三百武⑧,见削壁卷阿⑨,正向点苍⑩,十九溪峰尽在几席右⑪。山巅积雪,山腰白云,天巧神工⑫,各呈其伎⑬。予曰:"此非点苍真面目乎?微⑭公,几失此奇观矣。"

①己亥:当指嘉靖九年(1530)五月初十。②放舟:发船。遵:沿着,顺着。③摇落:凋零。这里指破败。④清巅寺前巨人迹:不详待考。⑤维舟:把船拴住。⑥赚(yǎn):崖,岸。《诗·葛藟》疏云:"赚是山岸,渭是水岸。"⑦磴(dèng):石头阶梯。⑧武:古代以六尺为步,半步为武。⑨削壁:形容山峰直立如同劈削而成。卷阿:传统的说法是蜷曲的大山。⑩点苍:点苍山,又名灵鹫山,今惯称苍山,在云南大理的西北,与洱海组成

绮丽的大理风光。⑪点苍山山势雄伟,19峰嵯峨壁立,19(今为18)条溪水从群峰间下泻奔流。⑫天巧神工:如天之灵巧,神之精妙。⑬伎:同"技",技能。⑭微:如果没有。

明·王思任《剡溪》选段

浮曹娥江①上,铁面②横波,终不快意。将至三界址③,江色狎人④;渔火村灯,与白月相上下,沙明山静,犬吠声若豹,不自知身在板桐⑤也。昧爽⑥,过清风岭,是溪、江交代处⑦,不及一唁贞魂⑧。山高岸束⑨,斐绿叠丹⑩,摇舟听鸟,杳小⑪清绝,每奏一音,则千峦啾答⑫。

①曹娥江:在浙江东部,流入杭州湾。②铁面:指江面浑黑不清。③三界址:村镇名。在上虞、嵊州之间的曹娥江畔。④狎人:与人亲昵。⑤板桐:指船。⑥昧爽:天将亮的时分。⑦交代处:交接的地方。⑧唁(yàn):凭吊。贞魂:贞女之魂,指曹娥之魂。传说,东汉上虞人曹盱(xū)溺死江中。其女曹娥年十四,沿江哭喊17天,未求得父尸,遂投江自杀。五日后,女负父尸浮出江面。时人为纪念少女之孝,遂以曹娥名江。⑨山高岸束:指由于山高,曹娥江的两岸也显得靠近了。束,促也,相促进也。⑩斐(fěi)绿叠丹:红绿杂陈、色彩绚烂的样子。斐,五色错杂。⑪杳(yǎo)小:指鸟鸣声细小,且在远处。⑫啾(jiū)答:众鸟齐鸣的回应。

明·薛瑄《游龙门记》选段

步石磴,登绝顶。顶有临思阁,以风高不可木,甃甓为之①。倚阁门俯视,大河奔湍,三面临激②,石峰疑若摇振。北顾巨峡,丹崖翠壁,生云走雾,开阖晦③明,倏忽④万变。西则连山宛宛⑤而去。东视大山,巍然与天浮。

①不可木:不可用木料建筑。木在此用作动词。甃甓(zhòupì)为之:用砖头砌它(指临思阁)。甃,井壁,或以砖修井。甓,砖。②临激:迎着激流。③阖(hé):闭。晦:暗。④倏忽:忽然,很快。⑤宛宛:蜿蜒曲折。

明·袁宗道《云水洞》选段

蛇行食顷①,凡四五升降,乃达洞门。入洞数丈,有一穴甚狭,若瓮口,同游虽至羸②者,亦须头腰贴地,乃得入穴。至此始篝火③,一望无际。方纵脚行,数十步,又忽闭塞。度此则堆琼积玉,荡摇心魄,不复是人间矣。有黄龙白龙悬壁上,又有大龙池,龙盘踞池畔,爪牙露张。卧佛、石狮、石烛皆逼真,石钟鼓楼,层叠虚豁④,宛然飞阁⑤。

①蛇行:如蛇而行,爬行。食顷:一会儿。②羸(léi):瘦。③篝(gōu)火:这里用作动词,点着火把。④虚豁:指空虚开阔的环境。⑤宛然:仿佛。飞阁:轻盈欲飞的楼阁。

明·袁宏道《虎丘记》选段

虎丘①去城可②七八里。其山无高岩邃壑③,独以近城故,箫鼓楼船④无日无之。凡月之夜,花之晨,雪之夕,游人往来,纷错⑤如织,而中秋为尤胜。每至是日,倾城阖户⑥,连臂而至。衣冠士女⑦,下迨蔀屋⑧,莫不靓妆⑨丽服,重茵累席⑩,置酒交衢⑪间。

①虎丘：又名海涌山，在今苏州阊门外山塘街。②可：大约。③邃(suì)：深。壑(hè)：沟谷。④箫鼓：泛指乐器。楼船：有楼阁的船。⑤纷错：纷繁错杂。⑥倾城：空城。阖(hé)户：关门。⑦衣冠：指士大夫。士女：青年男女。⑧迨(dài)：至。蔀(bù)屋：用草盖顶的贫者住的屋子。这里代称贫民。⑨靓(jìng)妆：美丽的妆饰。⑩重(chóng)茵(yīn)累席：形容垫子席子挨得非常近，给人以要重叠起来的感觉。茵，褥子或垫子。⑪交衢(qú)：交叉的道路。衢，大路。

明·袁宏道《晚游六桥待月记》选段

湖上由断桥至苏公堤一带，绿烟红雾①，弥漫二十余里。歌吹②为风，粉汗如雨，罗纨③之盛，多于堤畔之草，艳冶极矣。然杭人游湖，止午、未、申④三时。其实湖光染翠之工，山岚设色之妙，皆在朝日始出，夕舂⑤未下，始极其浓媚。月景尤为清绝，花态柳情，山容水意，别是一种趣味。

①绿烟红雾：形容柳绿桃红的西湖春景。②歌吹：唱歌、奏乐。③罗纨(wán)：这里指衣着华丽。罗、纨都是高级丝织品。④止：仅。午、未、申：相当于现在北京时间上午十一点至下午五点以前的六个小时。⑤夕舂(chōng)：指夕阳。

明·徐宏祖《游黄山日记》选段

时浓雾半作半止①，每一阵至，则对面不见。眺莲花诸峰，多在雾中。独上天都，予至其前，则雾徙于后；予越其右，则雾出于左。其松犹有曲挺纵横②者，柏虽大干如臂，无不平贴石上，如苔藓然。山高风巨，雾气去来无定，下盼诸峰，时出为碧峤③，时没为银海。再眺山下，则日光晶晶，另一区宇④也。

①半作半止：忽起忽止。作，兴起。这句是说，浓雾时聚时散。②曲挺纵横：弯的、直的、竖的、横的。③峤(qiáo)：尖而高的山。④区宇：这里指境界。

明·刘侗等《帝京景物略·水尽头》选段

过隆教寺而又西，闻泉声。泉流长①而声短②焉，下流平也。花者，渠泉而役乎花③，竹者，渠泉而役乎竹，不暇声④也。花竹未役，泉犹石泉⑤矣。石罅⑥乱流，众声澌澌⑦。人踏石过，水珠溅衣⑧，小鱼折折石缝间，闻跫声⑨则伏⑩。

①长：指泉水流得远。②短：指水声听得近。③役乎花：服役于花，指浇了花。下文"役乎竹"仿此。④不暇声：顾不得出声。⑤石泉：以石为渠的泉水。⑥罅(xià)：缝隙。⑦澌澌(sīsī)：本指降雨、下雪声，这里指乱流相激声。⑧渐(jiān)衣：溅湿了衣服。⑨跫(xué)声：脚步声。跫，本谓一足而行。⑩伏：潜伏。

清·袁枚《峡江寺飞泉亭记》选段

登山大半，飞瀑雷震①，从空而下。瀑旁有室，即飞泉亭也。纵横丈余，八窗明净，闭户瀑闻，开窗瀑至。人可坐可卧，可箕踞②，可偃仰③，可放笔砚，可瀹茗④置饮。以人之逸，代水之劳，取九天银河⑤置几席间作玩，当时建此亭者其⑥仙乎!

①飞瀑雷震:飞落的瀑布如同雷声大震。②箕踞:古人席地而坐,随意将两腿分开而前伸,形似簸箕,是一种不拘礼节或傲慢不敬的坐姿。③偃(yàn)仰:仰面躺下。④瀹(yuè)茗:烹茶。瀹,煮。⑤九天银河:指瀑水。李白诗描写瀑布有"疑是银河落九天"之句,这里就便一用。⑥其:语气词,表猜想,推测。

清·王昶《游珍珠泉记》选段

泉从沙际出,忽聚忽散,忽断忽续,忽急忽缓,日映之,大者为珠,小者为玑①,皆自底以达于面,瑟瑟然,累累然②。《亢仓子》③云:"蜕地之谓水,蜕水之谓气,蜕气之谓虚。"观于兹泉也信④。是日雨新霁,偕门人吴琦、杨怀栋游焉,移晷⑤乃去。济南泉得名者,凡十有四,兹泉称最云。

①玑(jī):不圆的珠子。②瑟瑟然:细碎的样子。累累然:连缀不断的样子。③《亢(kàng)仓子》:古书名,旧题庚桑楚著。蜕(tuì):脱去皮壳。这里指脱离……而出。④信:诚然,的确是。⑤移晷(guǐ):指过了一段时间。晷,日影,常比喻时光。

清·姚鼐《登泰山记》选段

戊申晦,五鼓①,与子颖坐日观亭,待日出。大风扬积雪击面。亭东自足下皆云漫,稍见②云中白若樗蒲③数十立④者,山也。极天⑤,云一线异色,须臾⑥成五彩。日上,正赤如丹⑦,下有红光,动摇承⑧之。或曰:"此东海也。"回视日观以西峰,或得日,或否,绛缟驳色⑨,而皆若偻⑩。

①戊申:二十九日。晦:农历每月末日。二十九日正好是晦日,表明这个月是小月。五鼓:也叫五更,相当于现在的早晨四点钟。②稍见:依稀可见。③樗(chū)蒲:赌具,骰子一类的东西。④立:"粒"借字。⑤极天:在天边。⑥须臾(yú):一会儿。⑦丹:朱砂。⑧承:捧。⑨绛(jiàng)缟(hào)驳(bó)色:红色白色相掺杂。绛,深红。缟,白,同"皓"。驳,杂。⑩偻(lǚ):躬腰驼背。日观峰以西各峰都较低,所以"若偻"。

清·恽敬《游庐山后记》选段

度石桥①为锦绣谷,名殊不佳;得红兰数本②,宜改为红兰谷。忽白云如野马,傍脥驰去,视前后,人在绡纨③中。云过,道傍草木罗罗④然,而涧声清越相和答。遂蹑半云亭⑤,睨试心石⑥,经庐山高石坊⑦,石势秀美不可状。其高峰皆浮天际,而云忽起足下,渐浮渐满,峰尽没。

①石桥:即锦涧桥。②本:株。③绡(xiāo):生丝织的绸子。纨(wán):细绢。④傍:通"旁"。罗罗:疏朗的样子。⑤蹑(niè):登,踏。半云亭:亭为锦涧桥到天池寺途中的五亭之一。⑥睨(nì):斜着看。试心石:一名拭星石。在五亭之一的甘露亭旁。⑦庐山高石坊:石坊在甘露亭南,有横额,刻有"庐山高"三个字。

清·钱邦芑《游南岳记》选段

秋林饮霜①,丹翠变色②,木叶微脱,岩壑露骨③。加以云烟缭绕,浅深萦带④,故气色殊异。予因慨,为日几何⑤,而山川之胜遂因时改观,至明岁重游,又不知作何状矣!大约宇内名胜,非一时可尽,亦非一人所独擅⑥,留其余以俟⑦他日,并以供后人之搜索,则意趣无穷矣。

①饮霜:经霜。②丹翠变色:指树叶由绿变红。③露骨:指草枯叶落,山石显露。④萦(yíng)带:缠绕。⑤为日几何:过了没有多少天。⑥独擅:独自包揽。⑦俟(sì):待。

责任编辑:李荣强

图书在版编目(CIP)数据

汉语言文学知识/国家旅游局人事劳动教育司编.—北京:旅游教育出版社,1999.10(2018.11)
全国导游人员资格考试系列教材
ISBN 978-7-5637-0840-6

Ⅰ.汉… Ⅱ.国… Ⅲ.①汉语-资格考试-教材 ②文学-中国-资格考试-教材 Ⅳ.H1

中国版本图书馆 CIP 数据核字(1999)第 24946 号

全国导游人员资格考试系列教材

汉语言文学知识

(第6版)

国家旅游局人事劳动教育司 编

出版单位	旅游教育出版社
地 址	北京市朝阳区定福庄南里1号
邮 编	100024
发行电话	(010)65778403 65728372 65767462(传真)
本社网址	www.tepcb.com
E-mail	tepfx@163.com
印刷单位	北京玺诚印务有限公司
经销单位	新华书店
开 本	787毫米×960毫米 1/16
印 张	14.5
字 数	221千字
版 次	2014年5月第6版
印 次	2018年11月第4次印刷
定 价	29.00元

(图书如有装订差错请与发行部联系)